高职高专"十三五"规划教材

物流信息技术
修订本

翁丽贞 主编　　徐 征　吕亚博 副主编

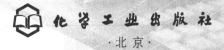
·北京·

本教材坚持高职高专应用型人才的培养特色，紧扣高职高专教育主要为满足生产、管理、服务第一线需要的高等技术应用性专门人才的培养目标，从高职高专层次学生的学习能力出发，全面阐述了现代物流信息技术的关键技术原理及其在物流领域的应用，本书共有九个项目，主要包括物流信息技术认知、物流信息采集技术、物流信息存储技术、物流信息传输技术、物流信息交换技术、物流信息地理分析与动态跟踪技术、物流管理信息系统、物流与电子商务、走进智慧物流等内容。结合大量的案例分析、有针对性的思考题、实训项目等使本书具有很强的可读性。

本书可作为高职高专院校物流管理相关专业的教学用书，还可作为各类教育和培训教材选用，也可供企业物流及供应链管理方面从业人员学习参考使用。

图书在版编目（CIP）数据

物流信息技术/翁丽贞主编. —修订本. —北京：化学工业出版社，2020.1（2024.6重印）
ISBN 978-7-122-35439-6

Ⅰ.①物… Ⅱ.①翁… Ⅲ.①物流-信息技术-高等职业教育-教材 Ⅳ.①F253.9

中国版本图书馆CIP数据核字（2019）第244299号

责任编辑：蔡洪伟　　　　　　　　　　　　文字编辑：李　曦
责任校对：盛　琦　　　　　　　　　　　　装帧设计：张　辉

出版发行：化学工业出版社（北京市东城区青年湖南街13号　邮政编码100011）
印　　装：北京科印技术咨询服务有限公司数码印刷分部
787mm×1092mm　1/16　印张15¾　字数395千字　2024年6月北京第2版第3次印刷

购书咨询：010-64518888　　　　　　　售后服务：010-64518899
网　　址：http://www.cip.com.cn
凡购买本书，如有缺损质量问题，本社销售中心负责调换。

定　价：42.00元　　　　　　　　　　　　　　　　　　　版权所有　违者必究

修订本前言

物流信息技术是现代信息技术在物流各个作业环节中的综合应用,是现代物流区别传统物流的根本标志,也是物流技术中发展最快的领域,尤其是计算机网络技术的广泛应用使物流信息技术达到了较高的应用水平。2011年8月,《国务院办公厅关于促进物流业健康发展政策措施的意见》持续强调,加强物流新技术的自主研发,重点支持货物跟踪定位、无线射频识别、物流信息平台、智能交通、物流管理软件、移动物流信息服务等关键技术攻关,适时启动物联网在物流领域的应用示范。此项政策从国家宏观层面,强调了发挥地理信息系统等关键信息技术,在物流信息化中的作用。本书第一版也是在这样的形势下适时出版,此书出版后得到了读者的认可与好评,但随着物流技术、信息技术、计算机技术的飞速发展,书中的许多内容已经不能满足时代的需求,本书的编者在多年的使用、实践中,广泛收集了各院校和读者对本教材的反馈意见和建议,并深入调查和了解了物流企业的用人需要,深感有必要对第1版教材从结构到内容进行调整与修订。

修订本在《物流信息技术》(第1版)原有八大技能任务基础上不断优化和充实,紧密结合企业实际工作环境和运行管理方式、从事物流活动中所应用的各种现代信息技术应用能力和职业素质培养作为本教材的内容,调整教学项目和任务,以物流信息地理分析与动态跟踪技术项目为例,增加通过网络GIS完成各配送点地标的标识,并测量各配送点地标距离及与配送中心距离的测量,最终完成配送路线的优化,使学生实训后,能够掌握相应技能要求,以达到培养学生相应职业岗位所要求的能力目标、知识目标和职业素养。主要修订内容如下。

① 项目一"物流信息技术概述"修订为"物流信息技术认知",增加工作任务4"物流信息技术决策分析",补充供需平衡问题、物料供应问题、生产排程等内容。

② 项目二"物流信息采集技术"扩充二维条码和RFID应用实例。

③ 项目三"物流信息存储技术"将Access2003数据库替换为Access2010。

④ 项目四"物流信息传输技术"中增加工作任务3"局域网物流信息的共享和传输"。

⑤ 项目六"物流信息地理分析与动态跟踪技术"增加工作任务4"在GIS中进行配送中心选址和配送路径优化"。

⑥ 增加项目九"走进智慧物流";工作任务1"企业传感技术应用的调研";工作任务2"企业物联网技术应用的调研";工作任务3"物流企业大数据挖掘应用的调查";工作任务4"TARA 3D虚拟现实物流中心仿真实训"。

⑦ 教材中案例修订和更新为近三年案例。

⑧ 配套系列数字化资源。主要包括项目实训指导书、电子教案、课件、案例库、习题库等，以方便广大读者学习和实训，可登录 www.cipedu.com.cn 免费下载。

在再版教材的修订工作中，上海城建职业学院翁丽贞、上海城建职业学院徐征负责大纲的策划定稿，其中翁丽贞执笔项目一、三、四、六的修订，徐征执笔项目九"走进智慧物流"编写，上海城建职业学院丁烨执笔项目二的修订，全稿由翁丽贞统稿审定。

由于行业发展变化快，加之编者水平的限制，修订后也会有许多不足，恳请广大读者提出宝贵意见，以期保持这本教材的时代性和实用性，使其和高职高专的物流管理专业教育与时俱进。

编者

2019 年 10 月

第一版前言

物流行业在我国国民经济活动中占据着重要的地位，但我国物流服务体系不健全，物流服务成本高、效率低，还不能适应经济社会发展的需要，据统计，我国物流成本占据产品本身的40%左右，而经济较发达国家的物流成本一般只占其产品的25%左右。突出的表现就是社会物流总费用多年来高位运行，下降缓慢，与发达国家差距较大。2007年、2008年和2009年我国社会物流总费用占当年GDP的比例分别为18.4%、18.1%、18.1%，虽然有所下降，但仍高出发达国家1倍左右。根据中国物流与采购联合会数据统计，2010年上半年，全国社会物流总额57.89万亿元，同比增长18.4%；全国社会物流总费用3.09万亿元，同比增长17.8%；全国物流业增加值为1.23万亿元，同比增长15.6%，占服务业增加值的16.7%。

今天的物流企业面临着日益激烈的国内外市场竞争，要求企业必须采取有效的组织和管理模式快速响应市场环境的变化——有效降低成本，提高服务质量，使物流系统具有高度的敏捷性。物流信息化已成为物流企业提供服务的前提条件，更成为物流企业提供第三方物流服务的前提条件，同时也是企业降低物流成本、改进客户服务、提高企业竞争力的重要手段。

根据《教育部关于全面提高高等职业教育教学质量的若干意见》，要求高等职业教育以培养应用型人才为主旨。但对现阶段物流信息技术相关教材进行研究分析，国内教材市场上高职高专的物流信息技术教材大多偏向于理论，与本科教材相差无几，实践应用可操作性相对较弱。本教材本着理论精练、内容实用的原则，对两方面内容进行了整合。

本书提供了大量与物流信息技术及其应用有关的案例，内容丰富，案例翔实，侧重于实用性和可操作性，依照人类自身获取信息、存储信息、处理信息、传输信息等特点，深入浅出地介绍各种技术在物流中的实际应用，设计了八个项目任务，主要包括物流信息技术概述、物流信息采集技术、物流信息存储技术、物流信息传输技术、物流信息交换技术、物流信息地理分析与动态跟踪技术、物流管理信息系统、物流与电子商务，每个项目任务又具体包括技能目标、知识目标、预备知识和工作任务，结合大量的案例分析、有针对性的思考题、实训项目等使本书具有很强的可读性。

参加本书编写的有：上海工会管理职业学院翁丽贞（项目一、二、三）；漯河职业技术学院吕亚博（项目四、六）；青海交通职业技术学院应玉萍（项目七、八）；东营职业学院张艳华（项目五）。全书由翁丽贞担任主编，吕亚博担任副主编。在此，对给予本书编写工作热心支持和关心的同志致以衷心的感谢。本书在编写过程中参阅了国内外许多同行的学术研究成果，参考和引用了所列参考文献中的某些内容，谨向这些文献的编著者致以诚挚的感谢。

由于编著者水平有限、时间仓促，对每一种物流信息技术的介绍和取舍难免有不妥和不完善之处，希望广大读者批评指正。

编者

2011年5月

目　　录

项目一　物流信息技术认知 ··· 1
　【引导案例】　物流信息技术助沃尔玛腾飞 ···································· 1
　单元一　信息与物流信息 ··· 2
　　工作任务1　企业物流信息调研 ·· 7
　单元二　物流信息技术 ··· 8
　　工作任务2　物流信息技术应用现状调研 ····································· 12
　　工作任务3　物流信息技术仿真分析初体验 ································· 13
　　工作任务4　物流信息技术决策分析 ·· 13
　【综合案例分析】　某跨国公司核心竞争优势 现代物流信息技术 ······· 15

项目二　物流信息采集技术 ··· 16
　【引导案例】　条码在商业流通系统中的应用 ································ 16
　单元一　条码技术概述 ·· 17
　　工作任务1　条码技术应用现状调查 ·· 21
　单元二　一维条码 ··· 22
　　工作任务2　一维条码的制作和应用 ·· 33
　单元三　二维条码 ··· 42
　　工作任务3　二维条码的制作和应用 ·· 48
　单元四　RFID 技术 ··· 50
　　工作任务4　无线射频标签的制作和识别 ····································· 56
　【综合案例分析】　长虹讯宝条码技术在仓库管理中的应用 ············ 57

项目三　物流信息存储技术 ··· 60
　【引导案例】　Sybase 数据库助力某超市 POS 系统 ······················ 60
　单元一　数据库技术概述 ··· 61
　　工作任务1　数据库应用现状调查 ·· 66
　单元二　数据库数据模型 ··· 67
　　工作任务2　物流信息在数据库中的存储 ····································· 72
　单元三　数据库管理技术 ··· 76
　　工作任务3　利用数据库进行物流信息管理 ································· 81
　单元四　数据仓库和数据挖掘 ·· 85
　【综合案例分析】　亚马逊如何借助大数据给物流"降本增效" ········· 89

项目四　物流信息传输技术 ··· 93
　【引导案例】　网络走进生活 ··· 93
　单元一　计算机局域网络基础知识 ··· 93
　　工作任务1　计算机局域网的简单架构 ·· 102
　单元二　Internet ··· 102

工作任务2　利用 IE 进行网上信息检索 ………………………………………… 109
　　单元三　Intranet …………………………………………………………………………… 109
　　　工作任务3　局域网物流信息的共享和传输 ……………………………………… 111
　　【案例综合分析】　安得物流展翅飞翔 ……………………………………………… 114

项目五　物流信息交换技术 …………………………………………………………… 116
　　【引导案例】　沃尔玛在互联网时代的 EDI 应用 …………………………………… 116
　　单元一　电子数据交换技术概述 ……………………………………………………… 117
　　　工作任务1　物流 EDI 应用调研 …………………………………………………… 123
　　单元二　EDI 的有关标准及其发展 …………………………………………………… 124
　　单元三　EDI 技术的工作原理 ………………………………………………………… 126
　　　工作任务2　利用 EDI 教学软件进行模拟实训 …………………………………… 128
　　【综合案例分析】　上海联华超市股份有限公司 EDI 应用系统 …………………… 135

项目六　物流信息地理分析与动态跟踪技术 ……………………………………… 137
　　【引导案例】　北京烟草物流配送中心　3G 卷烟物流配送调度系统 …………… 137
　　单元一　GPS 技术概述 ……………………………………………………………… 138
　　　工作任务1　"GPS 互联网车辆查询平台"的应用 ……………………………… 142
　　单元二　GIS 技术概述 ……………………………………………………………… 145
　　　工作任务2　海尔集团顾客服务电子地图系统认知 ……………………………… 149
　　单元三　北斗导航技术概述 …………………………………………………………… 151
　　　工作任务3　北斗导航应用案例之森林防火指挥系统认知 …………………… 153
　　　工作任务4　在 GIS 中进行配送中心选址和配送路径优化 …………………… 154
　　【综合案例分析】　白沙烟草物流 GIS 配送优化系统试行成功 …………………… 155

项目七　物流管理信息系统 …………………………………………………………… 157
　　【引导案例】　成都西南物流有限公司图书物流管理系统 ………………………… 157
　　单元一　物流管理信息系统概述 ……………………………………………………… 157
　　　工作任务1　物流管理信息系统应用调查 ………………………………………… 160
　　单元二　典型的物流管理信息系统 …………………………………………………… 161
　　　工作任务2　WMS 系统操作 ……………………………………………………… 167
　　单元三　物流管理信息系统的开发方法 ……………………………………………… 169
　　　工作任务3　物流管理信息系统开发项目管理 ………………………………… 174
　　【综合案例分析】　三家物流公司管理信息系统建设现状分析 …………………… 178

项目八　物流与电子商务 ………………………………………………………………… 181
　　【引导案例】　海尔网上定制冰箱 …………………………………………………… 181
　　单元一　电子商务概述 ………………………………………………………………… 181
　　电子商务典型实例：戴尔股份有限公司（www.dell.com）………………………… 188
　　　工作任务1　如何实现网上购物 …………………………………………………… 190
　　单元二　电子商务与物流的关系 ……………………………………………………… 191
　　　工作任务2　电子商务与物流关系调研 …………………………………………… 196
　　单元三　电子商务物流模式 …………………………………………………………… 197
　　　工作任务3　物流企业电子商务应用调查 ………………………………………… 200
　　【综合案例分析】　戴尔的网上直销电子商务化物流 ……………………………… 201

项目九　走进智慧物流 …………………………………………………………………… 203
　　【引导案例】　京东无人仓 …………………………………………………………… 203
　　单元一　传感技术 ……………………………………………………………………… 205
　　　工作任务1　企业传感技术应用的调研 …………………………………………… 210

单元二　物联网技术 ·· 211
　　工作任务2　企业物联网技术应用的调研 ··· 216
单元三　大数据分析与挖掘技术 ··· 217
　　工作任务3　物流企业大数据挖掘应用的调查 ··· 222
单元四　VR技术 ··· 223
　　工作任务4　TARA 3D虚拟现实物流中心仿真实训 ································· 228
　　　任务一　模拟厂房布局 ··· 229
　　　任务二　模拟库内输送 ··· 230
　　　任务三　模拟加工包装过程 ··· 231
　　　任务四　模拟出入库操作 ·· 234
　　　任务五　模拟装卸载操作 ·· 235
　　　任务六　模拟分拣过程 ··· 236
　　【综合案例分析】　菜鸟快递智能物流的应用 ··· 238

参考文献 ·· 241

项目一 物流信息技术认知

【技能目标】
1. 具有针对物流信息调查问卷的设计和调查能力;
2. 具有针对物流行业物流信息技术应用调查问卷的设计和调查能力;
3. 具有网络信息检索和整理的能力。

【知识目标】
1. 掌握数据库、信息、物流信息等基本概念;
2. 掌握现代物流的特点;
3. 初步了解现代物流信息技术。

【工作任务】
1. 企业物流信息调研;
2. 物流信息技术应用现状调研;
3. 物流信息技术仿真分析初体验;
4. 物流信息技术决策分析。

【引导案例】 物流信息技术助沃尔玛腾飞

跨国零售企业沃尔玛在其几十年的发展过程中始终将先进的信息技术作为发展的手段,并凭借信息技术的先发优势和科技实力成为世界零售巨头。该公司领先于竞争对手,先行对零售信息系统进行了非常积极的投资:20世纪70年代开始率先使用卫星通信系统,最早使用计算机跟踪存货,全面实现SKU(Stock Keeping Unit,库存量单位)单品级库存控制,最早使用条形码,最早采用EDI(Electronic Data Interchange,电子数据交换),最早使用无线扫描枪。在信息技术的支持下,该公司能够以最低的成本、最优质的服务、最快速的管理反应进行全球运作。

20世纪90年代,该公司就在公司总部建立了庞大的数据中心,全集团的所有店铺、配送中心和经营的所有商品,每天发生的一切与经营有关的购销调存等详细信息,都通过主干网和通信卫星传送到数据中心,任何一家商店都具有自己的终端,并通过卫星与总部相连。公司每销售一件商品,都会即时通过与收款机相连的电脑记录下来,管理人员根据数据中心的信息对日常运营与企业战略做出分析与决策。

同时沃尔玛的数据中心已与6000多家供应商建立了联系,从而实现了快速反应的供应商管理库存(Vendor Managed Inventory,VMI)。厂商通过这套系统可以进入沃尔玛的电脑配销系统和数据中心,直接从POS(Point of sale,销售终端)得到其供应的商品流通动态状况,如不同店铺及不同商品的销售统计数据、沃尔玛各仓库的存货和调配状况、销售预测、电子邮件与付款通知等,以此作为安排生产、供货和送货的依据。生产厂商和供应商都可通过这个系统查阅沃尔玛产销计划。这套信息系统为生产商和沃尔玛两方面都带来了巨大的利益。

沃尔玛总部的通信网络系统使各分店、供应商、配送中心之间的每一进销调存节点都能形成在线作业,使沃尔玛的配送系统高效运转。这套系统的应用,在短短数小时内便可完成"填妥订单—各分店订单汇总—送出订单"的整个流程,大大提高了营业的高效性和准确性。

沃尔玛要求他所购买的商品必须带有UPC条形码,从工厂运货回来,卡车将停在配送中心收货处的数十个门口,把货箱放在高速运转的传送带上,在传送过程中经过一系列的激光扫描,读取货箱上的条形码信息。而门店需求的商品被传送到配送中心的另一端,那里有几十辆货车在等着送货。其十多公里长的传送带作业就这样完成了复杂的商品组合。其高效的电脑控制系统,使整个配送中心用人极少。数据的收集、存储和处理系统成为沃尔玛控制商品及其物流的强大武器。

为了合理调度如此规模的商品采购、库存、物流和销售管理,最大限度地发挥运输潜力,避免浪费,降低成本,提高效率,离不开高科技的手段。为此,沃尔玛公司建立了专门的电脑管理系统、卫星定位系统和电视调度系统,拥有世界一流的先进技术。全球每一个店铺的销售、订货、库存情况可以随时调出查看。公司所有运输卡车,全部装备了卫星定位系统,每辆车在什么位置,装载什么货物,目的地是什么地方,总部一目了然,可以合理安排运量和路程。

沃尔玛正是通过信息流对物流、资金流的整合、优化和及时处理,实现了有效的物流成本控制。从采购原材料开始到制成最终产品,最后由销售网络把产品送到消费者手中的过程都变得高效有序,实现了商业活动的标准化、专业化、统一化、单纯化,从而达到实现规模效益的目的。

问题:
根据案例简述信息技术应用对沃尔玛的成功所起的作用。
从该公司应用信息技术的过程中可以看出,物流信息技术主要包含哪些具体的技术?

单元一　信息与物流信息

在当今的信息社会,信息在各个方面、各个领域的作用越来越重要。物流行业在我国国民经济活动中占据着重要的地位,物流信息化已成为物流企业提供服务的前提条件,更成为物流企业提供第三方物流服务的前提条件,同时也是企业降低物流成本、改进客户服务、提高企业竞争力的重要手段。因此,物流企业必须将为客户提供的信息服务内容作为信息系统建设的重要依据,通过采用先进的信息技术实现供应链伙伴相互之间的信息沟通与共享。随着全球经济一体化和物流国际化的发展,物流信息化越来越重要。这就需要把现今的管理理念、管理方法和现代信息技术紧密结合起来,以现今的信息、网络技术为依托,改善供应链的性能,实现集成化、系统化的供应链管理。因此,信息共享是实现供应链管理的基础。供应链的协调运行建立在各个节点企业高质量的信息传递与共享的基础之上,有效的物流管理离不开信息技术(Information Technology,IT)可靠的支持。IT的应用也有效地推动了物流管理的发展,它可以节省时间和提高企业信息交换的准确性,减少了在复杂、重复的工作中的人为失误,从而减少了由于失误而导致的时间浪费和经济损失,提高了物流管理的运行效率。

一、信息概述

(一) 数据

数据是反映客观事物而记录下来的可以鉴别的符号,它是客观事物的基本表示。通过对客观事物的数据化抽象处理,人们可以方便地对事物进行记忆、识别、存储和加工处理。比如,一个人体重60kg、身高170cm等,通过对这些数据的描述,可以形成对这个人的清晰印象。像字母、数字、文字、图像、声音等都是对客观事物的数据表示,它们是客观存在的。因此,数据是对现实世界事物的客观反映,是形成信息和知识的源泉。

(二) 信息

1. 定义

"信息"一词有着很悠久的历史,早在两千多年前的西汉,即有"信"字的出现。"信"常可作消息来理解。作为日常用语,"信息"通常有"音讯、消息"的意思。

由于观察视角和研究内容的不同,不同的学科对信息有不同的定义。比较经典的有:信息论的创始人香农在《通信的数学理论》中指出:"凡是在一种情况下能减少不确定性的任何事物都叫作信息(Information)。"控制论的创始人维纳认为:"信息是任何外界相互作用过程中相互交换内容的表述。"

我国国家标准GB/T 5271.1—2000《信息技术 词汇 第1部分:基本术语》中,关于"信息"的解释:关于客体(如事实、事件、事物、过程或思想,包括概念)的知识,在一定场合中具有特定的意义。

另外,还有数据是从自然现象和社会现象中搜集的原始材料,根据使用数据人的目的按一定的形式加以处理,找出其中的联系,就形成了信息。信息是有一定含义的、经过加工处理的、对决策有价值的数据,即信息=数据+处理。

从以上定义特别是我国国家标准关于信息的解释可以看出:

① 信息来源于对客观事物观察记录的数据,是数据加工处理的结果;

② 信息是主观客体对于客观事物的理解,信息资源的组织、利用方式反映了主观客体的能力;

③ 信息具有价值,通过接收和传递,帮助人们对运动事物进行认识和了解,并能反馈于事物,即减少不确定性的能力。

由此可以得出,信息是由客观事物发生的能被接收者接收的数据,经过接收者的过滤与分析,达到对事物了解、认识的目的。

2. 特征

根据以上对信息含义的描述,从企业管理的角度来看,信息具有以下特征。

(1) 客观性 信息是客观事物属性的反映,是事物的抽象表示,即数据中所包含的意义,因此信息必然是客观的。

(2) 价值性 信息对使用的人来说是有价值的,即利用信息可以获得某种帮助或效益。

(3) 不对称性 在社会政治、经济等活动中,一些成员拥有其他成员无法拥有的信息,由此造成信息的不对称。在市场经济活动中,各类人员对有关信息的了解是有差异的;掌握信息比较充分的人员,往往处于比较有利的地位,而信息贫乏的人员,则处于比较不利的地位。

(4) 主观性 信息作为主观世界与客观世界联系的媒介,其价值是与使用信息的主体密切相关的,同样的信息对不同的人有着不同的价值。

(5) 滞后性　信息滞后于数据，信息的滞后时间包括了信息的间隔时间和加工时间。信息的间隔时间是指获取同一个信息的必要间隔时间。少于信息间隔时间加工的信息是没有意义的，如企业"每年的物流运输成本""月度储存量"等。信息的加工时间是指采用不同手段和工具来对数据进行加工以获得信息所需要的时间。信息的加工时间越短，则越能及时获得信息，从而越能发挥其价值。

(6) 时效性　信息的价值是有时间性的。即信息是有一定生命周期的，在该周期内，信息是有效的，利用它可产生效益；超出此周期，信息将失效。信息是满足人们的需求的，只有及时的信息才能发挥其最大的作用。例如，企业获得用户的需求信息后如果不及时进行处理和利用，就有可能错失商机，丧失用户，造成损失。

(7) 可传播性　信息是可以传播的，通过各种介质进行信息的传播可以实现更大的价值。

(8) 可共享性　可共享性是指信息在同一时间可为多人所使用。例如，企业中的许多信息可被多个部门使用。这样既可以保证各部门使用信息的统一和一致，也可以保证各部门决策的一致性，不至于产生歧义。

(三) 知识

知识是使从定量到定性的过程得以实现的、抽象的、逻辑的东西。知识是需要通过信息使用归纳、演绎的方法得到。知识就是知道了什么（Know-what）、知道为什么（Know-why）、知道怎么做（Know-how）、知道谁（Know-who）。知识之所以在数据与信息之上，是因为它更接近行动，它与决策相关。有价值的信息沉淀并结构化后就形成了知识。

知识是通过实践、研究、联系或调查获得的关于事物的事实和状态的认识，是对科学、艺术或技术的理解，是人类获得的关于真理和原理的认识的总和。总之，知识是人类积累的关于自然和社会的认识和经验的总和。

(四) 信息与数据、知识的关系

从信息与数据的定义可以看出，数据是对客观事物的抽象表示，是对客观事物的最基本反映。信息是事物的数据所表示的意义，即信息是在对客观事物抽象表示成数据之后，对数据进行分析的基础上产生的，它依赖于反映客观事物的数据，但高于数据。知识的产生则是基于信息的，通过利用归纳、演绎、比较等手段对信息进行挖掘，并与已存在的知识体系相结合，从而发现更有价值的信息。这类信息与原有的知识体系相结合，可以提高和修正原有的知识体系。举例来说，一个班级的学生的成绩在0~100分，那么这些数字就是数据，每个人看到的只是数字而已，但这些成绩对学生和老师来说就是信息了，因为老师可以根据成绩了解该学生的学习情况。在此基础上，老师还可以将现在的成绩与以前的成绩进行对比分析，发现学生成绩是否有了提高，哪些方面还有不足等，这就是知识。

总之，数据、信息与知识是对客观事物反映的不同层次，其中数据层次最低，是对客观事物的最基本反映，信息基于数据，是对数据进行分析处理后所得到的，知识是对信息进行深层次分析。

二、物流信息

(一) 物流信息定义

物流信息是伴随着物流活动而产生的，在物流系统中起着核心作用。物流信息（Logistics Information）：是物流活动中从生产到消费各个环节生成的信息，是反映物流各种活动内容的知识、资料、图像、数据、文件的总称,是整个物流活动顺利进行所不可缺少的。

物流信息一般有狭义和广义两种定义。

狭义的物流信息是指与物流活动(运输、装卸、搬运、包装、流通加工等)直接相关的信息。广义的物流信息则不仅包括与物流活动直接相关的信息,而且包括与物流活动间接相关的信息,如商品交易信息和市场信息等。广义的物流信息整合了从生产厂家、批发商到最后消费者的整个供应链。

(二)物流信息特点

物流信息除具备一般信息的特点外,由于其信息流动和获取方式等表现出自己的特色,还具备以下特性。

① 信息量大。它不仅包含了企业经营环节,如采购、库存、生产、运输、销售等信息,还包含外部环境信息如市场、供应、交通、通关等信息。

② 覆盖范围广。物流信息流覆盖了从供应商、制造商到分销商,再到零售商等供应链中的所有环节。其信息流分为需求信息流和供应信息流,这是两个不同流向的信息流。当需求信息(如客户订单、生产计划、采购合同等)从需求方向供应方流动时,便引发物流。同时供应信息(如入库单、完工报告单、库存记录、可供销售量、提货发运单等)又同物料一起从供应方向需求方流动。

③ 物流信息动态性强,实时性强,信息价值衰减速度快,时效性强。市场瞬息万变,各种作业活动频繁发生,这使物流中的信息变化极快,所以应选择适当的技术随时更新信息,以保证信息的时效性。

④ 物流信息种类多。不仅有完成物流活动涉及的各环节的信息,还有与物流活动相关联的其他信息,使得物流信息的搜集、分类等工作难度加大。

⑤ 物流信息趋于标准化。物流涉及各行各业的方方面面,这就需要在编码、文件格式、数据接口、EDI、GPS(Global Positioning System,全球定位系统)等相关代码方面实现标准化,以消除不同企业之间的信息沟通障碍。

(三)物流信息分类

1. 按信息产生时间分

物流信息按产生时间先后分为以下两类,如图1-1所示。

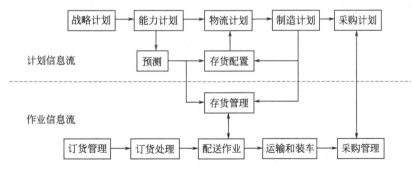

图1-1 物流计划信息流和作业信息流

(1)计划信息流(协调信息流) 先于物流产生的信息,它控制了物流产生的时间、流动的大小和方向,对物流进行引发、控制和调整。

(2) 作业信息流　与物流同步产生的信息，反映物流的状态。例如，运输信息、库存信息、加工信息、货源信息和设备信息等。

2. 按信息沟通联络方式分

物流信息按信息沟通联络方式可以分为以下两类。

(1) 口头信息　通过面对面交谈所进行交流的信息。它可以迅速、直接传播，但也容易失真，与其他传播方式相比速度较慢。物流活动的各种现场调查和研究，是获得口头信息最简单的方法。

(2) 书面信息　物流信息表示的书面形式，可以重复说明和进行检查。各种物流环节中的报表、文字说明和技术资料等都属于这类信息。

3. 按信息的来源分

物流信息按信息的来源可分为以下两类。

(1) 外部信息　在物流活动以外发生但提供给物流活动使用的信息，包括供货人信息、客户信息、订货合同信息、交通运输信息、市场信息、政策信息，还有来自企业内生产、财务等部门的与物流有关的信息。通常外部信息是相对而言的，对物流子系统而言，来自另一个子系统的信息也可称为外部信息。例如，物资储存系统从运输系统中获得的运输信息，也可相对称为外部信息。

(2) 内部信息　来自物流系统内部的各种信息的总称，包括物流流转信息、物流作业层信息、物流控制层信息和物流管理层信息。这些信息通常是协调系统内部人、财、物活动的重要依据，也具有一定的相对性。

4. 按信息的变动度分

物流信息按信息的变动度可分为以下两类。

(1) 固定信息　固定信息通常具备相对稳定的特点，其有如下三种形式：一是物流生产标准信息。这是以指标定额为主体的信息，如各种物流活动的劳动定额、物资消耗定额、固定资产折旧等。二是物流计划信息。物流活动中在计划期内已定任务所反映的各项指标，如物资年计划吞吐量、计划运输量等。三是物流查询信息。在一个较长的时期内很少发生变更的信息，如国家和各主要部门颁布的技术标准，物流企业内的职工人事制度、工资制度和财务制度等。

(2) 流动信息　与固定信息相反，流动信息是物流系统中经常发生变化的信息。这种信息以物流各作业统计信息为基础，如某一时刻物流任务的实际进度、计划完成情况、各项指标的对比关系等。

另外，还有不同的分类方法，如按物流活动环节不同可分为运输信息、库存信息、包装信息和加工信息等。

(四) 物流信息的作用

在现代物流环境下，信息对于物流系统的运作有着极其重要的作用。无论是计划信息流还是作业信息流，物流信息的总体目标都是要把物流企业涉及的各种具体活动综合起来，加强整体的综合能力。在整个物流活动过程中，信息不仅记录了物流活动的基本运作过程，而且能够帮助改善物流活动，提高物流活动的运作效率。根据信息对管理决策的作用层次，可以将物流信息的作用分为以下几种。

1. 记录物流活动

物流信息最基本的作用就是记录物流活动。物流信息记录了物流活动各项作业具体详细的流程，也记录了对物流活动进行管理和控制的整个过程。

2. 桥梁和纽带

物流管理活动是一个系统工程，物流信息是物流系统内部及系统之间联系的桥梁和纽带。对物流企业来讲，物流企业内部各个子系统之间，企业运作生产过程中的物流、资金流和商流正是由于信息流的桥梁和纽带作用才能够比较协调地运作，如图1-2所示。

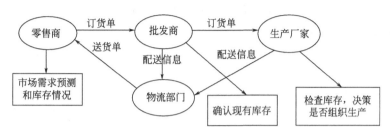

图1-2　物流信息的桥梁和纽带作用

3. 系统整体优化

物流信息可以帮助企业对物流活动的各个环节进行有效的计划、协调与控制，以达到系统整体优化的目标。只有通过信息才能够了解系统的运作情况。物流企业的经营状况就是通过在对物流企业的产量、销售量、库存量、利润等进行计划控制和管理，以提高物流整体优化。

4. 提高物流企业科学管理和决策（位置、生产、库存、采购和运输配送）水平

对于物流企业来说，企业领导要实现其管理决策职能，必须首先了解物流活动的有关信息，在此基础上对这些信息进行分析、处理和判断，从而做出决策，以提高物流效率和服务水平。

具体来说，物流信息的作用过程如图1-3所示。

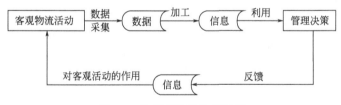

图1-3　物流信息的作用过程

物流系统各节点间的信息共享，能够有效缩短订货提前期，降低库存水平，提高搬运和运输效率，减少递送时间，提高订货和发货精度，以及及时高效地响应客户提出的各种问题，从而极大地提高了客户满意度和企业形象，增强了物流系统的竞争力。

工作任务1　企业物流信息调研

一、任务目的

主要是通过调查的形式来进行的，可以通过调查走访企业，结合网上信息收集的形式来进行。主要让学生理解物流信息的概念以及掌握物流信息在企业中的作用，为以后的项目的实现做铺垫，并认识到这门课程的重要性。

二、任务引入

1. 选择2～3家企业进行走访，并记录它们的规模和与业务经营相关的物流信息。

2. 撰写企业物流信息调查报告，完成调研的目标和内容。

三、实施步骤

1. 确定调研的内容

主要围绕企业运营中的物流信息及作用展开。例如，仓储信息中的入库单信息中包含仓库、货位、入库存货、入库时间、数量等信息，并针对所调研企业实际对应举一实例，该条物流信息在仓库管理中能起到准确完成入库作业和记账等作用。

2. 制订调查计划和问卷

围绕调查目标，明确调查主题，确定调查的对象、地点、时间、方式，并确定要收集哪些相关资料。

3. 调查以小组为单位

根据班级情况，每组 3~4 人，设一名组长。带上调查工具，如笔记本和笔；条件允许的话，可以带上照相机和录音笔。

4. 做好调查前的知识准备

调查之前，进行相关资料的收集并做好知识准备。

四、教师对小组调研结果进行检查和点评，检查标准如表 1-1 所示。

表 1-1 企业物流信息调研检查标准

考核项目	评分标准	分数	学生自评	小组互评	教师评价	小计
团队合作	是否默契	10				
活动参与	是否积极	10				
任务方案	是否正确、合理	10				
操作过程	调研企业的代表性	15				
	物流信息的代表性	20				
	内容翔实、可靠性	20				
任务完成情况	是否圆满完成	5				
方法使用	是否规范、标准	5				
操作纪律	是否能严格遵守	5				
总分		100				
教师签名：				年 月 日	得分	

单元二 物流信息技术

一、现代物流

随着经济全球化格局的形成，物流费用在产品成本中的比重也随之大大提高。降低物流费用对提高产品的竞争力的作用增大，因此，生产者大力谋求降低物流费用，使现代物流成为普遍关心的产业。

（一）现代物流的概念

现代物流不仅单纯地考虑从生产者到消费者的货物配送问题，而且还考虑从供应商到生产者对原材料的采购，以及生产者本身在产品制造过程中的运输、保管和信息等各个方面，全面地、综合性地提高经济效益和效率的问题。因此，现代物流是以满足消费者的需求为目标，把制造、运输、销售等市场情况统一起来考虑的一种战略措施。这与传统物流把它仅看作"后勤保障系统"和"销售活动中起桥梁作用"的概念相比，在深度和广度上又有了更深层次的含义。

（二）现代物流的特点

现代物流的特点主要有以下几个方面。

1. 信息化

电子商务时代，物流信息化是电子商务的必然要求。物流信息化表现为物流信息的商品化、物流信息收集的数据库化和代码化、物流信息处理的电子化和计算机化、物流信息传递的标准化和实时化、物流信息存储的数字化等。因此，条码技术（Bar Code）、数据库（Database）技术、电子订货系统（EOS）、电子数据交换（EDI）、快速反应（QR）及有效的客户反映（ECR）、企业资源计划（ERP）等技术与观念在物流中将会得到普遍应用。信息化是一切的基础，没有物流的信息化，任何先进的技术设备都不可能应用于物流领域，信息技术及计算机技术在物流中的应用将会彻底改变世界物流的面貌。

2. 网络化

网络化过程是对物流经营管理机构、物流业务、物流资源和物流信息等要素的组织按照网络方式在一定市场区域内进行规划、设计和实施，以实现物流系统快速反应和最优总成本等要求。网络化的基础是信息化。从信息化角度看，对分散网点间数据信息的传输需要网络通信，另外，网络化也促进了物流数据的采集、传输、处理分散化。物流信息化需要物流网络化，物流网络化是物流信息化的必然。

3. 自动化

它是指通过对现代先进技术的应用，以达到物流过程各功能环节上的自动化，提高物流过程的管理与组织水平，如运输、存储、加工、配送、信息处理等功能环节，条码自动化识别系统、自动导向车系统、自动化仓库、货物自动跟踪系统及机器人等。物流系统的自动化提高了劳动生产率，减少了物流作业的差错，降低了时间成本。

4. 智能化

随着物流过程的自动化、信息化，智能化也就成了需求。物流作业过程中大量的运筹和决策，如库存水平的确定、运输（搬运）路径的选择、自动导向车的运行轨迹和作业控制、自动分拣机的运行以及物流配送中心经营管理的决策支持等问题，都需要借助大量的知识才能解决。决策支持系统、专家系统、智能机器人等代表了物流智能化的发展。

5. 柔性化

柔性化本来是为实现"以顾客为中心"的理念而在生产领域提出的，但要真正做到柔性化，即能真正根据消费者需求的变化来灵活调节生产工艺，没有配套的柔性化的物流系统是不可能达到目的的。20 世纪 90 年代，国际生产领域纷纷推出弹性制造系统、计算机集成制造系统、制造资源系统、企业资源计划以及供应链管理的概念和技术，这些概念和技术的实质是要将生产和流通进行集成，根据需求端的需求组织生产，安排物流活动。因此，柔性化的物流正是适应生产、流通与消费的需求而发展起来的一种新型物流模式，要求物流配送中心根据消费者需求"多品种、小批量、多批次、短周期"的特点，灵活组织和实施物流作业。

二、物流信息技术

没有高度发达的信息网络和信息的支撑，现代物流就无法实现。由于信息对物流管理的成功至关重要,因此管理者必须学会如何收集信息,如何分析信息,而这就要运用信息技术了。信息技术指各种以计算机为基础的工具,人们用它来加工信息,并支持组织对信息的需求和信息处理的任务。供应链管理信息支撑技术包括在整个供应链中用以收集和分析信息的硬件和软件。信息技术就像供应链管理者的眼睛和耳朵,获取并传输科学决策所需要的信息。比如说,在一家个人电脑生产厂,信息系统就能告诉管理者库房中还有多少奔腾三代芯片可以用于装配新的个人电脑,然后决定是否向英特尔公司订购更多的芯片。

物流信息系统的建立是需要大量信息技术来支撑的,我们依照人类自身获取物流信息、处理信息、存储信息、传输信息的特点,介绍了物流信息采集技术、物流信息存储技术、物流信息传输技术、物流信息交换技术、地理信息系统、全球卫星定位系统、物流管理信息系统、物流与电子商务和物联网技术等内容。

(一) 物流信息采集技术

1. 条码技术

条形码是由一组有规则的条空及对应的字符组成的标记,用以表示一定的信息。条码技术是为实现信息的自动扫描录入而设计的。它是实现快速、准确而可靠地采集数据的有效手段。条码技术为人们提供了一种对物流中的物品进行标识和描述的方法,借助自动识别技术POS系统、EDI等现代技术手段,企业可以随时了解有关产品在供应链上的位置,并即时做出反应。条码是实现POS系统、EDI、电子商务、供应链管理的技术基础,是物流管理现代化、提高企业管理水平和竞争力的重要技术手段。由于条码技术具有输入速度快、信息量大、准确度高、成本低、可靠性强等优点,因此发展十分迅速。

2. 射频识别技术

射频识别(RFID)技术是一种较新的自动识别技术。由于射频识别技术有可以非接触识读、可识别高速运动物体、抗恶劣环境、保密性强、可同时识别多个识别对象等特点,因而被广泛应用于制造业及其他不适宜条码标签存在的环境中。在供应链过程控制中,它被广泛应用于运输工具的自动识别(AVI)、物品的跟踪与监视、店铺防盗系统、高速公路收费及智能交通系统(ITS)、生产线的自动化及过程控制等方面。

(二) 物流信息存储技术

数据库技术将信息系统中大量的数据按一定的结构组织起来,提供存储、维护、查询的功能,可以将物流系统的数据库建成一个物流系统或供应链的公共数据平台,为数据采集、更新和交换提供方便,结合数据仓库技术和数据挖掘技术,对物流原始数据进行系统的加工、汇总和整理,提取隐含的、未知的、潜在有用的信息和关系,以满足物流过程职能化管理的需要。

(三) 物流信息传输技术

计算机网技术的蓬勃发展为物流企业信息共享和交流提供了相对方便、快捷和廉价的基础工具。依托互联网,企业可以积极开展电子商务活动、发布信息扩大企业影响力,改变营销环境,从容面对竞争。企业内部网络(Intranet)是一种内部信息管理和交换的基础设施,使企业实现内部信息共享,让企业经营决策者动态、实时地进行管理。企业外部网络(Extranet)是一种企业与其客户及其他企业实现共同目标的交互合作网络。局域网(LAN)建设,能够增强对信息的时效性管理,从而降低成本、提高效率和服务水平,以吸引更多的客户。

（四）物流信息交换技术

物流信息交换技术（EDI）是指不同企业之间为了提高经营活动的效率在标准化的基础上通过计算机联网进行数据传输和交换的方法。EDI 的目的是通过建立企业间的数据交换网来实现票据处理、数据加工等事务作业的自动化、省力化、及时化和正确化，同时通过有关销售信息和库存信息的共享来实现经营活动的效率化。EDI 的主要功能表现在电子数据传输和交换、传输数据的存证、文书数据标准格式的转换、安全保密、提供信息查询、提供技术咨询服务、提供信息增值服务等，全球 500 强企业都应用 EDI 系统与其主要顾客和供应商交换商业信息。

（五）地理信息系统

地理信息系统（GIS）是从 20 世纪 60 年代开始迅速发展起来的地理学研究新成果，是多种学科交叉的产物。它以地理空间数据为基础，采用地理模型分析方法，实时地提供多种空间的和动态的地理信息，是一种为地理研究和地理决策服务的计算机系统。GIS 的基本功能是将表格型数据转换成地理图形显示，然后对显示结果浏览、操纵和分析。其显示范围可以从洲际地图到非常详细的街区地图，显示对象包括人口、销售情况、运输路线以及其他内容。

（六）全球卫星定位系统

全球卫星定位系统（GPS）指的是利用分布在约 2 万千米高空的多颗卫星对地面目标的状况进行精确测定以进行定位、导航的系统，它主要用于船舶飞机导航、对地面目标的精确定时和精确定位、地面及空中交通管制、空间与地面灾害监测等。20 世纪 90 年代以来，全球卫星定位系统在物流领域得到越来越广泛的应用。GPS 由空间部分和地面部分组成。空间部分由分布在 6 个等间隔轨道上的 24 颗卫星组成，卫星距地球 2 万千米，这种分布可以保证在任何时刻全球的任何地区，都被四颗卫星覆盖。GPS 的地面部分则有主控站和监控站，GPS 的用户用 GPS 接收设备接收卫星发射的信号，并以此进行导航和定位。GPS 在物流管理中的应用有：运输车辆的定位和跟踪调度，运输船只最佳航程和安全航线的测定、航向的实时调度、监测以及铁路运输管理等。

（七）物流管理信息系统

物流管理信息系统也称为物流信息系统（LIS，Logistics Information System），是由人员、计算机硬件、软件、网络通信设备及其他办公设备组成的人机交互系统，其主要功能是进行物流信息的收集、存储、传输、加工整理、维护和输出，为物流管理者及其他组织管理人员提供战略、战术及运作决策的支持，以达到组织的战略竞优，提高物流运作的效率与效益。

（八）物流与电子商务

电子商务是指借助于互联网进行商业贸易活动，即各参与方之间以电子方式而不是通过物理交换或直接物理接触完成的任何形式的业务交易，它包括物流信息交换技术（EDI）、电子支付手段、电子订货系统、电子邮件、传真、网络、电子公告系统、条码、图像处理和智能卡等。在供应链管理中，电子商务一般分为企业对企业（B2B）和企业对消费者（B2C）两种类型。电子商务在供货体系管理、库存管理、运输管理和信息流通等方面提高了企业物流管理运作的效率。

（九）物联网技术

物联网是指射频识别（RFID）、红外感应器、全球定位系统、激光扫描器等信息传感设备，通过物联网域名，将任何物品与互联网相连接，进行信息交换和通信，以实现智能化识别、定位、跟踪、监控和管理的一种网络。它具有如下基本特征。

① 全面感知（通过射频识别、传感器、二维码、GPS等相对成熟技术感知、采集、测量物体信息）。

② 可靠传输（通过无线传感器网络、短距无线网络、移动通信网络等信息网络实现物体信息的分发和共享）。

③ 智能处理（通过分析和处理采集到的物体信息，针对具体应用提出新的服务模式，实现决策和控制智能化）。

物流信息在现代企业的经营战略中占有越来越重要的地位，建立物流信息系统，充分利用各种现代信息技术，提供迅速、及时、准确、全面的物流信息是现代企业获得竞争优势的必要条件。物流信息技术通过切入物流企业的业务流程来实现对物流企业各生产要素的合理组合与高效利用，降低经营成本，直接产生明显的经济效益。

工作任务2 物流信息技术应用现状调研

一、任务目的

物流信息技术应用现状调研主要是通过调查的形式来进行的，可以通过调查走访企业，结合网上信息收集的形式来进行。主要让学生理解信息、物流信息、物流信息技术、物流信息系统的概念以及掌握相关技术在企业中的应用情况，为以后项目的实现做铺垫，并认识到这门课程的重要性。

二、任务引入

1. 选择2~3家第三方物流企业进行走访，并记录它们的规模和使用信息化度。
2. 调研物流信息管理常用的几种方法。
3. 调研企业采用物流信息系统或者物流信息技术的情况。
4. 调研结果与世界前十的物流企业物流信息化程度进行比较分析。
5. 撰写企业物流信息调查报告，完成调研的目的和内容。

三、实施步骤

1. 确定调研的内容

主要围绕企业物流信息化建设；当地物流信息化的现状、原因及发展趋势；物流信息技术在物流企业中的应用；物流信息采集的常用方法；可以根据具体情况进行选择或者自定。

2. 制订调查计划和问卷

围绕调查目标，明确调查主题，确定调查的对象、地点、时间、方式，并确定要收集哪些相关资料。

3. 调查以小组为单位

根据班级情况，每组3~4人，设一名组长。带上调查工具，如笔记本和笔；条件允许的话，可以带上照相机和录音笔。

4. 调查前的知识准备

调查之前，进行相关资料的收集并做好知识准备。

四、教师对个人调研和制作结果进行检查和点评，检查标准如表 1-2 所示。

表 1-2 物流信息技术应用现状调研检查标准

考核项目	评分标准	分数	学生自评	教师评价	小计
常用物流信息技术	是否理解掌握	10			
活动参与	是否积极	5			
任务方案	是否正确、合理	5			
操作过程	调研企业的代表性	10			
	物流信息技术的充分性	15			
	世界前十物流企业的代表性	15			
	比较分析的准确到位性	10			
	内容翔实、可靠性	15			
任务完成情况	是否圆满完成	5			
方法使用	是否规范、标准	5			
操作纪律	是否能严格遵守	5			
总分		100			
教师签名：		年　月　日		得分	

工作任务 3 物流信息技术仿真分析初体验

一、任务目的

主要是根据实际物流情景结合仿真软件（如 Flexsim 等）进行有效模拟仿真分析，让学生理解物流信息技术在实际应用中发挥的重要作用，为以后项目的实现做铺垫，并认识到这门课程的重要性。

二、任务引入

模拟邮局在处理各方送来的信件时内部的处理流程，由于邮局处理信件必须先将信件过滤分类，但现实中邮件种类繁多，因此本模型仅将邮件分成国内信件与国外信件。信件到达后，用两种颜色代表这两种不同类型信件，经由传送带到达处理器处理，此步骤主要是把信件按照其不同的类型区分开来，再分别送到不同的货架上等待邮车运送出去。

三、实施步骤

1. 根据要求安装仿真系统软件。
2. 按照要求进行模型实体设计和布局等具体操作。
3. 按照要求进行模型实体间的连接和参数设置。
4. 模型运行和数据分析。
5. 进行操作的总结。

四、教师对个人调研和制作结果进行检查和点评。

工作任务 4 物流信息技术决策分析

一、任务目的

主要是应用 Excel 的数据建模、分析处理等功能对实际存在的物流现象和问题如供需平衡问题、运输调度问题、生产排程等进行有效分析决策，让学生进一步理解物流信息技术在实际应用中发挥的重要作用，为以后项目的实现做铺垫，并认识到这门课程的重要性。

二、任务引入

（一）某地有甲、乙、丙、丁四个产粮区，每年对某种化肥的需求量分别是 6、6、3、3（单位：万吨），该种化肥可从 A、B、C 三个化肥厂订购，可供货量分别为 7、8、3（单位：万吨），已知从各厂到各产粮区的单位运价（元/吨）如表 1-3 所示，试制订一个最佳调拨方案。

表 1-3　从各厂到各产粮区的单位运价　　　　　　　　　　　　单位：元/吨

	甲	乙	丙	丁
A	5	8	7	3
B	4	9	10	7
C	8	4	2	9

（二）某公司从中心制造地点向分别位于城区北、东、南、西方向的分配点运送材料。该公司有 26 辆卡车，用于从制造地点向分配点运送材料。其中有 9 辆每辆能装 5 吨的大型卡车，12 辆每辆能装 2 吨的中型卡车和 5 辆每辆能装 1 吨的小型卡车。北、东、南、西四个点分别需要材料 14 吨、10 吨、20 吨、8 吨。每辆卡车向各分配点送材料一次的费用如表 1-4 所示，建立运送材料总费用最小的线性规划模型。

表 1-4　每辆卡车向各分配点送材料一次的费用　　　　　　　　单位：元

	北	东	南	西
大	80	63	92	75
中	50	60	55	42
小	20	15	38	22

（三）某厂生产甲、乙、丙三种柴油机，已知每种柴油机的单件消耗和单件利润如表 1-5 所示（单位：千元），问：

1. 该厂的最佳生产计划应该如何安排？
2. 如果工厂决定用自备机组发电，每月可额外提供 10000 度电，但每百度电的成本为 300 元，那么对生产计划和利润有何影响？

表 1-5　每种柴油机的单件消耗和单件利润

	甲	乙	丙	每月可供量
煤（吨）	5	4	3	800
电（百度）	10	7	4	1000
钢（吨）	2	1	1	300
单件利润（千元）	8	6	4	

三、实施步骤

1. 根据要求安装微软公司的 Office 办公自动化软件。
2. 打开 Excel，加载"规划求解"功能。
3. 分析物流存在的问题并相应在 Excel 中建模设计。
4. 模型运行和数据分析。
5. 进行操作的总结。

四、教师对个人调研和制作结果进行检查和点评。

【综合案例分析】 某跨国公司核心竞争优势 现代物流信息技术

某跨国公司是全球领先的包裹递送公司和专业运输与物流服务的供应商。该公司通过结合货物流、信息流和资金流，不断开发物流、供应链管理和电子商务的新领域。

该公司通过以下几个方面推广物流信息技术发挥了核心竞争优势。

在信息技术上，该公司配备了速递资料收集器（DIAD），这是业界最先进的手提式计算机，可几乎同时收集和传输实时包裹传递信息，也可让客户及时了解包裹的传送现状。这台 DIAD 配置了一个内部无线装置，可在所有传递信息输入后立即向公司数据中心发送信息。司机只需扫描包裹上的条形码，获取收件人的签字，输入收件人的姓名，一键即可同时完成交易并送出数据。通过 DIAD，可随时"跟踪"到包裹，从而满足消费者了解包裹行踪的要求。通过这一过程速递业真正实现了从点到点、户对户的单一速递模式，除为客户提供传统速递服务外，还包括库房、运输及售后服务等全方位物流服务的发展，从而大大地拓展了传统物流概念。

在信息系统上，公司将应用在美国国内运输货物的物流信息系统扩展到了所有国际运输货物上。这些物流信息系统包括署名追踪系统及比率运算系统等，其解决方案包括：自动仓库、指纹扫描、光拣技术、产品跟踪和决策软件工具等。这些解决方案从商品源起点流向市场或者最终消费者的供应链上，帮助客户提高了业绩，真正实现了双赢。

以该跨国公司为代表的企业应用和推广的物流信息技术是现代物流的核心，是物流现代化的标志。尤其是飞速发展的计算机网络技术的应用使物流信息技术达到了新的水平，物流信息技术也是物流技术中发展最快的领域，从数据采集的条形码系统，到办公自动化系统中的微机、互联网，各种终端设备等硬件以及计算机软件等都在日新月异地发展。同时，随着物流信息技术的不断发展，产生了一系列新的物流理念和新的物流经营方式，推进了物流的变革。

今天来看，物流信息技术主要由通信、软件、面向行业的业务管理系统三大部分组成。包括基于各种通信方式基础上的移动通信手段、全球卫星定位系统（GPS）、地理信息系统（GIS）、计算机网络技术、自动化仓库管理技术、条形码及射频技术、信息交换技术等现代尖端科技。在这些尖端技术的支撑下，形成以移动通信、资源管理、监控调度管理、自动化仓储管理、业务管理、客户服务管理、财务处理等多种信息技术集成的一体化现代物流管理体系。譬如，运用卫星定位技术、识别技术和通信技术，用户可以随时"看到"自己的货物状态，包括运输货物车辆所在的位置、货物名称、数量、重量等，从而不仅大大提高了监控的"透明度"，降低了货物的空载率，做到资源的最佳配置，而且有利于顾客通过掌握更多的物流信息，以控制成本和提高效率。这有效地为物流企业解决了单点管理和网络化业务之间的矛盾、成本和客户服务质量之间的矛盾、有限的静态资源和动态市场之间的矛盾、现在和未来预测之间的矛盾等。

问题：

(1) 物流信息技术的应用对物流的发展有什么作用？

(2) 物流信息技术中主要有哪些技术？

(3) 这些具体的技术分别起什么作用？

项目二 物流信息采集技术

【技能目标】
1. 具有根据商品特性进行通用商品条码制作和应用的能力；
2. 具有根据储运单元特性进行储运条码制作和应用的能力；
3. 具有根据不同物流标识选择不同设备进行物流信息采集的能力。

【知识目标】
1. 掌握商品条码的编码知识和条码符号的体系；
2. 掌握物流单元条码的编码知识和条码符号的体系；
3. 了解条码自动识读识别的工作原理；
4. 了解二维条码及其应用；
5. 了解射频技术及其应用。

【工作任务】
1. 条码技术应用现状调查；
2. 一维条码的制作和应用；
3. 二维条码的制作和应用；
4. 无线射频标签的制作和识别。

【引导案例】 条码在商业流通系统中的应用

懂得充分利用先进的条码技术进行全面的超市管理，是现今中国零售业的一个重要课题。商品条码是实现商业现代化的基础，是商品进入超级市场、POS扫描商店的入场券。在扫描商店，当顾客采购商品完毕在收银台前付款时，收银员只要拿着带有条码的商品在装有激光扫描器的操作台上轻轻掠过，就可把条码下方的数字快速输入电子计算机，通过查询和数据处理，机器可立即识别出商品制造厂商、名称、价格等商品信息并打印出购物清单。这样不仅可以实现售货、仓储和订货的自动化管理，而且通过产、供、销信息系统，使销售信息及时为生产厂商所掌握。目前条码已成为商品进入超市的必备条件，商品条码化是企业提高市场竞争力，扩大外贸出口的必由之路，是实现生产流通环节自动化的前提条件，同时也是制造商适时调整产品结构的技术保障。近年来，我国许多城市（如北京、上海、福建等）已有文件规定，所有无条码商品不得进入超市。条码的应用在现代的大型超市管理中不可或缺。像沃尔玛、卜蜂莲花等世界著名大型超市，从纵向到横向，从商品的流通、供应商的选择到客户及员工的管理，都已充分使用条码。

超市中的商品流通包括收货、入库和出库、点仓、查价、销售、盘点等，具体操作如下。

收货：收货部员工手持无线手提终端，通过无线网与主机连接的无线手提终端上已有此次要收的货品名称、数量、货号等资料，通过扫描货物自带的条码，确认货号，再输入此货物的数量,无线手提终端上便可马上显示此货物是否符合订单的要求。如果符合,便进入入库步骤。

入库和出库:入库和出库其实是仓库部门重复以上的步骤,增加这一步只是为了方便管理,落实各部门的责任,也可防止有些货物收货后需直接进入商场而不入库所产生的混乱。

点仓:点仓是仓库部门最重要,也是最必要的一道工序。仓库部员工手持无线手提终端(通过无线网与主机连接的无线手提终端上已经有各货品的货号、摆放位置、具体数量等资料)扫描货品的条码,确认货号,确认数量,所有的数据都会通过无线网实时性地传送到主机。

查价:查价是超市的一项烦琐的任务。因为货品经常会有特价或价格调整的时候,混乱也容易发生,所以售货员手持无线手提终端,腰挂小型条码打印机,按照无线手提终端上的主机数据检查货品的变动情况,对应变而还没变的货品,马上通过无线手提终端连接小型条码打印机打印更改后的全新条码标签,贴于货架或货品上。

销售:销售一向是超市的命脉,主要是通过POS系统对产品条码的识别体现等价交换。

注意:条码标签一定要质量好的,一是方便售货员的扫描,提高效率;二是防止顾客把低价标签贴在高价货品上结账所造成的损失。

盘点:盘点是超市收集数据的重要手段,也是超市必不可少的工作。以前的盘点,必须暂停营业来进行手工清点,其间对生意的影响及对公司形象的影响之大无可估量。直至现代,还有的超市是利用非营业时间,要求员工加班加点进行盘点,这只是小型超市的管理模式,也不适合长期使用,而且盘点周期长、效率低。作为世界性大型超市的代表,沃尔玛对盘点方式已进行了必要的完善,其主要分抽盘和整盘两部分:抽盘是指每天的抽样盘点。每天分几次,电脑主机将随意指令售货员到几号货架清点什么货品。售货员只需手拿无线手提终端,按照通过无线网传输过来的主机指令,到几号货架,扫描指定商品的条码,确认商品后对其进行清点,然后把资料通过无线手提终端传输至主机,主机再进行数据分析。整盘,顾名思义,就是整店盘点,是一种定期的盘点,超市分成若干区域,分别由不同的售货员负责,也是通过无线手提终端得到主机的指令,按指定的路线、指定的顺序清点货品,然后,不断把清点资料传输回主机,盘点期间根本不影响超市的正常运作。因为平时做的抽盘和定期的整盘加上所有的工作都是实时性地和主机进行数据交换,所以,主机上资料的准确性十分高,整个超市的运作也一目了然。

条码作为一种信息载体,已普遍应用于生活中,作为现代的大型超市,充分利用条码技术进行管理势在必行,再配合先进的计算机技术及自动识别技术,定会提高超市的管理层次,使超市的行政架构得以精简,降低工作强度及减少人力资源浪费。清楚货品的进、销、存和流向等资料,对稳定超市的季节性变化至关重要,而产品资料的实时性收集,更会加快超市的运作频率,使超市的各项数据报告更精确。

问题:

(1) 结合案例及日常生活中见到的条码,说明什么是条码。

(2) 根据案例及日常生活中见到的条码,说明条码对这些领域起到什么样的作用,与传统人工方式相比有哪些变化。

单元一 条码技术概述

一、条码的含义

条码(bar code),是由一组按一定编码规则排列的条、空符号,用以表示一定的字符、数字及符号的标记。条和空组成的数据表示一定的信息，通过特定的识别设备，可以转换成与计算机兼容的语言（二进制或十进制信息）。其中"条"指对光线反射率较低的部分，"空"指对光线反射率较高的部分。

二、条码的基本组成

一个完整的条码的组成次序依次为：静区（前）、起始符、数据符（中间分割符，主要用于 EAN 码）、校验符、终止符、静区（后），如图 2-1 所示。

图 2-1　条码的组成

静区（空白区）：静区指条码左右两端外侧与空的反射率相同的限定区域，它能使阅读器进入准备阅读的状态，当两个条码相距较近时，静区则有助于对它们加以区分，静区的宽度通常应不小于 6mm（或 10 倍模块宽度）。

起始/终止符：起始/终止符指位于条码开始和结束的若干条与空，标识条码的开始和结束，同时提供了码制识别信息和阅读方向的信息。

数据符：数据符是指位于条码中间的条、空结构，它包含条码所表达的特定信息。

校验符：校验符指用于检验码的条空组合，通过对条码数据符的某种运算来检验阅读质量。

三、条码的几个术语

条码的几个主要术语如下。

（1）模块　是构成条码的基本单位，模块是指条码中最窄的条或空，模块的宽度通常以 mm 或 mil（千分之一英寸）为单位。1mil＝0.0254mm＝25.4×10^{-6}m。

（2）密度（Density）　条码的密度指单位长度的条码所表示的字符个数。密度主要由模块的尺寸决定，模块尺寸越小，密度越大，所以密度值通常以模块尺寸的值来表示（如 5mil）。7.5mil 以下的条码称为高密度条码，通常用于标识小的物体，如精密电子元件，15mil 以上的条码称为低密度条码，一般应用于远距离阅读的场合，如仓库管理。相应条码密度越高，要求条码识读设备的性能（如分辨率）也越高。

（3）宽窄比　对于只有两种宽度单元的码制，宽单元与窄单元的比值称为宽窄比，一般为 2～3（常用的有 2∶1、3∶1）。宽窄比较大时，识读设备更容易分辨宽单元和窄单元，因此比较容易识读。

（4）对比度（PCS）　条码符号的光学指标，PSC 值越大，则条码的光学特性越好。

$$PCS＝(RL－RD)/RL \times 100\%$$（RD：条的反射率，RL：空的反射率）

已知，绝对黑体的反射率为 0，纯白物体的反射率为 1。

四、条码的编码方法

条码的编码方法，是指条码中条和空的编码规则及二进制的逻辑表示的设置，即通过设计条码中条和空的排列组合来表示不同的二进制数据。

条码的编码一般有以下两种方法。

（1）模块组合法　条码符号中，条和空由标准宽度的模块组成。其中商品条码模块的标准宽度为 0.33mm，一个标准宽度的条模块表示二进制的"1"，而一个标准宽度的空模块表示二进制的"0"（如图 2-2 所示）。

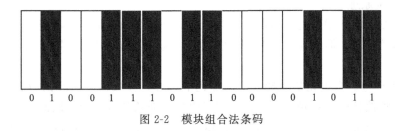

图 2-2　模块组合法条码

（2）宽度调节法　条码符号中，条和空的宽窄设置不同，用宽单元表示二进制的"1"，用窄单元表示二进制的"0"，宽窄单元比一般控制在 2~3（如图 2-3 所示）。

图 2-3　宽度调节法条码

五、条码系统

1. 条码系统的运作方式及组成

条码系统的运作方式如图 2-4 所示。

图 2-4　条码系统的运作方式

不同的应用领域完成条码的编码，形成条码的编码规则，利用编码器实现条空组合与字符集的对应关系，并存储在计算机数据库中，然后印制条码，粘贴条码，使用时利用条码扫描器读取条码信号，通过条码解码软件根据存储在数据库中的条码编码规则实现条码条空组合与数字信息的转换，从而得到可以被应用程序处理的信息。

根据上述条码系统的运作方式，条码系统组成主要包括以下几部分。

① 条码编码规则。不同的条码有不同的编码规则，对应于不同的标准，具体使用时要根据各条码的使用行业或区域来进行选择。

② 编码/解码软件。编码/解码软件是指用于资料与相应条码之间转换的工具。根据条码的编码规则，编码软件将资料转换成条、空组合形式；解码软件则反之，通过条码扫描器读取条码信号，转换成计算机应用程序可使用的数字信号。

③ 条码打印机。条码打印机就是专门用来打印条码的打印机，与平常使用的打印机类似，条码打印机也有多种，有点阵式、喷墨式、激光式等，不同的条码由于其使用环境及应用的不同，一般会使用不同的打印机来打印。

④ 条码扫描器。条码扫描器通过光学原理获取条码的条空组合，识别条码所对应的信

号。条码扫描器获得条码信号后经过解码器的解码操作，实现信号的转换。

⑤ 应用程序接口。条码识别完成之后，应用程序接口负责保证应用程序与条码对应信息之间的通信，实现条码应用。

2. 条码识别原理

条码识别原理即利用条码扫描器获得条码的信号，再通过解码器实现信号转换，转换成计算机可使用的信号。简单地说，条码识别原理就是由光信号转换成数字信号的过程。具体包括以下过程。

① 识读光信号。根据光学原理，不同颜色的物体，其反射可见光的波长不同，如白色物体能反射各种波长的可见光，黑色物体则吸收各种波长的可见光。因此，条码扫描器可以通过其光源发出光信号，照射到不同颜色相间的条码上，通过凸透镜可以获得不同的反射光。

② 光电信号转换。光电转换器接收到与不同颜色条空相对应的强弱不同的反射光信号，转换成电信号。不同颜色的宽度不同，相应的电信号持续时间长短也不同，由于这些反射光信号太弱，一般要经过放大处理，转换成可利用的模拟信号。

③ 模拟信号与数字信号转换。模拟信号无法被计算机系统所使用，因此，通过整形电路将模拟信号转换成数字信号，它通过识别起始/终止符来判别出条码符号的码制及扫描方向；通过测量数字信号0、1的数目来判别出条和空的数目；通过测量0、1信号持续的时间来判断条和空的宽度。这样便得到了被识别条和空的数目及相应的宽度和所用码制，根据码制所对应的编码规则，便可以将条空符号转换成相应的字符信息，通过接口电路输入计算机系统进行数据处理与管理，完成条码识别过程。

3. 条码识别装置

普通的条形码阅读器通常采用以下几种条形码阅读器技术：红光条码扫描器、手持激光条码扫描器、无线条码扫描器、多模式扫描器、激光扫描平台和条码扫描手持终端等（图2-5）。它们都有各自的优缺点，没有一种条形码阅读器能够在所有方面都具有优势。

红光条码扫描器　　　　手持激光条码扫描器　　　　无线条码扫描器

多模式扫描器　　　　激光扫描平台　　　　条码扫描手持终端

图 2-5　常见的条码扫描器

选择条形码阅读设备前，要了解扫描设备的几个主要技术参数，才能够根据应用的要求，对照这些参数选取适用的设备。

① 分辨率。对于条形码扫描系统而言，分辨率为正确检测读入的最窄条符的宽度（minimal bar width）。

② 扫描景深。扫描景深指的是在确保可靠阅读的前提下，扫描头允许离开条形码表面的最远距离与扫描器可以接近条形码表面的最近距离之差，也就是条形码扫描器的有效工作范围。

③ 扫描宽度。扫描宽度指的是在给定扫描距离上扫描光束可以阅读的条形码信息物理长度值。

④ 扫描速度。扫描速度是指单位时间内扫描光束在扫描轨迹上的扫描频率。

⑤ 一次识别率。一次识别率指的是首次扫描读入的标签数与扫描标签总数的比值。例如，如果每读入一个条形码标签的信息需要扫描两次，则一次识别率为50%。

⑥ 误码率。误码率是一个反映阅读器可识别标签系统错误识别情况的非常重要的测试指标。误码率＝错误识别次数/识别总次数。

六、条码的特点

（1）可靠准确　有资料显示，键盘输入平均每300个字符一个错误，而条码输入平均每15000个字符一个错误。如果加上校验位出错率是千万分之一。

（2）数据输入速度快　键盘输入，一个每分钟打90个字的打字员1.6秒可输入12个字符或字符串，而使用条码，做同样的工作只需0.3秒，速度提高了5倍。

（3）经济便宜且制作简单　与其他自动化识别技术相比较，推广应用条码技术，所需费用较低。而且条码标签易于制作，对印刷技术设备和材料无特殊要求。

（4）灵活且实用　条码符号作为一种识别手段可以单独使用，也可以和有关设备组成识别系统实现自动化识别，还可和其他控制设备联系起来实现整个系统的自动化管理。同时，在没有自动识别设备时，也可实现手工键盘输入。

（5）自由度大　识别装置与条码标签相对位置的自由度要比OCR大得多。条码通常只在一维方向上表达信息，而同一条码上所表示的信息完全相同并且连续，这样即使标签有部分缺损，也可以从正常部分输入正确的信息。

（6）识读设备简单　条码符号识别设备的结构简单，易操作，无须专门训练。

工作任务1　条码技术应用现状调查

一、任务目的

通过对现实企业中条码应用进行实地调研的形式来进行，可以通过调查走访企业，结合网上信息收集的形式来进行。主要让学生理解条码、识读设备等概念以及掌握相关技术在企业中的应用情况。

二、任务引入

1. 选择2~3家企业进行走访，并记录它们的规模和条码技术使用程度。
2. 调研常用的几种条码技术。
3. 从调研材料上分析我国条码技术应用的现状、原因和发展趋势。
4. 撰写条码技术应用调查报告，完成调研的目的和内容。

三、实施步骤

1. 确定调研的内容

主要围绕企业条码技术的实际应用及作用；常用的几种条码技术；当地的条码技术应用

的现状、原因和发展趋势等展开。

2. 制订调查计划

围绕调查目标，明确调查主题，确定调查的对象、地点、时间、方式，并确定要收集哪些相关资料。

3. 调查以小组为单位

根据班级情况，每组3~4人，设一名组长。带上调查工具，如笔记本和笔；条件允许的话，可以带上照相机和录音笔。

4. 调查前的知识准备

调查之前，进行相关资料的收集并做好知识准备。

四、教师对小组调研结果进行检查和点评，检查标准如表 2-1 所示。

表 2-1　条码技术应用现状调查检查标准

考核项目	评分标准	分数	学生自评	小组互评	教师评价	小计
团队合作	是否默契	10				
活动参与	是否积极	10				
任务方案	是否正确、合理	10				
操作过程	调研企业的代表性	15				
	条码技术的代表性	20				
	内容翔实、可靠性	20				
任务完成情况	是否圆满完成	5				
方法使用	是否规范、标准	5				
操作纪律	是否能严格遵守	5				
总分		100				
教师签名：			年　月　日		得分	

单元二　一维条码

任何一种条码，都是按照预先规定的编码规则和条码有关标准，由条和空组合而成的。每种条码的码制是由它的起始位和终止位的不同编码方式所决定的，条码阅读器要解译条码符号，要判断此符号码制才能正确译码。

为了便于物品跨国家和地区的流通，适应物品现代化管理的需要以及增强条码自动识别系统的相容性，各个国家、地区和行业都必须制定统一的条码标准。这类标准由各国的专门编码机构负责制定，也有地区性的标准和行业标准。目前现存的条码码制多种多样，但国际上通用的物流条码码制只有三种：EAN-13 码、ITF-14 条码及 EAN/UCC-128 条码。

一、常见的一维条码及应用领域

1. EAN 码

EAN 码全称为欧洲商品条码（European Article Number），是国际物品编码协会制定的一种商品用条码，通用于全世界。它是一种长度固定、无含义的条码，所表达的信息均为数字，主要应用于商品标识，有标准版和缩短版两种（如图 2-6 所示），日常所购买的商品包装上所印的条码一般是标准版 EAN 码。

2. UPC 码

UPC 码（Universal Product Code）是美国统一代码委员会制定的一种商品用条码，主要用于美国和加拿大地区，我们从美国进口的商品上可以看到。UPC 码是最早大规模应用的条码，其特性为长度固定、连续性强，目前主要在美国和加拿大使用，由于其应用范围广泛，故又被称为万用条码。UPC 码仅可用来表示数字，故其字码集为数字 0～9，如图 2-7 所示。UPC 码共有 A、B、C、D、E 五种版本，如表 2-2 所示。

图 2-6 EAN 码

图 2-7 UPC 码

表 2-2 UPC 码的各种版本

版本	应用对象	格式
UPC-A	通用商品	SXXXXX XXXXXC
UPC-B	医药卫生	SXXXXX XXXXXC
UPC-C	产业部门	XSXXXXX XXXXXCX
UPC-D	仓库批发	SXXXXX XXXXXCXX
UPC-E	商品短码	XXXXXX

注：S——系统码；X——资料码；C——检查码

3. 39 码

1974 年，Intermec 公司的戴维·阿利尔（Davide Allair）博士研制出 39 码，很快被美国国防部所采纳，作为军用条码码制。39 码是第一个可表示数字、字母等信息的条形码，主要用于工业、图书及票证的自动化管理，目前使用极为广泛。39 码的每一个条码字符由 9 个单元组成，其中有 3 个宽单元，其余是窄单元，因此称为 39 码。39 码还有一个规定，就是起始符和终止符都用 * 来表示，实际的 39 码的条码如图 2-8 所示。

图 2-8 39 码

4. 库德巴码

库德巴码（Code Bar）是一种长度可变的连续型自校验数字式码制，可表示数字和字母信息，主要用于医疗卫生、图书情报、物资等领域的自动识别。常用于仓库、血库和航空快递包裹中。库德巴码是四条三空表示一个字符，其字符集为 0～9 共 10 个数字，"A、B、C、D" 四个字母和 "$、-、:、/、.、+" 六个特殊字符，其中 "A、B、C、D" 仅作为起始符和终止符，并可任意组合，如图 2-9 所示。

图 2-9　库德巴码

图 2-10　ITF-14 条码

5. ITF-14 条码

ITF-14 条码用于标识非零售的商品，其中 ITF 为 "Interleaved Two and Five"（交插二五）的缩写。ITF-14 条码对印刷精度要求不高，比较适合直接印制（热转换或喷墨）于表面不够光滑、受力后尺寸易变形的包装材料，如瓦楞纸或纤维板上。ITF-14 条码是一种连续型、定长、具有自校验功能，并且条、空都表示信息的双向条码。它由矩形保护框、左侧空白区、条码字符、供人识别字符、右侧空白区组成，如图 2-10 所示。

6. EAN/UCC-128 码

EAN/UCC-128 码可表示 ASCII 0～ASCII 127 共 128 个字符，故称 128 码。128 码由于其字符集大、密度高，应用非常广泛。国际 UCC/EAN 组织有一个专门的关于 128 码的条码标识标准，就是 EAN/UCC-128 码，这种 128 码在全球范围内有统一的编码规范和解释。128 码在我国应用也非常广泛，邮政部门新的条码标准使用了 128 码，中国输血协会也采用了 128 码作为血袋上的标识条码。EAN/UCC-128 码的特性是：以应用识别码来定义信息码，如可代表生产日期、有效日期、批次号、序号容量、重量、尺寸、送出地址、送达地址等；不同的应用识别码定义不同长度、意义的信息码，如图 2-11 所示。

图 2-11　包含供应/承运商的 EAN/UCC-128 码

二、通用商品条码

商业是最早应用条码技术的领域。在商业自动化系统中，商品条码是关键。在我国于 2008 年修订的《GB/T 12904—2008 商品条码　零售商品编码与条码表示》国家标准中，商品条码（Barcode for Commodity）被定义为用于标识国际通用的商品代码的一种模块组合型条码，与国际标准兼容，其规定的商品条码结构与国际物品编码协会推行的 EAN 码结构相同。

EAN 码的全称为欧洲商品条码，1977 年由欧洲 12 个工业国家所共同研究出来的一种条码，目前已成为一种国际性的条码系统。EAN 条码系统的管理是由国际商品条码总会（International Article Numbering Association）负责各会员国的国家代表号码之分配与授权，再由各会员国的商品条码专责机构为其国内的制造商、批发商、零售商等授予厂商代表号码。EAN-13 码是比较通用的一般终端产品的条形码协议和标准，主要应用于超级市场和其他零售业，因此这种条码是我们比较常见的，随便拿起身边的一件从超市买来的商品都可以从包装上看得到。

EAN 码具有以下特性：
① 只能储存数字。
② 可双向扫描处理，即条码可由左至右或由右至左扫描。
③ 必须有一校正码，以防读取资料的错误情形发生，位于 EAN 码中的最右侧。
④ 具有左护线、中间分隔线及右护线，以分隔条码上的不同部分并撷取适当的安全空间来处理。
⑤ 条码长度一定，较欠缺弹性，但经由适当的管道，可使其通用于世界各国。

EAN 码依结构的不同，可区分为：

EAN-13 码：由 13 个数字组成，为 EAN 的标准编码形式。

EAN-8 码：由 8 个数字组成，为 EAN 的简易编码形式。

（一）EAN 标准版商品条码（13 位）

EAN-13 码是国际物品编码协会在全球推广应用的一种商品条码，它是一种定长、无含义的条码，没有自校验功能，使用 0～9 共 10 个字符。

1. EAN-13 码的结构

EAN-13 商品条码由左侧空白区、起始符、左侧数据符、中间分

图 2-12 EAN-13 码

隔符、右侧数据符、校验符、终止符、右侧空白区及供人识别字符组成，从起始符开始到终止符结束总共有 13 位数字，如图 2-12 所示，这 13 位数字分别代表不同的意义，且不同组合代表 EAN-13 码的不同结构，如表 2-3 所示。

表 2-3 EAN-13 码的代码结构

结构种类	厂商识别代码（左侧数据符）	商品项目代码（右侧数据符）	校验码
结构一	$X_{13}X_{12}X_{11}X_{10}X_9X_8X_7$（7 位）	$X_6X_5X_4X_3X_2$（5 位）	X_1
结构二	$X_{13}X_{12}X_{11}X_{10}X_9X_8X_7X_6$（8 位）	$X_5X_4X_3X_2$（4 位）	X_1
结构三	$X_{13}X_{12}X_{11}X_{10}X_9X_8X_7X_6X_5$（9 位）	$X_4X_3X_2$（3 位）	X_1

EAN 码由前缀码、厂商识别码、商品项目代码和校验码组成。前缀码是国际 EAN 组织标识各会员组织的代码，它是由国际物品编码协会（EAN 编码组织）统一管理和分配的，以保证其在全球范围内的唯一性，用来识别各国家或地区级的 EAN 编码组织所在的国家或地区的代码，表 2-4 列出了部分前缀码所代表的国家或地区，我国为 690～695，其中 696～699 尚未使用。前缀码为 690、691 的采用结构一，前缀码为 692、693、694、695 的采用结构二；厂商代码是 EAN 编码组织在 EAN 分配的前置码（$X_{13}X_{12}X_{11}$）的基础上分配给厂商的代码；商品项目代码由厂商自行编码，用于唯一识别商品项目的代码；在编制商品项目代码时，厂商必须遵守商品编码的基本原则：对同一商品项目必须编制相同的商品项目代码；对不同的商品项目必须编制不同的商品项目代码。保证商品项目与其标识代码一一对应，即一个商品项目只有一个代码，一个代码只标识一个商品项目；校验码是位于代码最后一位的数字，用于检验编码是否正确，通过代码中的其他所有数字计算得出。

表 2-4 部分前缀码所代表的国家或地区编码

前缀码	国家或地区/应用领域	前缀码	国家或地区/应用领域
000~019 030~039 060~139	美国	540~549	比利时和卢森堡
		560	葡萄牙
		569	冰岛
020~029 040~049 200~299	店内码	570~579	丹麦
		590	波兰
		594	罗马尼亚
300~379	法国	599	匈牙利
380	保加利亚	600~601	南非
383	斯洛文尼亚	608	巴林
385	克罗地亚	609	毛里求斯
387	波黑	611	摩洛哥
400~440	德国	613	阿尔及利亚
450~459 490~499	日本	616	肯尼亚
		619	突尼斯
460~469	俄罗斯	621	叙利亚
471	中国台湾地区	622	埃及
474	爱沙尼亚	624	利比亚
475	拉脱维亚	625	约旦
476	阿塞拜疆	626	伊朗
477	立陶宛	627	科威特
478	乌兹别克斯坦	628	沙特阿拉伯
479	斯里兰卡	629	阿拉伯联合酋长国
480	菲律宾	640~649	芬兰
481	白俄罗斯	690~699	中国
482	乌克兰	700~709	挪威
484	摩尔多瓦	729	以色列
485	亚美尼亚	730~739	瑞典
486	格鲁吉亚	740	危地马拉
487	哈萨克斯坦	741	萨尔瓦多
489	中国香港特别行政区	742	洪都拉斯
500~509	英国	743	尼加拉瓜
520~521	希腊	744	哥斯达黎加
528	黎巴嫩	745	巴拿马
529	塞浦路斯	746	多米尼加
531	马其顿	750	墨西哥
535	马耳他	754~755	加拿大
539	爱尔兰	759	委内瑞拉

续表

前缀码	国家或地区/应用领域	前缀码	国家或地区/应用领域
760~769	瑞士	870~879	荷兰
770~771	哥伦比亚	880	韩国
773	乌拉圭	885	泰国
775	秘鲁	888	新加坡
777	玻利维亚	890	印度
778~779	阿根廷	893	越南
780	智利	899	印度尼西亚
784	巴拉圭	900~919	奥地利
786	厄瓜多尔	930~939	澳大利亚
789~790	巴西	940~949	新西兰
800~839	意大利	955	马来西亚
840~849	西班牙	958	中国澳门特别行政区
850	古巴	977	连续出版物
858	斯洛伐克	978~979	图书
859	捷克	980	应收票据
860	南斯拉夫	981~983	普通流通券
867	朝鲜	990~999	优惠券
868~869	土耳其		

如听装健力宝饮料的条码为6901010101098，其中，690代表我国EAN组织，1010代表广东健力宝公司，10109是听装饮料的商品代码。这样的编码方式就保证了无论在何时何地，6901010101098就唯一对应该种商品。另外，图书和期刊作为特殊的商品也采用了EAN-13表示ISSN和ISBN。前缀977被用于期刊号——ISSN，图书号——ISBN用978作为前缀，我国被分配使用7开头的ISBN号，因此我国出版社出版的图书上的条码全部为9787开头。

2. EAN-13码的编码规则

EAN-13码采用的是模块组合法，每一条码数据字符由2个条和2个空构成，每一条或空由1~4个模块组成，每个字符由7个模块构成，即一个商品条码模块的标准物理宽度为0.33mm，则一个标准宽度的条模块表示二进制数字的"1"，而一个标准宽度的空模块表示二进制数字的"0"，其构成如表2-5所示。

表2-5 EAN-13码的构成

左侧空白区	起始符	左侧数据符	中间分隔符	右侧数据符	校验符	中止符	右侧空白区
9个模块	3个模块	42个模块 6位数字	5个模块	35个模块 5位数字	7个模块 1位数字	3个模块	9个模块

EAN-13码的编码规则如表2-6所示，EAN-13码的起始符、终止符的二进制表示都为

"101",中间分隔符 5 个模块的二进制表示为"01010"。EAN-13 码的前置码不用条码字符表示,不包括在左侧数据符内。右侧数据符及校验符均用字符集中的 C 子集表示,具体数据符的二进制表示依据编码方式不同,如表 2-7 所示。选用 A 子集还是 B 子集表示左侧数据符取决于前置码的数值,具体左侧数据符的编码选择如表 2-8 所示。

表 2-6 EAN-13 码的编码规则

结构	起始符	左侧数据符	中间分隔符	右侧数据符	校验符	中止符
排列	101	方式 A、方式 B	01010	方式 C	方式 C	101

表 2-7 EAN-13 码数据符的二进制表示

数字符	左侧数据符		右侧数据符
	A	B	C
0	0001101	0100111	1110010
1	0011001	0110011	1100110
2	0010011	0011011	1101100
3	0111101	0100001	1000010
4	0100011	0011101	1011100
5	0110001	0111001	1001110
6	0101111	0000101	1010000
7	0111011	0010001	1000100
8	0110111	0001001	1001000
9	0001011	0010111	1110100

注:A、B、C 中的"0"和"1"分别表示具有一个模块宽度的"空"和"条"。

表 2-8 左侧数据符的编码选择

前置字符	左侧数据符编码规则的选择				
0	A	A	A	A	A
1	A	A	B	A	B
2	A	A	B	B	A
3	A	A	B	B	B
4	A	B	A	A	B
5	A	B	B	A	A
6(中国)	A	B	B	B	A
7	A	B	A	B	A
8	A	B	A	B	B
9	A	B	B	A	B

3. EAN-13 商品条码校验符

EAN-13 商品条码中的校验符用字符集中的 C 子集表示,校验符的作用是检验前面 12 个数字是否正确,在条码机每次读取数据时,都会计算一次数据符的校验并与校验符进行比对。校验符的计算方法非常简单,将 12 个数据符从左起将所有的奇数位相加得出一个数 a,将所有的偶数位相加得出一个数 b,然后将数 b 乘以 3 再与 a 相加得到数 c,用 10 减去数 c 的个位数,如果结果不为 10 则校验符为结果本身,如果为 10 则校验符为 0。

例如:计算 690123456789 的校验符,并确定其二进制表示及条码符号。

690 表示国家代码:中华人民共和国;

1234 表示生产商代码;

56789 表示产品代码。

计算其校验符的过程如下。

奇数和:$a=6+0+2+4+6+8=26$。

偶数和:$b=9+1+3+5+7+9=34$。

将奇数和与偶数和的三倍相加:$c=a+3b=26+34\times3=128$。

取结果的个位数:128 的个位数为 8。

用 10 减去这个个位数:$X_1=10-8=2$。

所以校验符为 2。

[注:如果取结果的个位数为 0,那么校验码不是 10 (10−0=10),而是 0。]

13 位条形码数为 6901234567892（如图 2-13 所示）。

前置码：6，则左侧数据符：901234，按 ABBBAA 子集方式绘制条码。

右侧数据符：567892，按 CCCCCC 子集方式绘制条码。

画出这个条码：

图 2-13　EAN-13 码

用条码表示：左侧空白区（11 个模块）：00000000000。

起始符（3 个模块）：101。

左侧数据符（42 个模块）：0001011（9）0100111（0）0110011（1）0011011（2）0111101（3）0100011（4）

中间分隔符（5 个模块）：01010。

右侧数据符（35 个模块）：1001110（5）1010000（6）1000100（7）1001000（8）1110100（9）。

校验符（7 个模块）：1101100（2）。

结束符（3 个模块）：101。

右侧空白区（7 个模块）：0000000。

4．EAN-13 码的编码原则

（1）唯一性　同种规格同种产品对应同一个产品代码，同种产品不同规格应对应不同的产品代码。根据产品的不同性质，如重量、包装、规格、气味、颜色、形状等，赋予不同的商品代码。

（2）永久性　产品代码一经分配，就不能更改，并且是终身的。当此种产品不再生产时，其对应的产品代码只能搁置起来，不得重复起用再分配给其他的商品。

（3）无含义　无含义指代码数字本身及其位置不表示商品的任何信息。在商品条码系统中，商品编码仅仅是一种识别商品的手段。为了保证代码有足够的容量以适应产品频繁更新换代的需要，最好采用无含义的顺序码。

（二）EAN 缩短版商品条码（8 位）

EAN 缩短版商品条码共有 8 位数，当包装面积小于 120cm² 以下无法使用标准码时，可以申请使用缩短码。与 EAN-13 码相比，EAN-8 码仅有前缀码、商品项目代码和校验码，没有厂商识别码。为了保证代码的唯一性，商品项目识别代码须由中国物品编码中心统一分配。其校验码计算方法和标准版的 EAN 码相同。其结构与编码方式如图 2-14 所示。

图 2-14　EAN-8 码

在通常情况下，用户应尽量选用 EAN 商品条码，尤其是应选用 EAN-13 条码，在以下几种情况下，可采用 EAN-8 条码。

EAN-13 商品条码的印刷面积超过印刷标签最大面面积的四分之一或全部可印刷面积的八分之一时。

印刷标签的最大面面积小于 40cm² 或全部可印刷面积小于 80cm² 时。

产品本身是直径小于 3cm 的圆柱体。

三、储运单元条码

当今的物流信息自动化管理系统要求对物流信息进行高速、准确的采集，而要及时捕捉作为信息源的每一种商品在出库、入库、上架、分拣和运输等过程中的各种信息，迫切需要建立一种自动识别及数据自动录入的手段，应用标准条码进行标识无疑是最有效的方法。

通用商品条码主要是用来对消费单元（指通过零售渠道直接销售给最终用户的商品包装单元）进行标识的码制，而储运单元是为便于搬运、仓储、订货、运输等，由消费单元进一步组成的商品包装单元。储运单元条码是专门表示储运单元编码的一种条码，这种条码常用于搬运、仓储、订货和运输过程中，一般由消费单元组成的商品包装单元构成。当同一商品的包装数量不同或是同一包装中有不同商品组合时，就必须加上储运标识码以识别。

在储运单元条码中，又分为定量储运单元和变量储运单元。定量储运单元是指由定量消费单元组成的储运单元，如箱装牙膏、瓶装酒等。变量储运单元是指由变量消费单元组成的储运单元，如黄瓜、肉、鱼等。储运单元条码根据所标识的储运单元类型的不同采取不同编码规则，如下所示。

（一）定量储运单元

定量储运单元一般采用13位或14位数字编码，具体可分为下列三种情况。

1. 与定量消费单元同为一体的定量储运单元的编码

当定量储运单元同时又是定量消费单元时，如电冰箱等家用电器，其定量消费单元的编码等同于通用商品编码。

2. 由不同种类的定量消费单元组成的定量储运单元的编码

当定量储运单元内含有不同种类定量消费单元时，按定量消费单元的编码规则为定量储运单元分配一个区别于它所包含的消费单元的13位数字代码进行标识，如舒蕾超值旅行装内含100ml的舒蕾沐浴乳和60ml的舒蕾洗发露，其内含100ml的舒蕾沐浴乳的编码为6924882330335，60ml的舒蕾洗发露的编码为6924882333046，而外部的储运单元编码为6924882323214。

3. 由相同种类的定量消费单元组成的定量储运单元编码

当由相同种类的定量消费单元组成定量储运单元时，可采用ITF-14条码和EAN-128条码的14位来识别。其编码结构如表2-9所示。

表2-9　由相同种类的定量消费单元组成的定量储运单元编码结构

定量储运单元包装指示符	定量消费单元代码（不含校验码）	校验字符
V	$X_{13}X_{12}X_{11}X_{10}X_9X_8X_7X_6X_5\ X_4X_3X_2$	C

注：V为定量储运单元包装指示符，用于指示定量储运单元的包装级别，取值范围为1~8（如V=1是装有24条香烟的一整箱，V=2是装有6箱香烟的托盘等）。

（二）变量储运单元

变量储运单元编码由14位数字的主代码和6位数字的附加代码组成，代码结构如表2-10所示。

表2-10　变量储运单元代码结构

主代码（采用14位交插二五码标识）			附加代码（采用6位交插二五码标识）	
变量储运单元包装指示符	厂商识别代码与商品项目代码	校验符	商品数量	校验符
LI	$X_1X_2X_3X_4X_5X_6X_7X_8X_9X_{10}X_{11}X_{12}$	C_1	$Q_1Q_2Q_3Q_4Q_5$	C_2

变量储运单元包装指示符（LI）指示在主代码后面有附加代码，取值为LI=9，如图2-15所示。附加代码（Q1~Q5）是指包含在变量储运单元内，按确定的基本计量单位（如千克，米等）计量取得的商品数量。变量储运单元的主代码用ITF-14条码标识，附加代码用ITF-6（6位交插二五条码）标识。变量储运单元的主代码和附加代码也可以用EAN-128条码标识。

在变量贸易项目情况下，标签上必须使用AI（310X）表示鱼箱的净重，其中X表示隐含的小数点位置。

变量单元的GTIN	实际重量
（01）95712345111119	（3102）002875＝28.75kg
GTIN的第一个数字"9"表示项目是变量贸易项目。	

图 2-15 变量储运单元包装指示符

（三）交插二五条码

交插二五条码在仓储和物流管理中被广泛采用。1983 年，交插二五条码完整的规范，被编入有关物资储运的条码符号美国国家标准 ANSI MH 10.8 中。1997 年，我国制定了交插二五条码国家标准，并于 1998 年 3 月开始实施。交插二五条码是一种连续、非定长、具有自校验功能，且条空都表示信息的双向条码。常用于定量储运单元的包装箱上。

1. 交插二五条码的特点

交插二五条码的特点有以下几个。

① 是一种连续、非定长、具有自校验功能，且条和空都表示信息的双向条码。

② 它由左侧空白区、起始符、数据符、终止符及右侧空白区组成。

③ 基于宽度调节法进行编码，每一个条码数据符由 5 个单元组成，其中 2 个宽单元和 3 个窄单元。

④ 组成条码符号的字符个数为偶数，当字符个数是奇数时，在左侧补 0 使其变为偶数。

⑤ 条码从左到右，奇数位置上的字符用条表示，偶数位置上的字符用空表示。

⑥ 其字符集包括数字 0～9，二进制表示见表 2-11。

⑦ 采用宽度调节法，其条、空的二进制代码的表示方法相同，宽元素表示为"1"，窄元素表示为"0"。

⑧ 其起始符为"0000"，终止符为"100"，如图 2-16 所示。

⑨ 为防止扫描产生的误差，交插二五条码的符号采用托架条，即在符号数据条的顶部和底部各加一个横条，如图 2-17 所示。

表 2-11 交插二五条码的字符集的二进制表示

数字符	二进制表示	数字符	二进制表示
0	00110	5	10100
1	10001	6	01100
2	01001	7	00011
3	11000	8	10010
4	00101	9	01010

注：其中的"0"和"1"分别表示具有窄模块和宽模块。

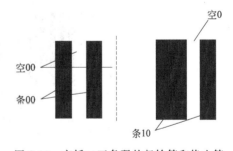

图 2-16 交插二五条码的起始符和终止符

2. 交插二五条码的校验符

为了提高交插二五条码的识读可靠性，在需要的时候可以在数据字符的后面加上一个校验字符，其计算方法如下。

① 从第一位开始对每一个数据字符自左至右赋予权数 3、1、3、1…

② 将相应的数据字符与权数相乘，然后将所得的积相加。

③ 所得的和成为 10 的倍数的最小数值，这个最小值就是校验字符的值。

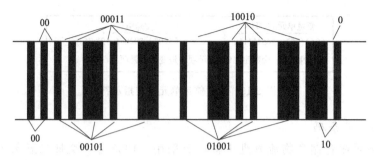

图 2-17 交插二五条码的托架条

例如：计算数据某一交插二五条码的数据字符 1937 的校验符。

交插二五条码应为偶数位，第一位插入一个数字 0，为 01937，其相应的权数为 31313。

加权求和运算为：$0×3+1×1+9×3+3×1+7×3=52$。

52 的下一个 10 的倍数是 60，因此校验符$=60-52=8$。

四、贸易单元 128 条码（EAN/UCC-128）

EAN/UCC-128 条码是由国际物品编码协会、美国统一代码委员会和自动识别制造商协会共同设计而成的。它是一种连续型、非定长、有含义的高密度代码。EAN/UCC-128 条码是物流条码实施的关键，可携带大量信息，广泛应用于制造业的生产流程控制、批发物流业或运输业的仓储管理、车辆调配、货物跟踪等领域，它能够更多地标识贸易单元的信息，如产品批号、数量、规格、生产日期、有效期、交货地点等，使物流条码成为贸易中的重要工具。

对 EAN/UCC-128 条码的印刷要求较为宽松，在许多粗糙、不规则的包装上都可以印刷，EAN/UCC-128 条码的识别要比前两种码制的识别容易得多。

EAN/UCC-128 条码由左侧空白区、起始符、数据字符、校验符、终止符、右侧空白区及供人识读字符组成，如图 2-18 所示。

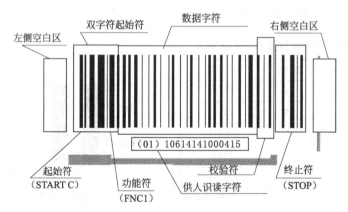

图 2-18 EAN/UCC-128 条码示意图

其中每个条码字符由 3 个条、3 个空共 11 个模块组成，每个条、空由 1~4 个模块构成。EAN/UCC-128 条码的模块分配如表 2-12 所示。

表 2-12 EAN/UCC-128 条码的模块分配

左侧空白区	起始符	左侧数据符	校验符	终止符	右侧空白区
10 个模块	22 个模块	11 个模块	11 个模块	13 个模块	10 个模块

EAN/UCC-128 条码模块的宽度尺寸为 1.0mm，条码总长度计算公式为：

$$W = (66 + 11N) \text{个模块} \times 1.0\text{mm}$$

当用户出于产品管理与跟踪的要求，需要对具体商品的附加信息，如生产日期、保质期、数量及批号等特征进行描述，应采用应用标识符，其中应用标识符（AI）是由 2 位或 2 位以上数字组成的字符，用于标识其后数据的含义和格式，如表 2-13 所示。

表 2-13 应用标识符（部分）的含义

应用标识符	含　义	格　式
00	系列货运包装箱代码 SSCC-18	n2+n18
01	货运包装箱代码 SCC-14	n2+n14
10	批号或组号	n2+an..20
11	生产日期	n2+n6(年月日)
13	包装日期	n2+n6(年月日)
15	保质期	n2+n6(年月日)
17	有效期	n2+n6(年月日)
20	产品变体	n2+n2
21	连续号	n2+an..20
22	数量、日期、批号(医疗保健业用)	n2+an..29
30	单品数量	n2+n..8
37	物流单元内贸易项目的数量	n2+n..8
400	客户购货订单号码	n3+an..30
410	以 EAN-13 表示的交货地点的(运抵)位置码	n3+n13
411	以 EAN-13 表示的受票(发票)方位置码	n3+n13
412	以 EAN-13 表示的供货方的位置码	n3+n13
414	表示贸易实体的 EAN 位置码	n3+n13
420	收货方与供货方在同一国家(或地区)收货方的邮政编码	n3+an..9
421	前置三位 ISO 国家(或地区)代码收货方的邮政编码	n3+n3+an..9

如条码（01）16903128100250（11）091020（10）091050 如图 2-19 所示，其中表示贸易项目代码为 16903128100250，该批产品的生产日期为 2009 年 10 月 20 日，批号为 091050。

图 2-19　EAN/UCC-128：（01）16903128100250（11）091020（10）091050

工作任务 2　一维条码的制作和应用

一、任务目的

通过对现实生活中条码应用进行实地调研的形式来进行的，可以通过调查走访企业，结合网上信息收集的形式来进行。主要让学生理解国际上通用的物流条码码制有 EAN-13 码、ITF-14 条码及 EAN/UCC-128 条码三种相关技术,并掌握相关技术在企业中的应用情况。

二、任务引入

1. 请在现实中通过调研方式找出通用商品条码 5 种,ITF-14 条码 5 种,EAN/UCC-128 条码 2 种。

2. 根据消费单元的性质选择条形码规范对通用商品条码进行制作并打印。

3. 根据物流环节商品外包装的性质选择条形码规范对储运单元条码进行制作并打印。

4. 根据物流环节中商品的性质选择条形码规范进行有含义条码制作并打印。

5. 在条码数据库中查找条码和商品对照表,并能进行修改。

6. 使用条码扫描系统对条码进行扫描和识别。

三、实施步骤

1. 确定调研的内容:国际上通用的物流条码码制 EAN-13 码、ITF-14 条码及 EAN/UCC-128 条码三种的实际应用及作用。例如,商品条码 6902952880041 中,690 代表中国,2952 代表贵州茅台酒厂,88004 代表 53%(V/V)106PROOF、500mL 的白酒,1 是校验码;如物流条码 1690295880041 中 V=1,代表集合包装容器装有中国贵州茅台酒厂的白酒 6 瓶,物流条码 2690295880041 中 V=2,代表该包装容器装 24 瓶酒。

2. 以贵州茅台酒商品条码 6902952880041 为例,根据所调研的通用商品条码进行 EAN-13 码制作比对并打印,具体步骤如下。

(1) 启动相应的条码编制软件如图 2-20 所示。

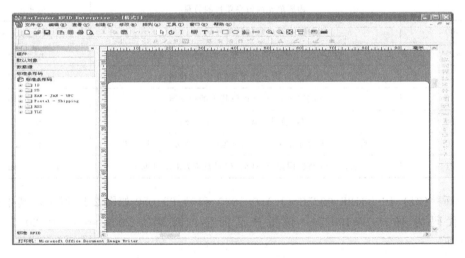

图 2-20 条码编制软件启动界面

(2) 根据贵州茅台 53%(V/V)106PROOF、500mL 的白酒是消费单元选择相应的编码规范 EAN-13,如图 2-21 所示。

(3) 根据贵州茅台 53%(V/V)106PROOF、500mL 的白酒的商品条码 6902952880041 进行条码内容设计,如图 2-22 所示。

(4) 进行条码与商品信息对照数据库的维护,如图 2-23 所示。

(5) 进行商品条码 6902952880041 与数据库的连接,如图 2-24、图 2-25 所示。

(6) 设置完毕,打印比对条码并扫描,如图 2-26 所示。

项目二　物流信息采集技术 | 35

图 2-21　选择编码规范

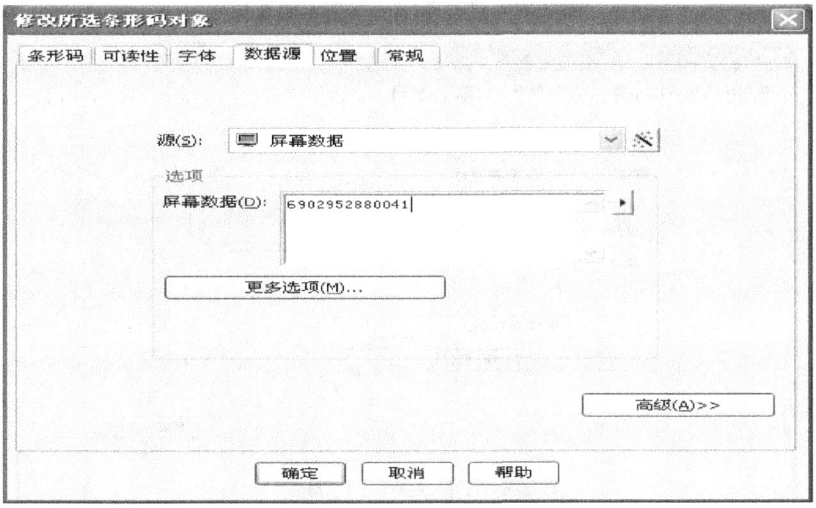

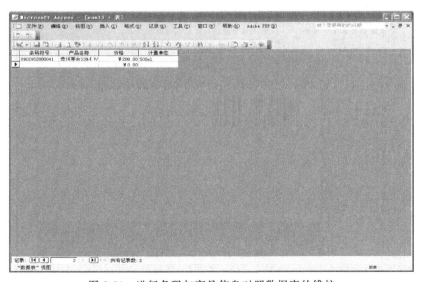

图 2-22　条码内容设计

图 2-23　进行条码与商品信息对照数据库的维护

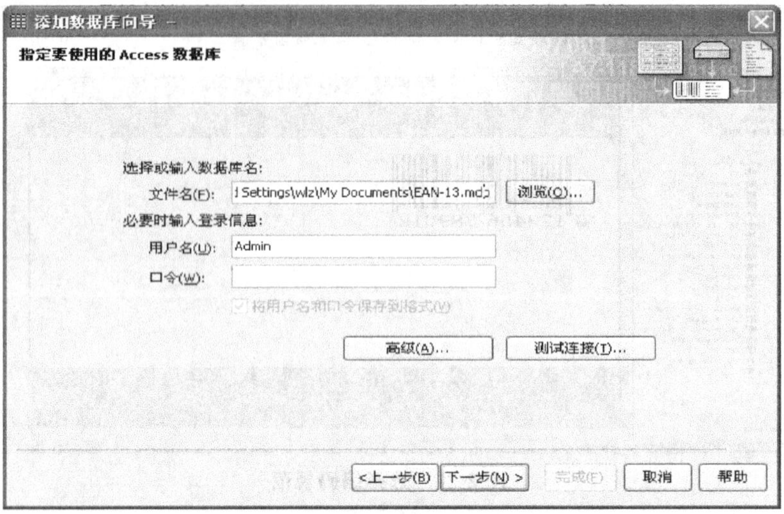

图 2-24 进行条码与数据库的连接

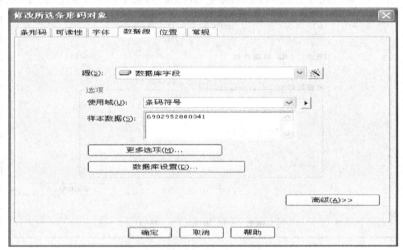

图 2-25 在数据源中修改条码对象

图 2-26 条码设置完毕

3. 以贵州茅台酒储运单元条码 16902952880048 为例，根据所调研的储运单元条码进行 EAN-13 码制作比对并打印，具体步骤如下。

（1）启动相应的条码编制软件如图 2-27 所示。

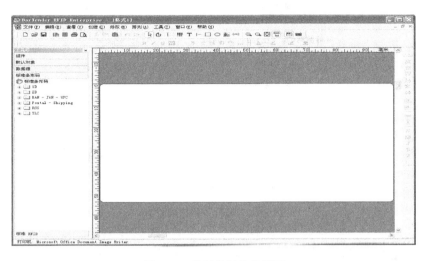

图 2-27　条码编制软件界面

（2）根据一箱的贵州茅台 53％（V/V）106PROOF、500mL 白酒是储运单元选择相应的编码规范 ITF-14，如图 2-28 所示。

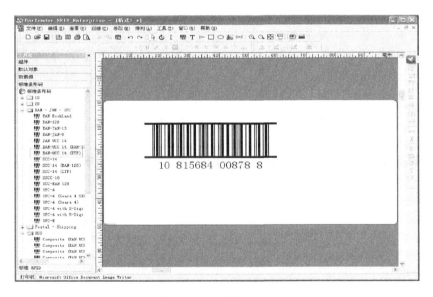

图 2-28　选择编码规范

（3）根据贵州茅台 53％（V/V）106PROOF、500mL 的白酒的储运条码 16902952880048 进行条码内容设计，如图 2-29 所示。

（4）进行条码与商品信息对照数据库的维护，如图 2-30 所示。

（5）进行储运条码 16902952880048 与数据库的连接，如图 2-31、图 2-32 所示。

（6）设置完毕，打印条码并扫描，如图 2-33 所示。

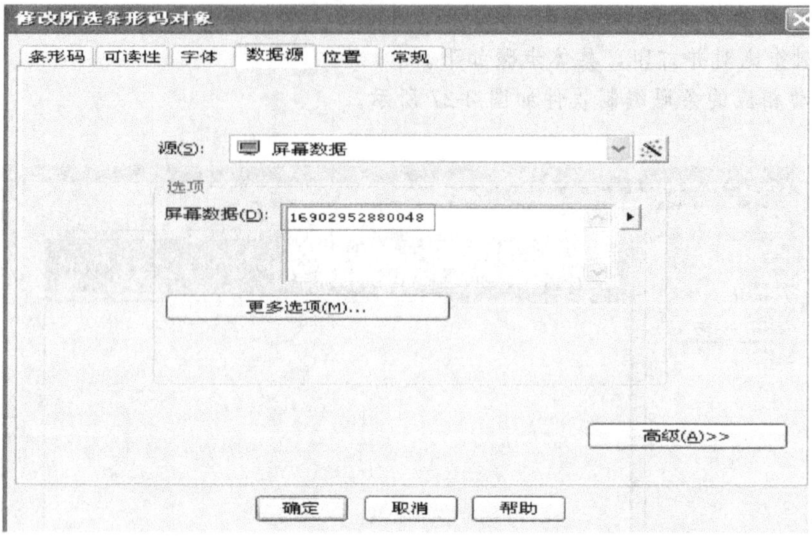

图 2-29 进行条码内容设计

图 2-30 进行条码与商品信息对照数据库的维护

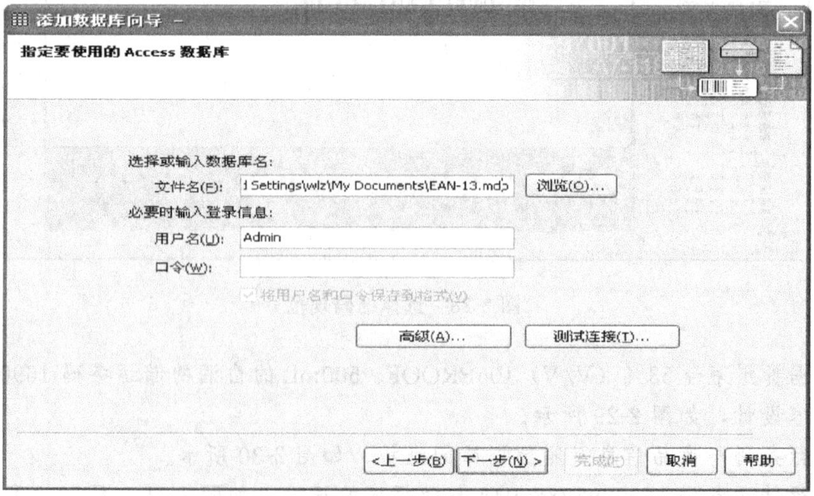

图 2-31 进行储运条码与数据库的连接

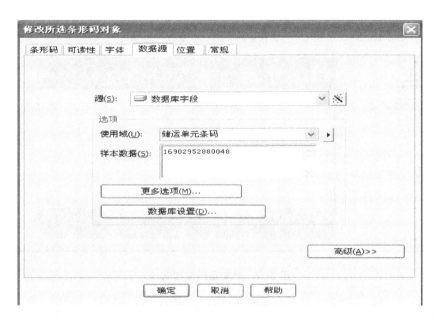

图 2-32　修改储运条码

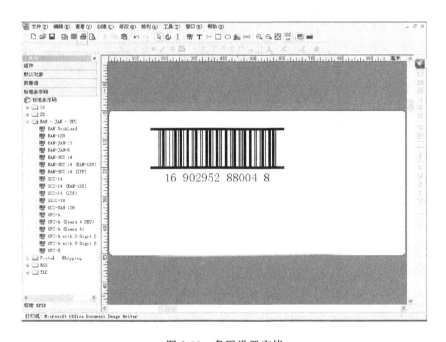

图 2-33　条码设置完毕

4. 根据物流环节中商品的性质选择条形码规范进行有含义条码制作比对并打印。

以贵州茅台酒储运单元条码 16902952880048 为例，要求加入生产日期 2011 年 4 月 5 日，批号 100118 的信息。

（1）启动相应的条码编制软件，如图 2-34 所示。

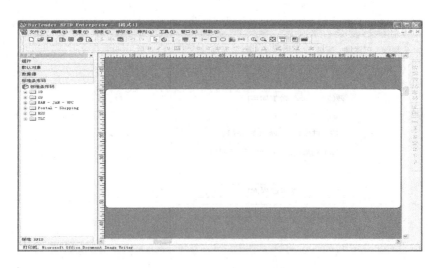

图 2-34 启动条码编制软件

(2) 根据一箱的贵州茅台 53%（V/V）106PROOF、500mL 白酒是储运单元且需要携带有含义的信息，相应选择即 EAN-128 进行有含义编码，如图 2-35 所示。

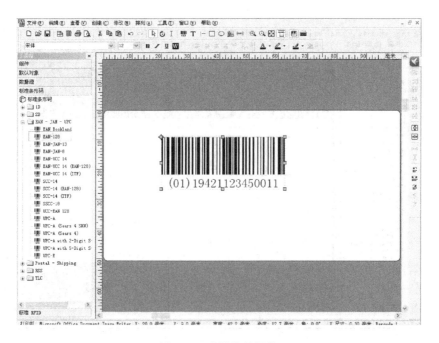

图 2-35 选择编码规范

(3) 根据贵州茅台 53%（V/V）106PROOF、500mL 白酒的储运条码 16902952880048，要求加入生产日期 2011 年 4 月 5 日，批号 100118 的信息，进行条码内容设计，如图 2-36 所示。

(4) 设置完毕，打印比对条码并扫描，如图 2-37 所示。

图 2-36 修改设计条码内容

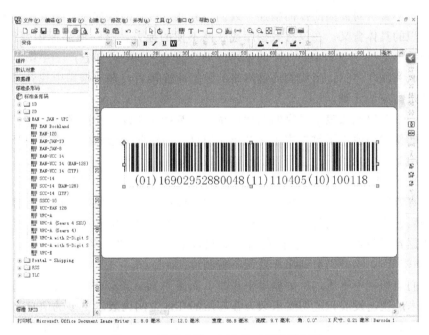

图 2-37 设置完毕,打印比对条码并扫描

四、教师对个人调研和制作结果进行检查和点评,检查标准如表 2-14 所示。

表 2-14 一维条码制作和应用检查标准

考核项目	评分标准	分数	学生自评	教师评价	小计
常用条码知识点	是否透彻理解掌握	10			
活动参与	是否积极	5			
任务方案	是否正确、合理	5			

续表

考核项目	评分标准	分数	学生自评	教师评价	小计
操作过程	调研条码的代表性	20			
	EAN-13 码编制的准确性	15			
	储运单元条码编制的准确性	15			
	EAN-128 编制的准确性	15			
任务完成情况	是否圆满完成	5			
方法使用	是否规范、标准	5			
操作纪律	是否能严格遵守	5			
总分		100			
教师签名：		年　月　日		得分	

单元三　二维条码

条码给人们的工作和生活带来的巨大变化是有目共睹的。然而，一维条码仅仅是一种商品的标识，它不含有对商品的任何描述，人们只有通过后台的数据库，提取相应的信息才能了解商品标识的具体含义。在没有数据库或联网不便的地方，这一商品标识变得毫无意义。例如，我们手上有一 6920354800382 的条码标识，我们从 692 可知它产于中国，但还是不清楚究竟是什么商品。当然，当我们通过网络的数据库连接后，在数据库中找到其对应的信息后才知道这是高露洁牙膏。

此外，一维条码无法表示汉字的图像信息，在有些应用汉字和图像的场合，显得十分不便。同时，即使我们建立了数据库来存储产品信息，而这些大量的信息需要一个很长的条码标识。如应用储运单元条码，应用 EAN/UPC128 条码，都需要占用很大的印刷面积，对印刷和包装带来的困难就可想而知了。一维条码只是在一个方向（一般是水平方向）表达信息，而在垂直方向则不表达任何信息，其一定的高度通常是为了便于阅读器的对准。

一维条码的应用可以提高信息录入的速度，降低差错率，但是一维条码也存在一些不足之处：①数据容量较小，30 个字符左右；②只能包含字母和数字；③条码尺寸相对较大（空间利用率较低）；④条码遭到损坏后便不能阅读。

于是人们迫切希望不通过从数据库中查找，而是直接从条码中就能获得大量产品信息。现代高新技术的快速发展，迫切要求条码在有限的几何空间内表示更多的信息，从而满足千变万化的信息需求。二维条码正是为了解决一维条码无法解决的问题而诞生的。

一、二维条码概念

二维条码（2-dimensional bar code），是用某种特定的几何图形按一定规律在平面分布的黑白相间的图形记录数据符号信息的一种条码技术，即在水平和垂直方向的二维空间存储信息的条码。它具有条码技术的一些共性：每种码制有其特定的字符集；每个字符占有一定的宽度；具有一定的校验功能等。同时还具有对不同行的信息自动识别功能及处理图形旋转变化等特点。

二维条码可直接显示英文、中文、数字、符号、图形；储存数据量大，可存放 1K 字符，可用扫描仪直接读取内容，无须另接数据库；保密性高（可加密）；安全级别最高时，损污50％仍可读取完整信息。二维条码与一维条码的比较见表2-15。

表2-15 二维条码与一维条码的比较

条码类型 项目	一维条码	二维条码
资料密度与容量	密度低,容量小	密度高,容量大
错误侦测及自我纠正能力	可以校验码进行错误侦测,但没有错误纠正能力	有错误检验及错误纠正能力,并可根据实际应用设置不同的安全等级
垂直方向的资料	不储存信息,垂直方向的高度是为了识读方便,并弥补印刷缺陷或局部损坏	携带资料,因对印刷缺陷或局部损坏等可储存资料,对印刷缺陷或局部损坏等可以进行错误纠正以恢复资料
主要用途	主要用于对物品的标识	用于对物品的描述
数据库与网络依赖性	多数场合须依赖数据库及计算机网络的存在	可不依赖数据库及计算机网络的存在而单独应用
识读设备	可用线扫描器识读,如光笔、线性CCD、激光枪	对于堆叠式可用型线扫描器的多次扫描,或可用图像扫描仪识读。矩阵式则只能用图像扫描仪识读

二、二维条码的分类

与一维条码一样,二维条码也有许多不同的编码码制,就这些码制的编码原理而言,通常可分为以下两种类型。

1. 线性堆叠式二维码

线性堆叠式二维码,是在一维条码编码原理的基础上,将多个一维码在纵向堆叠而产生的,是一种多层符号（Multi-Row Symbology）,通常是将一维条码的高度截短再层叠起来表示信息,如图2-38所示。其编码原理是建立在一维条码基础之上,按需要堆积成二行或多行。它在编码设计、校验原理、识读方式等方面继承了一维条码的一些特点,识读设备与条码印刷与一维条码技术兼容。但由于行数的增加,需要对行进行判定,其译码

图2-38 线性堆叠式二维码

算法与软件与一维条码也不完全相同。典型的码制如：Code 16K、Code 49、PDF417等。

2. 矩阵式二维码

矩阵式二维码是在一个矩形空间通过黑、白像素在矩阵中的不同分布进行编码,是一种由中心点到与中心点固定距离的多边形单元所组成的图形（如图2-39所示）,用来表示资料

Data Matrix

Maxi Code

图2-39 矩阵式二维码

及其他与符号相关功能。在矩阵相应元素位置上，用点（方点、圆点或其他形状）的出现表示二进制的"1"，点的不出现表示二进制的"0"，点的排列组合确定了矩阵式二维码所代表的意义。矩阵式二维码是建立在计算机图像处理技术、组合编码原理等基础上的一种新型图形符号自动识读处理码制。典型的码制如 Data Matrix，主要用于电子行业小零件的标识，如 Intel 的奔腾处理器的背面就印制了这种码。Maxi Code 是由美国联合包裹服务（UPS）公司研制的，用于包裹的分拣和跟踪。

三、常见的二维码

在目前几十种二维码中，常用的码制有：PDF417、Data Matrix、Maxi Code、QR Code、Code 49、Code 16K、Code one 等，除了这些常见的二维码之外，还有 Vericode 条码、CP 条码、Codablock F 条码、田字码、Ultracode 条码和 Aztec 条码。下面我们就一些常用的二维码来做介绍。

（一）PDF417 码

PDF417 码是一种高密度、高信息含量的便携式数据文件，是实现证件及卡片等大容量、高可靠性信息自动存储、携带并可用机器自动识读的理想手段。

PDF417 码是由留美华人王寅敬（音）博士发明的。PDF 是取英文 Portable Data File 三个单词的首字母的缩写，意为"便携数据文件"。因为组成条码的每一符号字符都是由 4 个条和 4 个空构成的，每一个条或空由 1~6 个模块组成。在一个符号字符中，4 个条和 4 个空的总模块数为 17，所以称 417 码或 PDF417 码。

1. PDF417 码的结构

每一个 PDF417 码由空白区包围的一序列层组成。每一层包括：左空白区、起始符、左层指示符号字符、1 到 30 个数据符号字符、右层指示符号字符、终止符、右空白区，如图 2-40 所示。

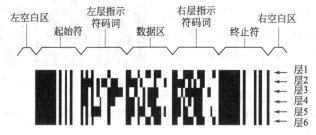

图 2-40　PDF417 码的结构

2. PDF417 码的特点

（1）信息容量大　根据不同的条空比例每平方英寸可以容纳 250~1100 个字符。在国际标准的证卡有效面积上（相当于信用卡面积的 2/3，约为 76mm×25mm），PDF417 码可以容纳 1848 个字母字符或 2729 个数字字符，约 500 个汉字信息。这种二维条码比普通条码信息容量高几十倍。

（2）编码范围广　PDF417 码可以对照片、指纹、掌纹、签字、声音、文字等凡可数字化的信息进行编码。

（3）保密、防伪性能好　PDF417 码具有多重防伪特性，它可以采用密码防伪、软件加密及利用所包含的信息如指纹、照片等进行防伪，因此具有极强的保密防伪性能。

（4）译码可靠性高　普通条码的译码错误率为百万分之二左右，而 PDF417 码的译码错误率不超过千万分之一,译码可靠性极高。

(5) 错误纠正能力强　一维条码通常具有校验功能以防止错读,一旦条码发生污损将被拒读。而二维条码不仅能防止错误,而且能纠正错误,即使条码部分损坏,也能将正确的信息还原出来。PDF417 条码采用了世界上最先进的数学纠错理论,如果破损面积不超过 50%,条码由于玷污、破损等所丢失的信息,可以照常破译出丢失的信息。

(6) 容易制作且成本很低　利用现有的点阵、激光、喷墨、热敏/热转印、制卡机等打印技术,即可在纸张、卡片、PVC 甚至金属表面上印出 PDF417 二维码。由此所增加的费用仅是油墨的成本,因此人们又称 PDF417 是"零成本"技术。

(7) 条码符号的形状可变　同样的信息量,PDF417 条码的形状可以根据载体面积及美工设计等进行自我调整,如图 2-41 所示。

图 2-41　PDF417 条码的变形

PDF417 截短码:在相对"干净"的环境中,条形码损坏的可能性很小,则可将右边的行指示符省略并减少终止符。

PDF417 微码:进一步缩减的 PDF417 码。

宏 PDF417 码:当文件内容太长,无法用一个 PDF417 码表示时,可用包含多个(1~99999 个)条形码分块的宏 PDF417 码来表示。

(二) QR Code 码

QR Code 码是二维条码的一种,1994 年由日本 Denso-Wave 公司发明。QR 是英文"Quick Response"的缩写,即快速反应的意思,源自发明者希望 QR 码可让其内容快速被解码。QR 码最常见于日本,并为目前日本最流行的二维条码。QR 码比普通条码可储存更多资料,亦无须像普通条码般在扫描时须直线对准扫描器。

1. QR Code 码的结构

QR Code 码呈正方形,只有黑、白两色。在 3 个角落,印有较小,像"回"字的正方形图案,如图 2-42 所示。这 3 个图案是帮助解码软件定位的图案,使用者不需要对准,无论从任何角度扫描,资料仍可正确被读取。

图 2-42　QR Code 码

2. QR Code 码的特点

(1) 超高速识读　从 QR Code 码的英文名称 Quick Response Code 可以看出,超高速识读是 QR Code 码区别于 PDF417 条码、Data Matrix 等二维码的主要特性。由于在用 CCD 识读 QR Code 码时,整个 QR Code 码符号中信息的读取是通过 QR Code 码符号的位置探测图形,用硬件来实现,因此,信息识读过程所需时间很短。用 CCD 二维条码识读设备,每秒可识读 30 个含有 100 个字符的 QR Code 码符号;对于含有相同数据信息的 PDF417 条码符号,每秒仅能识读 3 个符号;对于 Data Matrix 矩阵码,每秒仅能识读 2~3 个符号。QR Code 码的超高速识读特性使它能够被广泛应用于工业自动化生产线管理等领域。

（2）全方位识读　QR Code 码具有全方位（360°）识读特点，这是 QR Code 码优于行排式二维条码如 PDF417 条码的另一主要特点，由于 PDF417 条码是由一维条码符号在行排高度上的截短来实现的，因此，它很难实现全方位识读，其识读方位角仅为±10°。

（3）能够有效地表示中国汉字、日本汉字　由于其特定的数据压缩模式表示中国汉字和日本汉字，它仅用 13bit 可表示一个汉字，而 PDF417 条码、Data Martix 等二维码没有特定的汉字表示模式，因此仅用字节表示模式来表示汉字，在用字节模式表示汉字时，需用 16bit（两个字节）表示一个汉字，因此比其他二维条码表示汉字的效率提高了 20%。

（4）QR Code 与 Data Martix 和 PDF417 的比较　QR Code 与 Data Martix 和 PDF417 的比较如表 2-16 所示。

表 2-16　QR Code 与 Data Martix 和 PDF417 的比较

码制	QR Code	Data Martix	PDF 417
研制公司	Denso Corp.（日本）	I. D. Matrix Inc.（美国）	Symbol Technologies Inc.（美国）
码制分类	矩阵式	堆叠式	
识读速度	30 个/每秒	2~3 个/秒	3 个/秒
识读方向	全方位(360°)	±10°	
识读方法	深色/浅色模块判别	条空宽度尺寸判别	
汉字表示	13bit	16bit	16bit

3. 编码字符集

编码字符集有如下几类。

① 数字型数据（数字 0~9）。

② 字母数字型数据（数字 0~9；大写字母 A~Z；9 个其他字符：space，$，%，*，+，-，.，/，:）。

③ 8 位字节型数据。

④ 日本汉字字符。

⑤ 中国汉字字符《信息交换用汉字编码字符集 基本集》（GB 2312—1980）对应的汉字和非汉字字符。

4. QR Code 码符号的基本特性

QR Code 码符号的基本特性如表 2-17 所示。

表 2-17　QR Code 码符号的基本特性

符号规格	21×21 模块(版本 1)—177×177 模块(版本 40)
	（每一规格：每边增加 4 个模块）
数据类型与容量 （指最大规格符号版本 40-L 级）	• 数字数据:7089 个字符
	• 字母数据:4296 个字符
	• 8 位字节数据:2953 个字符
	• 中国汉字、日本汉字数据:1817 个字符

续表

数据表示方法 纠错能力	深色模块表示二进制"1",浅色模块表示二进制"0"
	• L级:约可纠错7%的数据码字
	• M级:约可纠错15%的数据码字
	• Q级:约可纠错25%的数据码字
	• H级:约可纠错30%的数据码字
结构链接(可选)	可用1～16个QR Code符号表示一组信息
掩模(固有)	可以使符号中深色与浅色模块的比例接近1:1,使因相邻模块的排列造成译码困难的可能性降为最小
扩充解释(可选)	这种方式使符号可以表示缺省字符集以外的数据(如阿拉伯字符、古斯拉夫字符、希腊字母等),以及其他解释(如用一定的压缩方式表示的数据)或者对行业特点的需要进行编码
独立定位功能	有

QR Code码可高效地表示汉字,相同内容,其尺寸小于相同密度的PDF417条码。目前市场上的大部分条码打印机都支持QR Code条码,其专有的汉字模式更加适合我国应用。因此,QR Code在我国具有良好的应用前景。中国铁道部于2009年12月10日开始改版铁路车票,新版车票采用QR Code码作为防伪措施,取代以前的一维条码;现在的微信、QQ等二维码均采用此项技术。

(三) Code 49码

Code 49码是一种多层、连续型、可变长度的条码符号,它可以表示全部的128个ASCII字符。每个Code 49条码符号由2～8层组成,每层有18个条和17个空。层与层之间由一个层分隔条分开。每层包含一个层标识符,最后一层包含表示符号层数的信息,如图2-43所示。

图2-43 Code 49码

Code 49码的特性如表2-18所示。

表2-18 Code 49码的特性

项 目	特 性
可编码字符集	全部128个ASCII字符
类型	连续型,多层
每个符号字符单元数	8(4条,4空)
每个符号字符模块总数	16
符号宽度	81X(包括空白区)
符号高度	可变(2～8层)
数据容量	2层符号:9个数字字母型字符或15个数字字符 8层符号:49个数字字母型字符或81个数字字符
层自校验功能	有
符号校验字符	2个或3个,强制型
双向可译码性	是,通过层
其他特性	工业特定标志,字段分隔符,信息追加,序列符号连接

（四）二维条码在我国的应用前景

由于二维条码这种新兴的自动识别技术有着其他自动识别技术无法比拟的优势，它一出现便受到我国条码管理部门和有关政府部门的重视。中国物品编码中心自 1993 年便开始了对二维条码技术的研究。目前，许多部门已将二维条码用于人员管理和物品管理，如公安部门将二维条码应用于身份证和流动人员管理上，进出境管理部门将二维条码应用在护照上，海关部门将其用在报关单上，汽车销售中心早已将二维条码 PDF417 应用于车辆信息的跟踪管理。尤其是近两年，二维条码已在国内的很多行业得到应用，表现出非常诱人的前景。

工作任务 3　二维条码的制作和应用

一、任务目的

通过对现实生活中条码应用进行实地调研的形式来进行，可以通过调查走访企业，结合网上信息收集的形式来进行。主要让学生理解现实世界中常用的二维条码码制 PDF417、QR Code、Code 49 码等相关技术及掌握相关技术在企业中的应用情况。

二、任务引入

1. 请在现实中通过调研的方式各找出 PDF417 码 2 种、QR Code 码 2 种、Code 49 码 2 种。
2. 根据所调研的结果选择不同二维条码规范进行条码制作并打印。
3. 使用二维条码扫描系统对条码进行扫描和识别。

三、实施步骤

1. 确定调研的内容。主要是现实世界中常用的二维条码码制 PDF417、QR Code、Code 49 码的实际应用及作用。例如，PDF417 码在行车证、驾驶证管理，采用印制有二维码行车证，将有关车辆的基本信息，包括车架号、发动机号、车型、颜色等转化保存在二维码中，其信息的隐含性起到防伪的作用，信息的数字化便于与管理部门的管理网络的实施实时监控。

2. 根据所调研的结果选择不同二维码规范进行条码制作并打印，具体步骤如下。

以 PDF417 码在行车证、驾驶证管理中的应用为例。

（1）启动相应的条码编制软件并选择 PDF417 码，如图 2-44 所示。

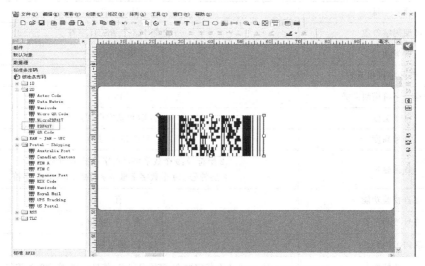

图 2-44　启动条码编制软件并选择 PDF417 码

(2) 根据调研结果,将车牌号、车型、颜色等车辆的基本信息编入条码中,如图 2-45 所示。

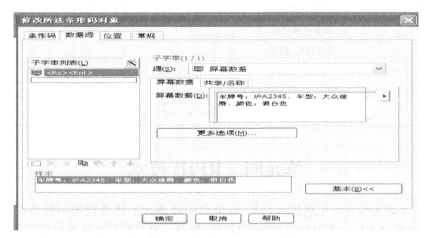

图 2-45　将车辆基本信息编入条码中

(3) 设置完毕,打印条码并扫描,如图 2-46 所示。

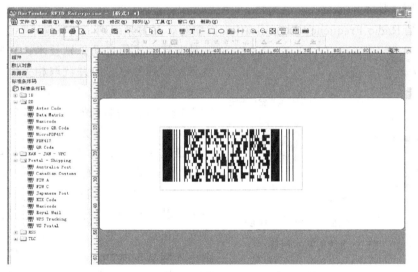

图 2-46　条码设置完毕,打印并扫描

四、教师对个人调研和制作结果进行检查和点评,检查标准如表 2-19 所示。

表 2-19　二维条码的制作和应用检查标准

考核项目	评分标准	分数	学生自评	教师评价	小计
二维条码知识点	是否透彻理解掌握	10			
活动参与	是否积极	5			
任务方案	是否正确、合理	5			
操作过程	调研条码的代表性	20			
	PDF417 码编制的准确性	15			
	QR Code 码编制的准确性	15			
	Code 49 码编制的准确性	15			

续表

考核项目	评分标准	分数	学生自评	教师评价	小计
任务完成情况	是否圆满完成	5			
方法使用	是否规范、标准	5			
操作纪律	是否能严格遵守	5			
总分		100			
教师签名：		年　月　日		得分	

单元四　RFID 技术

RFID 技术即无线射频识别技术，是 20 世纪中叶进入实用阶段的一种非接触式自动识别技术。射频识别系统包括射频标签和读写器两部分。射频标签是承载识别信息的载体，读写器是获取信息的装置。射频标签与读写器之间利用感应、无线电波或微波进行双向通信，实现标签存储信息的识别和数据交换。

一、RFID 技术的概念

RFID 是 Radio Frequency Identification 的缩写，即射频识别，俗称电子标签。RFID 是一种非接触式的自动识别技术，它通过射频信号自动识别目标对象并获取相关数据，识别工作无须人工干预，可用于各种恶劣环境。RFID 技术可识别高速运动物体并可同时识别多个标签，操作快捷方便。

最基本的 RFID 系统由以下四部分组成（如图 2-47 所示）。标签（Tag，即射频卡）：由耦合元件及芯片组成，标签含有内置天线，用于和射频天线间进行通信。读写器（Reader）：读取（在读写卡中还可以写入）标签信息的设备。天线（Antenna）：天线是标签与读写器之

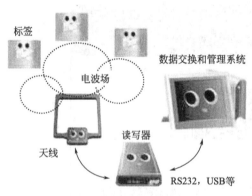

图 2-47　RFID 系统的基本组成

间传输数据的发射、接收装置，用于在标签和读写器间传递射频信号。数据交换和管理系统：数据交换和管理系统由硬件驱动程序、控制程序和数据库等组成，用于完成数据的存储管理和对卡的读写控制。

RFID 技术应用领域广阔，多用于移动车辆的自动收费、资产跟踪、物流、动物跟踪、生产过程控制等。由于射频标签较条码标签成本偏高，目前很少像条码那样用于消费品标识，多用于人员、车辆、物流等管理，如证件、停车场、可回收托盘、包装箱的标识。

二、RFID 技术的特点

RFID 技术的特点有如下几个。

① 可非接触识读（识读距离可以从十厘米至几十米）。

② 可识别快速运动物体。

③ 抗恶劣环境，防水、防磁、耐高温，使用寿命长。

④ 保密性强。
⑤ 可同时识别多个对象等。

三、RFID 技术的工作原理

RFID 技术的工作原理：标签进入磁场后，接收读写器发出的射频信号，凭借感应电流所获得的能量发送出存储在芯片上的产品信息，或者主动发送某一频率的信号；读写器读取信息并解码后，送至中央信息系统进行有关数据处理，如图 2-48 所示。

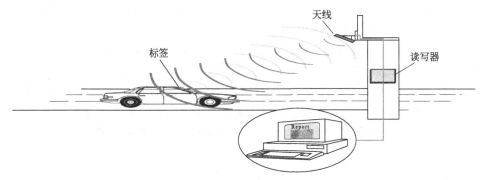

图 2-48　RFID 技术的工作原理

四、RFID 技术的分类

RFID 技术一般按以下几个方面来分类。

1. 按供电方式分

按供电方式分为有源卡和无源卡。有源卡是指卡内有电池提供电源，其作用距离较远，但寿命有限、体积较大、成本高，且不适合在恶劣环境下工作；无源卡内无电池，它利用波束供电技术将接收到的射频能量转化为直流电源为卡内电路供电，其作用距离相对有源卡短，但寿命长且对工作环境要求不高。

2. 按载波频率分

按载波频率分为低频射频卡、中频射频卡和高频射频卡。低频射频卡主要有 125kHz 和 134.2kHz 两种，中频射频卡频率主要为 13.56MHz，高频射频卡频率主要为 433MHz、915MHz、2.45GHz、5.8GHz 等。低频系统主要用于短距离、低成本领域中，如多数的门禁控制、校园卡、动物监管和货物跟踪等。中频系统用于门禁控制和需传送大量数据的应用系统。高频系统应用于需要较长的读写距离和高读写速度的场合，其天线波束方向较窄且价格较高，多在火车监控、高速公路收费等系统中应用。

3. 按调制方式分

按调制方式的不同可分为主动式和被动式。主动式射频卡用自身的射频能量主动地发送数据给读写器；被动式射频卡使用调制散射方式发射数据，它必须利用读写器的载波来调制自己的信号，该类技术适合用在门禁或交通应用中，因为读写器可以确保只激活一定范围之内的射频卡。在有障碍物的情况下，用调制散射方式，读写器的能量必须来回穿过障碍物两次。而主动式射频卡发射的信号仅穿过障碍物一次，因此，主动式射频卡主要用于有障碍物的应用系统中，距离更远（可达 30 米）。

4. 按作用距离分

按作用距离可分为密耦合卡（作用距离小于 1 厘米）、近耦合卡（作用距离小于 15 厘米）、疏耦合卡（作用距离约 1 米）和远距离卡（作用距离从 1 米到 10 米，甚至更远）。

5. 按芯片分

按芯片分为只读卡、读写卡和 CPU 卡。

五、RFID 标准体系

(一) RFID 技术标准

由于 RFID 技术可以应用于不同的领域，因此在频率的使用范围、标签的设计、天线的设计等 RFID 的各个方面都需要有统一的标准。RFID 标准化的主要目的在于通过制定、发布和实施标准解决编码、通信、空气接口和数据共享等问题，促进 RFID 技术及相关系统的应用。目前，从电子商务、物品标识、数据同步交换方面的全球标准化组织、EPC Global 及 ISO 到国家与地方的众多组织（如日本 UID 等）以及 US IEEE 和 AIM Global 等都已参与到 RFID 相关标准的研制当中。由于 RFID 标准涉及各国之法令、利益及各大厂商之利害关系，一直以来，RFID 标准难以统一。随着全球物流行业 RFID 大规模应用的开始，RFID 标准的统一已经得到业界的广泛认同。ISO/IEC 已出台的 RFID 标准主要关注基本的模块构建、空中接口、涉及数据结构以及其实施问题。具体可以分为技术标准、数据内容标准、一致性标准及应用标准四个方面。

RFID 标准争夺的核心主要在 RFID 标签的数据内容编码标准这一领域。目前，形成了五大标准组织，分别代表了国际上不同团体或者国家的利益。其中 EPC Global 是由北美 UCC 产品统一编码组织和欧洲 EAN 产品标准组织联合成立的，在全球拥有上百个成员，得到了零售巨头沃尔玛，制造业巨头强生、宝洁等跨国公司的支持。而 AIM、ISO、UID 则代表了欧美国家和日本；IP—X 的成员则以非洲、大洋洲、亚洲等国家为主。比较而言，EPC Global 由于得到了美国和欧洲大厂的支持，实力相对占上风。

1. EPC Global

RFID 标准的研究首先来自美国麻省理工学院 MIT 实验室，该实验室带头成立自动化识别系统中心（Auto-ID Center，AIC）。2003 年 10 月，Auto-ID Center 完成 EPC 标准的阶段性任务，EPC 标准开始由 EPC Global Inc 继续推动。EPC Global 是由 UCC 和 EAN 联合发起的非营利性机构，成员包括沃尔玛连锁集团、英国 Tesco 等 100 多家美欧流通企业，同时由 IBM 公司、微软、飞利浦、Auto ID Lab 等进行技术研究支持。此组织除发布工业标准外，还负责 EPC Global 号码注册管理。

EPC 系统是一种基于 EAN/UCC 编码的系统。作为产品与服务流通过程信息的代码化表示，EAN/UCC 编码具有一整套涵盖了贸易流通领域各种有形或无形的产品所需的全球唯一的标识代码，包括贸易项目、物流单元、位置、资产、服务关系等标识代码。

2. 日本 UID

日本 RFID 标准研究与应用的组织是 T-引擎论坛（T-Engine：FOYUHI），该论坛成员绝大多数是日本的厂商，如 NEC、日立、东芝等，也有少部分来自国外如微软、三星、LG 和 SKT。2002 年 12 月，T-引擎论坛下属的泛在识别中心（Ubiquitous ID Center，UID）成立。UID 具体负责研究和推广自动识别的核心技术，即在所有的物品上植入微型芯片，组建网络进行通信。UID 的核心是赋予现实世界中任何物理对象唯一的泛在识别号（Ucode）。它具备了 128 位（128-bit）的充裕容量，更可以 128 位为单元进一步扩展至 256 位、384 位或 512 位。Ucode 的最大优势是能包容现有编码体系的元编码设计，可以兼容多种编码，包括 JAN、UPC、ISBN、IPv6 地址甚至电话号码。Ucode 标签具有多种形式，包括条码、射频标签、智能卡、有源芯片等。

另外，我国从自己的国家信息安全出发，为了掌握国民经济基础信息领域的主权和主动权，也提出建立自己的 RFID 标准——NPC 标准。全国产品与服务统一代码（NPC）是依据《全国产品与服务统一代码编制规则》（GB 18937—2003）编制而成的单种产品或单项服务的标识代码，是在全国范围内流通的每种产品与服务在其生命周期内拥有的一个唯一的、始终不变的标识代码。NPC 标准是我国自主创新、完全拥有知识产权的国家强制性标准，2003 年由国家质量监督检验检疫总局、国家标准化管理委员会颁布并实施。但由于种种原因，该标准并未能真正实施下去，目前还在协调中，相信在不久的将来中国自己的 RFID 标准一定可以确立并得到实施。

由于 EPC 标准目前在全球占上风，因此下面简要介绍一下 EPC 系统。

（二）EPC 系统

1. EPC 系统简介

EPC 标签是射频识别技术中应用 GS1 系统 EPC 编码的电子标签，是按照 GS1 系统的 EPC 规则进行编码，并遵循 EPC Global 制定的 EPC 标签与读写器的无接触空中通信规则设计的标签。EPC 标签是产品电子代码的载体，当 EPC 标签贴在物品上或内嵌在物品中时，该物品与 EPC 标签中的编号则是一一对应的。

在 EPC 系统中，EPC 编码是与 EAN/UCC 编码兼容的新一代编码标准。EPC 是存储在射频标签中的唯一信息，其目标是提供对物理世界对象的唯一标识，目前已经得到 UCC 和 EAN 两个国际标准的主要监督机构的支持。与当前广泛使用的 EAN/UCC 代码不同的是，EPC 提供对物理对象的唯一标识。目前 EPC 系统已经发展到第二代（Gen2），Gen2 能够降低产品成本，满足用户在读取距离和读取速度上的需要，可以全球通用并在全球范围内提供技术支持。

互联网的飞速发展和射频技术的成熟，促进了更现代化的产品标识和跟踪方案的研发，为供应链提供了前所未有的、近乎完美的解决方案。EPC 网络以互联网为依托，形成物联网，迅速架构并顺利延伸到世界各地。随着 EPC 系统的发展，不仅能够对货物进行实时跟踪，而且能够通过优化整个供应链实现对用户的支持，推动自动识别技术的快速发展。这将使供应链管理、存货盘点、产品追踪和位置识别等诸多领域从中获益。物联网将在全球范围内从根本上改变对产品生产、运输、仓储、销售各环节物品流动监控的管理水平。

EPC 系统是一个非常先进的、综合性的复杂系统，其最终目标是为每一单品建立全球的、开放的标识标准。它由全球产品电子代码（EPC）的编码体系、射频识别系统及信息网络系统三部分组成，主要包括六个方面，如表 2-20 所示。

表 2-20 EPC 系统的构成

系统构成	名　　称	注　　释
EPC 编码体系	EPC 代码	用来标识目标的特定代码
射频识别系统	EPC 标签	贴在物品之上或者内嵌在物品之中
	读写器	识读 EPC 标签
信息网络系统	EPC 中间件	EPC 系统的软件支持系统
	对象名称解析服务（Object Naming Service, ONS）	
	EPC 信息服务（EPC IS）	

2. EPC 系统的特点

（1）开放的结构体系　EPC 系统采用全球最大的公用的 Internet 网络系统。这就避免了系统的复杂性，同时也大大降低了系统的成本，并且有利于系统的增值。

（2）独立的平台与高度的互动性　EPC 系统识别的对象是一个十分广泛的实体对象，因此，不可能有哪一种技术适用所有的识别对象。同时，不同地区、不同国家的射频识别技术标准也不相同。因此，开放的结构体系必须具有独立的平台和高度的交互可操作性。EPC 系统网络建立在 Internet 网络系统上，并且可以与 Internet 网络所有可能的组成部分协同工作。

（3）灵活的可持续发展的体系　EPC 系统是一个灵活的、开放的、可持续发展的体系，在不替换原有体系的情况下就可以做到系统升级。

EPC 系统是一个全球的大系统，供应链的各个环节、各个节点、各个方面都可受益，但对低价值的识别对象，如食品、消费品等来说，它们对 EPC 系统引起的附加价格十分敏感。EPC 系统正在考虑通过本身技术的进步，进一步降低成本，同时通过系统的整体改进使供应链管理得到更好的应用，提高效益，以便抵消和降低附加成本。

3. EPC 系统工作流程

在由 EPC 标签、读写器、EPC 中间件、Internet、ONS 服务器、EPC 信息服务（EPC IS）以及众多数据库组成的实物互联网中，读写器读出的 EPC 只是一个信息参考（指针），由这个信息参考从 Internet 找到 IP 地址并获取该地址中存放的相关的物品信息，并采用分布式的 EPC 中间件处理由读写器读取的一连串 EPC 信息。由于在标签上只有一个 EPC 代码，计算机需要知道与该 EPC 匹配的其他信息，这就需要 ONS 来提供一种自动化的网络数据库服务，EPC 中间件将 EPC 代码传给 ONS，ONS 指示 EPC 中间件到一个保存着产品文件的服务器查找，该文件可由 EPC 中间件复制，因而文件中的产品信息就能传到供应链上，EPC 系统的工作流程如图 2-49 所示。

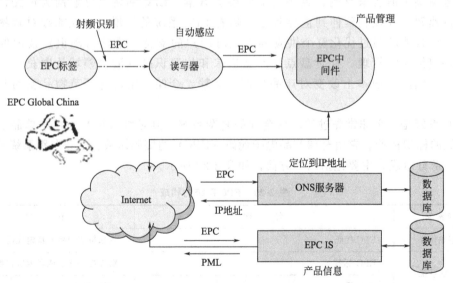

图 2-49　EPC 系统的工作流程

4. EPC 编码体系

EPC 编码体系是新一代的与 GTIN 兼容的编码标准，它是全球统一标识系统的延伸和拓展，是全球统一标识系统的重要组成部分，是 EPC 系统的核心与关键。

EPC 代码是由标头、厂商识别代码、对象分类代码、序列号等数据字段组成的一组数字。具体结构如表 2-21 所示，具有以下特性。

表 2-21　EPC 代码结构

	标头	厂商识别代码	对象分类代码	序列号
EPC-96	8	28	24	36

（1）科学性　结构明确，易于使用、维护。

（2）兼容性　EPC 编码标准与目前广泛应用的 EAN/UCC 编码标准是兼容的，GTIN 是 EPC 编码结构中的重要组成部分，目前广泛使用的 GTIN、SSCC、GLN 等都可以顺利转换到 EPC 中去。

（3）全面性　可在生产、流通、存储、结算、跟踪、召回等供应链的各环节全面应用。

（4）合理性　由 EPC Global、各国 EPC 管理机构（中国的管理机构称为 EPC Global China）、被标识物品的管理者分段管理、共同维护、统一应用，具有合理性。

（5）国际性　不以具体国家、企业为核心，编码标准全球协商一致，具有国际性。

（6）无歧视性　编码采用全数字形式，不受地方色彩、语言、经济水平、政治观点的限制，是无歧视性的编码。

当前，出于对成本等因素的考虑，参与 EPC 测试所使用的编码标准采用的是 64 位数据结构，未来将采用 96 位的编码结构。

六、RFID 应用领域

RFID 技术是一种通信技术，通过无线电信号在识别特定目标的同时读写相关数据，也不需要在识别系统与特定目标之间建立机械或光学接触。无线电的信号是通过调成无线电频率的电磁场，把数据传送出去附着在物品上的标签上，以自动辨识与追踪该物品。与条形码不同的是，射频标签可以嵌入被追踪物体之内。

近年来，许多物流配送商指出使用 RFID 技术是一件"很重要的事情"。因为一些顾客的特别配送要求，RFID 技术的使用对满足这些特别配送要求的优势由此浮出水面，一些物流公司最先采用了 RFID 物流配送技术，这样可以使它们在与其他企业竞争中占据优势。那么，RFID 技术在物流行业中，到底具有什么样的应用、好处呢？

在零售业环节，RFID 能够改进零售商的库存管理，实现适时补货，对运输与库存进行有效跟踪，提高效率，减少出错。同时，智能标签能监控某些时效性强的商品是否在有效期限内；商店还能利用 RFID 技术在付款台实现自动扫描和计费。RFID 标签在供应链终端的销售环节，特别是在超市中，免除了跟踪过程中的人工干预，并能够使生成的业务数据达到 100% 准确。

在仓储环节，仓库里，RFID 技术广泛地被用于存取货物与库存盘点，使存货和取货等操作实现自动化。将 RFID 技术与供应链计划系统制订的收货、取货、装运等计划联合，这样不仅增强了作业的准确性和快捷性，使得服务质量提高，降低了成本，劳动力和库存空间得到了节省，同时还减少了整个物流流程中由于商品误置、送错、偷窃、损害和库存、出货错误等造成的损耗。将 RFID 技术用于智能仓库货物管理，RFID 技术完全有效地解决了仓库里与货物流动有关信息的管理。

在运输环节，在途运输的货物和车辆上贴上 RFID 标签，运输线的一些检查点上安装上 RFID 接收转发装置。这样，在接收装置中收到 RFID 标签信息后，连同接收地的位置信息上传至通信卫星，再由卫星传送给运输调度中心，送入数据库中。

在物流配送分销环节，配送环节中采用射频技术能大大加快配送的速度和提高拣选与分发过程的效率与准确率，并能节约人工、降低配送成本。系统将读取到的这些信息与发货记录进行核对，可能出现的错误都能够被检测出，然后将 RFID 标签更新为最新的商品存放地点和状态。库存控制得到精确管理，甚至对目前还有多少货箱处于转运途中、转运的始发地和目的地，以及预期的到达时间等信息都可以准切了解。

RFID 技术经过几十年的发展，目前主要的应用领域有：物流方面用于物流过程中的货物追踪、管理及监控，仓储与配送，港口应用，邮政与快递业务等；制造业中用于生产过程的物料清点、物料控制，生产数据的实时监控，质量追踪，自动化生产；商品零售方面用于商品的销售数据实时统计、补货、防盗等，实际上可应用于供应链的各环节；交通领域有高速公路的收费系统、出租车管理、公交车管理、铁路机车识别等；汽车管理中的防盗、定位等，航空管理中的旅客机票，行李托运和行李包裹追踪；在医疗方面，可用于医疗器械管理，病人身份识别，病历系统、危险或生化物品管理；食品方面可以用于水果、蔬菜、生鲜食品的保鲜度管理；军事方面可用于弹药、枪支、物资、人员、卡车等识别与追踪；身份识别方面用于电子护照、身份证、学生证等各种电子证件；动物监控方面用于畜牧动物管理、宠物识别、野生动物生态的追踪；废物处理方面可用于垃圾回收处理、废弃物管理；书店、图书馆、出版社等用于对书籍的管理；企业组织对人员的门禁管制，资产保护等应用。

从以上 RFID 技术的具体应用领域可以看出，目前 RFID 技术已经应用于社会生活的各个方面，从社会生产领域的生产、物流、销售，到我们日常生活中的衣、食、住、行、教育与娱乐等各个方面都在应用 RFID 技术。

工作任务 4　无线射频标签的制作和识别

一、任务目的

可以通过对现实生活中无线射频技术应用进行实地调研的形式来进行，也可以通过调查走访企业，结合网上信息收集的形式来进行。主要让学生理解现实世界中常用的无线射频技术等相关技术及掌握相关技术在企业中的应用情况。

二、任务引入

1. 请在现实中通过调研方式找出 2 种无线射频技术应用。
2. 根据所调研的结果选择不同无线射频技术规范进行电子标签制作。
3. 使用无线射频读写器对电子标签进行感应识别。

三、实施步骤

1. 确定调研的内容

主要围绕现实世界中常用的无线射频技术的实际应用及作用。例如，实现车辆不停车自动收费的智能交通电子系统 ETC，该系统通过路侧天线与车载电子标签之间的专用短程通信，进行车辆自动识别和有关收费数据的交换，通过计算机网络对收费数据进行处理，实现不停车自动收费的全电子收费管理。

2. 根据所调研的结果分析 RFID 携带的数据在 SOPAS 软件和 RFH620/630 设备上进行电子标签的制作和识别。

3. 对 RFID 携带的数据和识别过程与条码技术进行比对分析。

4. 利用 RFID 标签与条码进行比较后，思考为什么现在 RFID 技术还没有普及。

四、教师对个人调研和制作结果进行检查和点评,检查标准如表 2-22 所示。

表 2-22 无线射频标签的制作与识别检查标准

考核项目	评分标准	分数	学生自评	教师评价	小计
无线射频知识点	是否透彻理解掌握	10			
活动参与	是否积极	5			
任务方案	是否正确、合理	10			
操作过程	调研 RFID 应用的代表性	20			
	RFID 主要设备及设备参数	20			
	内容翔实、可靠性	20			
任务完成情况	是否圆满完成	5			
方法使用	是否规范、标准	5			
操作纪律	是否能严格遵守	5			
总分		100			
教师签名:		年 月 日		得分	

【综合案例分析】 长虹讯宝条码技术在仓库管理中的应用

对于制造企业来说,仓储管理是供应链管理的核心环节。因为仓储是企业物流各个环节的联结点,衔接采购与生产、生产与销售以及批发与零售等重要环节。不仅如此,仓储还是物资流转的重要枢纽,也是信息流通的重要环节。在竞争日益激烈的今天,"零库存"成为许多制造企业追求的目标,但是仓储作为物流各环节的接合部,涉及入库、分拣、在库、盘点、出库、补货等各方面,流通的信息量非常大,如何高效、准确地采集有关信息,成为许多企业必须解决的问题。

家电市场是中国竞争最为激烈的市场。家电企业产能严重过剩,利润日趋微薄,而落后的供应链管理系统也是影响其市场竞争力的"瓶颈"之一。目前,中国家电业处境艰难,下游面临大连锁商的压力,上游面临原材料成本日益走高的挑战,处在中间的家电制造企业,必须通过内部挖潜的集约型竞争方式,才能在市场竞争中占得一席之地。因此,作为"第三利润源"的物流被看作制造企业最有希望降低运营成本、提高运营效率的环节。向流通要利润是中国家电业亟须攻克的堡垒,也是现阶段家电业最大的利润增长点之一,而条形码结合无线技术的企业移动解决方案已经成为部分家电企业应对市场竞争的强有力武器。

四川长虹电器股份有限公司是一家集彩电、背投、空调、视听、数字网络、电源、器件、平板显示、数字媒体网络等产业研发、生产、销售的多元化、综合型跨国企业。其下辖吉林长虹、江苏长虹、广东长虹等多家参股、控股公司。目前,长虹在中国 30 多个省(自治区、直辖市)成立了 200 余个营销分支机构,拥有遍及全国的 30000 余个营销网络和 8000 余个服务网点。

电器行业的一个重要特点就是物品的贬值率特别高,物品存放在仓库一天要损失 5% 的利润。这对已经趋于"微利"的家电企业来说,无疑是制约企业发展的重要因素。作为中国家电业"龙头"的长虹也不例外。以往长虹物流信息集成度不高,信息处理点分散,时效滞后,数据准确度不高,这些问题严重制约了公司的运营决策。长虹管理层认为,目前家电企业的竞争力不单纯体现在产品质量能否满足市场要求,更重要的是在市场需要的时候,如何生产和递交顾客满意的产品及服务。这就要求企业不仅要保证高节奏的生产，而且要实现最低库存的仓储。由此，长虹提出了"物流是流动的仓库"的观点，用时间消灭空间，摒弃了以往"存货越多越好"的落后观念，全面提升速度观念。

长虹在绵阳拥有40多个原材料库房，50多个成品库房，200多个销售库房。过去的仓库管理主要由手工完成，各种原材料信息通过手工录入。虽然应用了ERP系统，但有关原材料的各种信息仍记录在纸面上，存放地点完全依靠工人记忆。货品入库之后，所有数据都通过手工录入电脑中。对于制造企业来说，仓库的每种原材料都有库存底线，库存过多影响成本，库存不够时需要及时订货，但是，纸笔方式具有一定的滞后性，因此，真正的库存与系统中的库存永远存在差距，无法达到实时。这导致总部无法做出及时和准确的决策。而且人工录入方式效率低，差错率高，在出库频率提高的情况下，问题更为严重。

为了解决上述问题，长虹决定应用条码技术以及无线解决方案。经过慎重选型，长虹选择了美国讯宝科技公司（Symbol Technologies Inc.，Enterprise Mobility Company™）及其合作伙伴——高立开元公司共同提供的企业移动解决方案。该解决方案采用讯宝科技的条码技术，并以Symbol MC 3000作为移动处理终端，配合无线网络部署，进行仓库数据的采集和管理。目前在长虹主要利用Symbol MC 3000对其电视机生产需要的原材料仓库以及2000多平方米的堆场进行管理，对入库、出库以及盘点环节的数据进行移动管理。

一、入库操作

一个完整的入库操作包括收货、验收、上架等。长虹在全国有近200家供应商，根据供应商提供的条码对入库的原材料进行识别和分类。通过条形码进行标识，确保系统可以记录每个单体的信息，进行单体跟踪。长虹的仓库收货员接到供应商的送货单之后，利用Symbol MC 3000扫描即将入库的各种原材料的条码，并扫描送货单上的条码号，通过无线局域网络传送到仓库数据中心，在系统中检索出订单，实时查询该入库产品的订单状态，确认是否可以收货，提交给长虹的ERP系统。

收货后长虹的ERP系统会自动记录产品的验收状态，同时将订单信息发送到收货员的Symbol MC 3000手持终端，并指导操作人员将该产品放置到系统指定的库位上。操作员将货物放在指定库位后扫描库位条码，系统自动记录该物品存放库位并修改系统库存，记录该配件的入库时间。通过这些步骤，长虹的仓库管理人员可以在系统中追踪到每一个产品的库存状态，实现实时监控。

二、出库操作

一个完整的出库操作包括下架、封装、发货等。通过使用无线网络，长虹的仓库管理人员可以在下架时实时查询待出库产品的库存状态，实现先进先出操作，为操作人员指定需发货的产品库位，并通过系统下发动作指令，实现路径优化。封装时系统自动记录包装内的货物清单并自动打印装箱单。发货时，系统自动记录发货的产品数量，并自动修改系统库存。

通过这些步骤，长虹可以在系统中追踪到每个订单产品的发货情况，实现及时发货，提高服务效率和缩短客户响应时间。仓库操作人员收到仓库数据中心的发货提示，会查阅无线终端上的任务列表，并扫描发货单号和客户编码，扫描无误后确认发送，中心收到后关闭发货任务。

三、盘点操作

长虹会定期对库存商品进行盘点。在未使用条码和无线技术之前，长虹的仓库操作人员清点完物品后，将盘点数量记录下来，将所有的盘店数据单提交给数据录入员输入电脑。由于数量清点和电脑录入工作都需要耗费大量的时间且又不能同时进行，因此，往往会出现电脑录入员开始无事可做,然后忙到焦头烂额的情况;而仓库人员则是盘点时手忙脚乱,而后围在电脑录入员身边等待盘点结果。这样的场面,几乎每个月都要发生一次。

部署了讯宝科技的企业移动解决方案后,杜绝了这种现象。仓库操作人员手持 Symbol MC 3000 移动终端,直接在库位上扫描物品条码和库位,系统自动与数据库中的记录进行比较,通过移动终端的显示屏幕将盘点结果返回给仓库人员。通过无线解决方案可以准确反映货物库存,实现精确管理。

条形码结合无线技术的企业移动解决方案令长虹的库存管理取得非常明显的效果,不仅为长虹降低了库存成本,大大提高了供应链效率,更为重要的是,准确及时的库存信息,让长虹的管理层可以对市场变化及时做出调整,大大提高了长虹在家电市场的竞争力,具体体现在以下四个方面。

① 库存的准确性提高。无线手持移动终端或移动计算机与仓库数据中心实现了数据的实时双向传送后,保证了长虹原材料仓库和堆场中的货物从入库开始到产品出库结束的整个过程,各环节信息都处在数据中心的准确调度、使用、处理和监控之下,使长虹库存信息的准确性达到 100%,便于决策层做出准确的判断,大大提高了长虹的市场竞争力。

② 增加了有效库容,降低了企业成本。由于实现了实时数据交换,长虹仓库货物的流动速度提高,使得库位、货位的有效利用率随之提高。增加了长虹原材料仓库的有效库容,降低了产品的成本,提高了长虹的利润率。

③ 实现了无纸化操作,减少了人工误差。由于整个仓库都通过无线技术传递数据,订单、入库单、调拨单、装箱清单、送货单等都实现了与仓库数据中心的双向交互、查询,大大减少了纸面单据,而采用 Symbol MC 3000 手持移动终端进行条码扫描识别,让长虹在提高数据记录速度的同时减少了人员操作错误。

④ 提高了快速反应能力。现在长虹可以在第一时间掌握仓库的库存情况,这让长虹可以对复杂多变的家电市场迅速做出反应和调整,让长虹获得了很强的市场竞争力。由于在仓库管理中应用讯宝科技的移动解决方案,进行现场数据采集和分析,使成品信息、物料信息及配送信息全部集成到公司的 ERP 等信息系统上,长虹基本形成了一体化的物流信息系统,实现了无线网络的仓储管理,极大提高了长虹物流的整体水平。

项目三　物流信息存储技术

【技能目标】
1. 具有初步根据物流信息特性进行数据库的设计和建立能力；
2. 具有利用数据库进行物流信息存储、查询等的能力。

【知识目标】
1. 掌握数据库定义、类型等基本概念；
2. 了解数据库建立、存储和查询等基本功能；
3. 了解数据仓库的基本知识。

【工作任务】
1. 数据库应用现状调查；
2. 物流信息在数据库中的存储；
3. 利用数据库进行物流信息管理。

【引导案例】　Sybase 数据库助力某超市 POS 系统

连锁零售业为适应市场的变化，已从单纯的商品管理即被动管理单品转变为对顾客消费的分析，实现以每个门店超市为利润中心的目的。而对于连锁超市来讲，商品信息和交易记录是必须进行存储的内容，但庞大的信息量会对企业的数据中心提出更大的挑战。

作为国内直营超市经营管理和规模领先的连锁企业，某超级市场有限公司为更好地适应业务发展的需要，开发了连锁商业信息前台 POS 管理系统。

该系统能够将总部基本商品信息资料、特价、改价信息实时传递到各个超市，统一管理各超市销售；将促销产生的损失分摊，真正实现单品核算，管理上明细到单店和单人；总部实时接收各个超市销售档案，统筹分货与配送。该公司连锁商业信息前台 POS 管理系统每天数据处理量巨大，要求数据更新速度及时，所以对核心数据库技术的要求非常严格。公司通过进行认真的市场调研、反复的考证之后，最终采用了 Sybase Adaptive Server Anywhere Studio7.0 作为信息系统的数据存储工具。

系统采用以太网、Client/Server 结构，适应多种主流机型；可以灵活地按需配置 POS 数量；可进行实时数据查询统计；不依赖服务器，出现故障时 POS 可独立工作。系统配置门店服务器可以采用普通主流 PC，采用 Windows 系列操作系统。数据库采用 Sybase Adaptive Server Anywhere 数据库产品，具有对软硬件要求不高，维护方便等特点。POS 机可以选用多种业界主流的品牌。

在数据库支持下，系统可以对服务端进行实时控制与统计，前台可以采取灵活的销售方式，支持手工与自动式数据输入，可以设置丰富多彩的组合促销模式，对单品销售价格的核算精确，并且可以预定义多种付款方式。

在数据管理方面，提供强大的数据复制与容错和数据保存与灾难恢复机制。在数据复制与容错方面，POS 建立本地数据库，通过手工或自动向 POS 本地复制档案功能，销售数据即时被自动复制到服务器，后台进程控制数据复制，无须用户操作，开机自动同步参数档案。POS 自动同步服务器时间，自行判断网络、服务器在线状况，POS 可脱离服务器独立工作，自行校验和整理本地数据库，流水日志记录所有操作，服务端保留 13 个月的销售数据，POS 提供 32 个日结天数备份空间。在数据保存与灾难恢复方面，数据存放本地和服务器两个副本，数据以流水和明细两种格式冗余存放，为服务器致命故障提供完全恢复保障，自动维护网络故障和服务器故障，遇到硬件故障可以采取屏蔽策略，日结备份采用先进先出策略。

该系统基于 Sybase 强大的数据管理能力，能够有效地帮助企业对商品及消费者数据的管理与分析，实现超市与总部之间信息共享，从而保障总部对下属各超市的控制管理。

问题：根据此案例，说明什么是数据库，并简述数据库的作用是什么。

单元一　数据库技术概述

当今世界是信息的世界，信息世界有着大量的信息要进行管理与使用，数据库技术是管理这些海量数据的主要方法。数据库已成为当前信息社会中必不可少的一部分。无论是学校对学生的管理，还是超市对商品的管理，或者是银行对货币的管理，都与数据库密切相关。数据库技术是当前信息社会应用的基础。

数据库是"按照数据结构来组织、存储和管理数据的仓库"。在经济管理的日常工作中，常常需要把某些相关的数据放进这样的"仓库"，并根据管理的需要进行相应的处理。例如，企业或事业单位的人事部门常常要把本单位职工的基本情况（职工号、姓名、年龄、性别、籍贯、工资和简历等）存放在表中，这张表就可以看作一个数据库。有了这个"数据仓库"，我们就可以根据需要随时查询某职工的基本情况，也可以查询工资在某个范围内的职工人数等。这些工作如果都能在计算机上自动进行，那我们的人事管理就可以达到极高的水平。此外，在财务管理、仓库管理、生产管理中也需要建立众多的这种"数据仓库"，使其可以利用计算机实现财务、仓库、生产的自动化管理。

一、数据管理技术的发展

计算机处理数据的发展历程是与计算机硬件发展相关的，更与软件和计算机应用的水平密切相关。数据管理技术是指对数据进行分类、组织、编码、存储、检索和维护的技术。其发展与计算机发展过程相对应，经历了由低级向高级的发展过程，经历了人工管理、文件系统和数据库系统这三个阶段。

1. 人工管理阶段

人工管理阶段主要是 20 世纪 50 年代中期以前，这个阶段的计算机主要用于科学计算，硬件上没有专门的直接存储设备，只有磁带、卡片和纸带等；软件上没有操作系统，只有汇编语言。数据处理的方式也主要是批处理方式。人工管理阶段主要有以下特点。

（1）数据不保存在计算机里　这个阶段由于计算机是用来进行科学计算的，在需要计算时将数据输入即可。当计算任务完成后，该数据也从计算机中撤走。

（2）没有专门的数据管理软件　数据的管理由应用程序自己来完成，即每个应用程序都有存储结构、存取方法和输入输出等内容。数据是与程序相对应的，而且只有程序的概念，没有数据文件的概念。

（3）数据不共享　由于数据与程序是一一对应的，所以当多个应用程序要使用相同数据时，这些应用程序必须各自定义这些数据，否则，就无法互相利用。

2. 文件系统阶段

文件管理阶段主要是 20 世纪 50 年代后期至 20 世纪 60 年代后期，这个阶段计算机不仅是进行科学计算，而且要进行简单的信息管理活动。这时出现了可以直接存取存储的硬件设备，如磁盘、磁鼓等；软件方面已经有了操作系统和高级语言，而且有了专门的数据管理软件，即文件系统；同时，处理方式也不仅是批处理了，已经可以进行联机实时处理了。这个阶段计算机处理的数据量增加比较大，数据的存储、检索和维护都对数据管理技术提出了新的要求，文件系统正是适应这种需要而产生的。文件系统阶段主要有以下三个特点。

（1）数据可以以由操作系统管理的文件形式长期保存　数据不再是只用于计算，可以存储在磁盘等外部存储器上，便于进行数据的查询、修改和删除等操作。

（2）可利用文件系统来管理数据　文件系统将数据组织成相对独立的数据文件，数据不再属于某个特定的程序，程序与数据之间由文件系统提供存取方法进行转换，应用程序与数据之间有了一定的独立性。

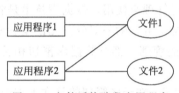

图 3-1　文件系统阶段应用程序与数据间的对应关系

（3）数据共享性差，有比较大的冗余　由于数据文件之间相互独立，缺乏联系，每个应用程序实际都有对应的文件，同样的数据可能重复存在于多个文件中，由此产生的就是数据一致性问题。文件系统阶段应用程序与数据间的对应关系如图 3-1 所示。

文件系统阶段是数据管理技术发展的重要阶段。在这个阶段中，**数据结构和算法给数据管理技术的进一步发展**打下了基础。但由于数据管理规模的扩大，数据量急剧增加，文件系统已经难以满足要求，由于数据的组织仍然是面向程序，所以存在大量的数据冗余。而且数据的逻辑结构不能方便地修改和扩充，数据逻辑结构的每一点微小改变都会影响到应用程序。由于数据文件之间互相独立，因而它们不能反映现实世界中事物之间的联系，操作系统不负责维护文件之间的联系信息。如果文件之间有内容上的联系，那也只能由应用程序去处理。于是，在 20 世纪 60 年代末产生了数据库技术。

3. 数据库系统阶段

20 世纪 60 年代后，随着计算机在数据管理领域的普遍应用，人们对数据管理技术提出了更高的要求：希望面向企业或部门，以数据为中心组织数据，减少数据的冗余，具备更高的数据共享能力，同时要求程序和数据具有较高的独立性，当数据的逻辑结构改变时，不涉及数据的物理结构，也不影响应用程序，以降低应用程序研制与维护的费用。数据库技术正是在这样一个应用需求的基础上发展起来的。而且随着硬件技术的发展，大容量磁盘的出现，降低了数据存储的成本；数据管理的软件成本则有比较大的增长。同时，在数据处理方式上，联机实时处理方式使用更多，要求更高了。这样，原有的文件系统管理数据的方式已经不适合大量数据的管理要求。数据库管理系统正是适应于数据管理的新要求而产生的专门系统，数据库系统阶段如图 3-2 所示。

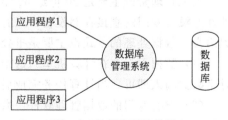

图 3-2　数据库系统阶段

数据库系统阶段有如下几个特点。

① 面向企业或部门,以数据为中心组织数据,形成综合性的数据库,为各应用共享。

② 采用一定的数据模型。数据模型不仅要描述数据本身的特点,而且要描述数据之间的联系。

③ 数据冗余小,易修改、易扩充。不同的应用程序根据处理要求,从数据库中获取需要的数据,这样就减少了数据的重复存储,也便于增加新的数据结构,便于维护数据的一致性。

④ 程序和数据有较高的独立性。

⑤ 具有良好的用户接口,用户可方便地开发和使用数据库。

⑥ 对数据进行统一管理和控制,保证了数据的安全性、完整性以及并发控制。

数据库系统也是随着数据库应用实践和理论发展而成长起来的,根据数据模型的发展,可以划分为三个阶段:第一代的层次、网状数据库系统;第二代的关系数据库系统;第三代的以面向对象模型为主要特征的数据库系统。

第一代数据库主要是层次模型的数据库管理系统和网络模型数据库系统。层次数据库的数据模型是有根的定向有序树,网状模型对应的是有向图。这两种类型的数据库是现代数据库发展的基础,有独立的数据定义语言和导航式的数据操纵语言。

第二代数据库的主要特征是支持关系数据模型(数据结构、关系操作和数据完整性)。关系模型以关系代数为基础,通过非过程化的关系数据库语言来实现。

第三代数据库产生于 20 世纪 80 年代,随着科学技术的不断进步,各个行业领域对数据库技术提出了更多的需求,关系型数据库已经不能完全满足需求,于是产生了第三代数据库。第三代数据库支持多种数据模型(如关系模型、面向对象的模型等),并和诸多新技术相结合(如分布处理技术、并行计算技术、人工智能技术、多媒体技术、模糊技术),被广泛应用于多个领域。由此就产生了多种新的数据库,如有分布式数据库系统、对象数据库系统、网络数据库系统和数据仓库等。

随着科学技术的发展,计算机技术不断被应用到各行各业,各行各业都建立了以数据库为核心的信息系统。这些海量数据对未来的数据库技术将会有更高的要求。

二、数据库的定义和特点

(一)数据库的定义

数据库(Database,DB)简单地说就是存放数据的地方。随着数据量的增加,需要有计划、有组织地收集、整理和存储这些数据。没有结构合理、组织良好的数据库将难以对大量数据进行管理。因此,数据库是指把公司或组织的业务活动和组织结构相对应的各种相关数据以 种合理的方法组织起来的,存放在计算机存储设备中的集合,该集合中的数据以不同的权限进行共享。其目标是存储信息并支持用户检索和更新所需要的信息,这里所指的是信息是任何对个人或组织经营企业的一般处理过程有帮助的数据。

(二)数据库的特点

1. 采用数据模型来描述数据结构

数据库技术采用数据模型来描述数据库的结构和语义,对现实世界的数据进行抽象。数据模型不仅可以利用不同级别的模型来完成对现实世界的逐步抽象,而且在管理上可以根据数据模型的特点进行具体分析,从而改进数据管理结构和方式。

2. 数据的独立性强

数据的独立性是指用户的应用程序与数据库的数据结构之间相互独立。用户在使用数据库时只需要考虑应用程序的逻辑结构而不必考虑数据的物理结构，逻辑结构与物理结构间的对应关系由数据库管理系统来完成，从而简化了应用程序的编制，方便了用户的使用。

3. 数据共享性强

数据库系统中的数据不再仅对应于某个应用程序，而是面向整个系统的，数据可以被多用户所共用。通过数据共享降低数据的冗余，减少数据之间的不一致性。

4. 数据由数据库管理系统统一管理

数据库中的数据由数据库管理系统统一管理和控制。数据库管理系统提供方便的用户接口，用户只要利用该接口就可以方便地对数据库进行操作。同时，数据库管理系统还提供了多种数据控制功能，如数据库的并发控制、数据库的恢复、数据库的完整性和安全性。

三、数据库管理系统

数据库管理系统（Database Management System，DBMS）是用来管理数据的专门软件，它通过高效地管理数据库来达到管理数据的目的。数据库管理系统是作为用户和操作系统中间的一层数据管理软件在起作用，它为应用程序提供访问和管理数据库的方法，主要包括数据定义功能，通过提供数据定义语言来帮助用户定义数据库中的数据对象；数据操纵功能，通过提供数据操纵语言来帮助用户实现对数据库的基本操作；数据库的建立和维护功能，对数据库的建立、运行和维护实行统一管理和控制，保证数据的安全性和完整性。

四、数据库系统

数据库系统（Database System，DBS）就是采用了数据库技术后的计算机系统，是可运行的、以数据库方式存储、维护和向应用系统提供数据和信息支持的系统。它是由计算机的硬件、软件、数据资源以及数据库管理员组成的系统。数据库是与应用有关的所有数据的集合。硬件主要是计算机的相关设备，需要包括CPU、内存、外存、输入输出设备等在内的硬件设备支持，要求足够大的外存（硬盘）和内存，以满足数据库、操作系统及数据库系统及应用程序的存储和运行。软件则包括DBMS、操作系统、各种宿主语言和应用开发支撑软件等。其中DBMS是数据库系统的核心，是对数据库进行创建、管理与维护的软件系统。操作系统则是DBMS的基础。数据库管理员则是管理与维护数据库的人员，他们负责监控和保障DBS的正常运行。DBS中各组成部分之间的关系，如图3-3所示。

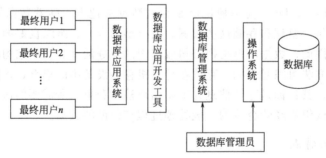

图3-3　DBS中各组成部分之间的关系

五、数据库技术

数据库技术是专门研究数据库的软件学科，研究内容包括数据库的结构、存储、设计、管理和使用等各个方面。它是在操作系统的基础上发展起来的，与操作系统密切联系。数据库技术的理论基础有集合论、数理逻辑等，它是一门综合性很强的学科。

六、常用数据库介绍

（一）IBM 的 DB2

作为关系数据库领域的开拓者和领航人，IBM 在 1977 年完成了 System R 系统的原型，1980 年开始提供集成的数据库服务器——System/38，随后是 SQL/DS for VSE 和 VM，其初始版本与 System R 研究原型密切相关。DB2 for MVS 在 1983 年推出。该版本的目标是提供这一新方案所承诺的简单性、数据不相关性和用户生产率。1988 年，DB2 for MVS 提供了强大的在线事务处理（On-Line Transaction Processing，OLTP）支持，1989 年和 1993 年分别以远程工作单元和分布式工作单元实现了分布式数据库支持。2016 年推出的 DB2 Universal Database 6.1 则是通用数据库的典范，是第一个具备网上功能的多媒体关系数据库管理系统，支持包括 Linux 在内的一系列平台。

（二）Oracle

Oracle 的前身叫 SDL，由 Larry Ellison 和另两个编程人员在 1977 年创办，他们开发了自己的拳头产品，在市场上大量销售，1979 年，Oracle 公司引入了第一个商用 SQL 关系数据库管理系统。Oracle 公司是最早开发关系数据库的厂商之一，其产品支持最广泛的操作系统平台。目前，Oracle 关系数据库产品的市场占有率名列前茅。

（三）Sybase

Sybase 公司成立于 1984 年，公司名称 "Sybase" 取自 "system" 和 "database" 相结合的含义。Sybase 公司的创始人之一 Bob Epstein 是 Ingres 大学版（与 System/R 同时期的关系数据库模型产品）的主要设计人员。公司的第一个关系数据库产品是 1987 年 5 月推出的 Sybase SQL Server1.0。Sybase 首先提出 Client/Server 数据库体系结构的思想，并率先在 Sybase SQL Server 中实现。

（四）SQL Server

1988 年，微软和 IBM 合作开发完成 OS/2 版本，IBM 在其销售的 OS/2 Extended Edition 系统中绑定了 OS/2Database Manager，而微软产品线中尚缺少数据库产品。为此，微软将目光投向 Sybase，同 Sybase 签订了合作协议，使用 Sybase 的技术开发基于 OS/2 平台的关系型数据库。1989 年，微软发布了 SQL Server 1.0 版。

（五）MySQL

MySQL 是一个小型关系型数据库管理系统，开发者为瑞典 MySQL AB 公司。在 2008 年 1 月 16 日被 Sun 公司收购。目前，MySQL 被广泛地应用在 Internet 上的中小型网站中。由于其体积小、速度快、总体拥有成本低，尤其是开放源码这一特点，许多中小型网站为了降低网站总体拥有成本而选择了 MySQL 作为网站数据库。

（六）Access 数据库

它是美国 Microsoft 公司于 1994 年推出的微机数据库管理系统。它具有界面友好、易学易用、开发简单、接口灵活等特点，是典型的新一代桌面数据库管理系统。其主要特点如下。

① 完善地管理各种数据库对象，具有强大的数据组织、用户管理、安全检查等功能。

② 强大的数据处理功能，在一个工作组级别的网络环境中，使用 Access 开发的多用户数据库管理系统具有传统的 XBASE（DBASE、Fox BASE 的统称）数据库系统所无法实现的客户服务器（Client/Server）结构和相应的数据库安全机制，Access 具备了许多先进的大

型数据库管理系统所具备的特征，如事务处理/出错回滚能力等。

③ 可以方便地生成各种数据对象，利用存储的数据建立窗体和报表，可视性好。

④ 作为 Office 套件的一部分，可以与 Office 集成，实现无缝连接。

⑤ 能够利用 Web 检索和发布数据，实现与 Internet 的连接。Access 主要适用于中小型应用系统，或作为客户机/服务器系统中的客户端数据库。

（七）FoxPro 数据库

它最初由美国 Fox Software 公司于 1988 年推出，1992 年 Fox Software 公司被 Microsoft 公司收购后，相继推出了 FoxPro2.5、FoxPro2.6 和 Visual FoxPro 等版本，其功能和性能有了较大的提高。FoxPro2.5、FoxPro2.6 分为 DOS 和 Windows 两种版本，分别运行于 DOS 和 Windows 环境下。FoxPro 比 FoxBASE 在功能和性能上又有了很大的改进，主要是引入了窗口、按钮、列表框和文本框等控件，进一步提高了系统的开发能力。

工作任务 1　数据库应用现状调查

一、任务目的

通过对现实企业中数据库应用进行实地调研的形式来进行的，可以通过调查走访企业，结合网上信息收集的形式来进行。主要让学生理解数据库系统和数据库管理系统等概念以及掌握相关技术在企业中的应用情况。

二、任务引入

1. 选择 2～3 家企业进行走访，并记录它们的规模和数据库技术应用情况。
2. 调研常用的几种数据库系统。
3. 从调研材料上分析我国物流企业数据库技术应用的现状、原因和发展趋势。
4. 撰写数据库应用调查报告，完成调研的目的和内容。

三、实施步骤

1. 确定调研的内容

主要围绕企业数据库技术的实际应用及作用；常用的几种数据库技术；当地的数据库技术应用的现状、原因和发展趋势等展开。

2. 制订调查计划

围绕调查目标，明确调查主题，确定调查的对象、地点、时间和方式，并确定要收集哪些相关资料。

3. 调查以小组为单位

根据班级情况，每组 3～4 人，设一名组长。带上调查工具，如笔记本和笔；情况允许的话，可以带上照相机和录音笔。

4. 调查前的知识准备

调查之前，进行相关资料的收集并做好知识准备。

四、教师对小组调研结果进行检查和点评，检查标准如表 3-1 所示。

表 3-1　数据库应用现状调查检查标准

考核项目	评分标准	分数	学生自评	小组互评	教师评价	小计
团队合作	是否默契	10				
活动参与	是否积极	10				

续表

考核项目	评分标准	分数	学生自评	小组互评	教师评价	小计
任务方案	是否正确、合理	10				
操作过程	调研企业的代表性	15				
	数据库技术的代表性	20				
	内容翔实、可靠性	20				
任务完成情况	是否圆满完成	5				
方法使用	是否规范、标准	5				
操作纪律	是否能严格遵守	5				
总分		100				
教师签名:			年 月 日		得分	

单元二 数据库数据模型

数据库技术采用数据模型来对现实世界的数据和信息进行抽象,将现实世界抽象成信息世界,再抽象成数据世界,分别形成概念模型、逻辑模型、外部模型和内部模型。逻辑模型是数据库技术的重点,用于数据库软件的实现,其中关系模型是当前的主流,它利用二维表来表示实体集及其联系,方便对数据的管理。

数据 (Data) 是描述事物的符号记录。模型 (Model) 是现实世界的抽象。数据模型 (Data Model) 是数据特征的抽象,是数据库管理的教学形式框架。数据模型是数据库系统中用于提供信息表示和操作手段的形式构架。数据模型包括数据库数据的结构部分、数据库数据的操作部分和数据库数据的约束条件。

模型是抽象地模仿现实世界的事物,对现实世界的数据、信息的抽象,如房屋设计模型、城市规划模型等都是对现实世界事物的一种模拟。数据库技术采用数据模型对现实世界中的数据和信息进行抽象。根据用户在信息管理中使用数据的过程即从现实世界的信息到数据库存储的数据,再到用户使用的数据,数据抽象过程可以被分为概念数据模型、逻辑数据模型、外部数据模型和内部数据模型四种不同的级别。数据抽象过程及各抽象级别之间的相互关系如图 3-4 所示。

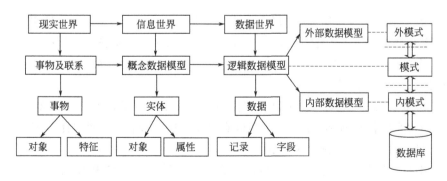

图 3-4 数据抽象过程及各抽象级别之间的相互关系

一、数据描述

1. 概念设计中的数据描述

在现实世界中,事物是相互联系的。这种联系必然要在信息世界中有所反映,即实体(客观存在并可以相互区别的事物)之间并不是孤立静止的存在,而是相互联系的。

实体:客观存在的可以相互区别的事物,可以是具体的对象,如一件商品;也可以是抽象的对象,如一场交易活动。

实体集:同类实体的集合,如所有的贸易活动。

属性:实体的特性,每个实体都有其属性,如学生有学号、姓名等属性。库存号、说明、现有数量、在仓库中的位置等是库存的属性。

实体标识符:能唯一标识实体的属性或属性集,如一般是以学号作为学生实体的标识符。

2. 逻辑设计中的数据描述

在逻辑设计中,数据按照层次方式进行组织,由位、字节、字段、记录、文件和关键码库组成。

(1) 位(Bit) 位是计算机中最小的数据存储单位,其值为 0 或 1,是一个二进位。

(2) 字节(Byte) 字节是由若干位组成的,代表一个字符。字符是信息的最基本构架,包括字母、数字或其他符号。

(3) 字段 字段是由多个字节组成一个词或者一个完整的数字(如人名或年龄),字段是数据的最小单位,也称作域或数据元素。标记实体属性的命名单位,常与属性名同,如学生的学号、姓名等。

(4) 记录 记录由与某个特殊对象或活动有关的所有字段组成,是字段的有序组合,一般用一个记录表示一个实体,如一个学生的记录,就是一些字段的集合:学号、姓名、出生年月和性别等。

(5) 文件 文件是与某个特定主题相关的数据记录的集合,即同一类型的所有记录组成一个文件,用来描述实体集,如学生基本信息文件就是关于学生信息的记录集合。

(6) 关键码 关键码是指能唯一标识文件中每个记录的字段或字段集,又称关键字,如学生文件中的学号、产品文件中的产品号、订单文件中的订单号。

3. 数据联系的描述

联系是实体之间的相互关系,其中二元联系有三种:一对一联系、一对多联系和多对多联系。

(1) 一对一联系 实体集 E1 中每个实体至多和实体集 $E2$ 一个实体有联系;反之亦然,则实体集 E1 和实体集 $E2$ 具有"一对一联系",记作"1:1",如图 3-5 所示。

例如,飞机乘客和座位之间就是 1:1 联系,表示一个座位上最多只对应一个乘客,一个乘客只在一个座位上就座。

(2) 一对多联系 实体集 E1 中每个实体与实体集 $E2$ 中任意个(零或多个)实体有联系,而 E2 中每个实体至多和 E1 中一个实体有联系,则实体集 E1 和实体集 E2 具有"一对多联系",记作"1:n",如图 3-6 所示。

例如,学校和教师之间就是 1:n 联系,表示一个学校有多名教师,一名教师只能供职于一所学校。

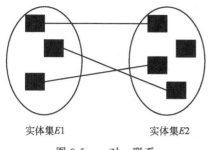

图 3-5 一对一联系

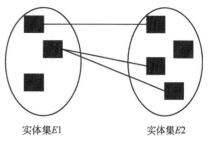

图 3-6 一对多联系

（3）多对多联系　实体集 $E1$ 中每个实体与实体集 $E2$ 中任意个（零或多个）实体有联系；反之亦然，则实体集 $E1$ 和实体集 $E2$ 具有"多对多联系"，记作"$m:n$"，如图 3-7 所示。

例如，学生和课程之间就是 $m:n$ 联系，表示一个学生可以选修多门课程，一门课程可以有多名学生选修。

4．面向对象的数据描述

（1）对象　现实世界中的任一实体都被抽象为对象，每个对象具有唯一的标识，称为对象标识，如具体的某一辆汽车，就是一个对象，发动机号和车牌号就是其标识。

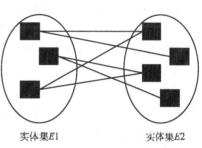

图 3-7 多对多联系

（2）类　共享同样属性和方法集的所有对象构成类，类中每个对象称作该类的实例，如人就是个类，具有共同的属性，如高度、声音和头发等。

（3）类层次　类可以定义其子类，子类可以再定义其子类，形成一个有限的层次结构。人大类下分为学生、教师等类，学生子类下还可分为小学生和中学生等。

（4）封装性　每个对象是其状态与行为的封装，其中状态是其属性的集合，行为则是建立在状态上方法的集合。例如，某个具体的学生，只要说明了是这个学生就自然说明有了这类学生所具有的基本属性和方法。

（5）消息　由于对象是封装的，所以对象与外部的通信一般都用消息传递，消息是对象之间的接口。

二、概念数据模型

概念数据模型（Conceptual Data Model），简称概念模型，是指按用户的观点来对数据和信息建立的模型，实现从现实世界到信息世界的抽象，主要用于数据库设计，它使数据库的设计人员在设计的初始阶段，摆脱计算机系统及 DBMS 的具体技术问题，集中精力分析数据以及数据之间的联系等。概念模型用于信息世界建模，是从现实世界到信息世界的第一层抽象，表达了数据库的整体逻辑结构，是用户对整个组织数据库的全面描述。它从用户需求出发，对数据建模，独立于硬件和软件，同时也是数据库设计人员与用户交流的工具。

概念数据模型的表示方法常用的是实体联系（Entity Relationship，ER）模型。ER 模型利用实体、属性和联系来表述现实世界中的事物。ER 模型一般用 E-R 图来表示，其中实体用矩形来表示，属性用椭圆形来表示，联系用菱形来表示。下面以简单的学生选课为例来说明整个建模过程，如图 3-8 所示。

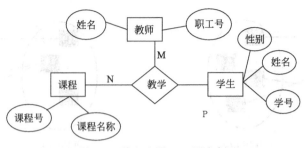

图 3-8 学生选课 E-R 图实例
N、M、P 表示多个

图 3-8 中主要包括以下内容：

三个实体类型：学生、课程、教师。

三个联系：学生与课程之间有多对多联系，学生与教师之间有多对多联系，教师与课程之间有多对多联系。

其中，学生实体的属性有学号、姓名和性别，其中学号是关键字；课程实体的属性有课程号和课程名称，其中课程号是关键字；教师实体的属性有职工号和姓名，其中职工号是关键字。

三、逻辑数据模型

逻辑数据模型简称逻辑模型，是按计算机系统的观点对数据建立的模型，是用户从数据库所看到的模型，是具体的 DBMS 所支持的数据模型，主要用于 DBMS 的实现。逻辑数据模型是数据库设计人员对整个组织数据库的全面描述。它从数据库实现的角度出发对数据建模，独立于硬件，依赖于所选的 DBMS 软件。同时，它也是数据库设计人员与应用程序员之间交流的工具。逻辑数据模型主要有层次模型、网状模型、关系模型和面向对象模型四种。

1. 层次模型

层次模型（Hierarchical Model）是数据库系统中最早使用的模型，是采用树型结构来表示实体类型以及实体间的联系的数据模型。它的数据结构类似一棵倒置的树，每个节点表示一个记录类型，记录之间的联系是一对多联系，数据之间的联系是用指针来实现的。典型代表是 IBM 公司于 1968 年推出的 IMS 商用数据库系统。例如，一个高等学校的组织结构图。这个组织结构图像一棵树，校部就是树根（称为根节点），各系、专业、教师和学生等为枝点（称为节点），树根与枝点之间的联系称为边，树根与边之比为 $1:n$，即树根只有一个，树枝有 n 个。

其主要特点有以下两点。

① 有且只有一个节点没有父节点，该节点是根节点。

② 根节点以外的其他节点有且只有一个父节点。

2. 网状模型

网状模型（Network Model）是为了实现现实事物之间的非层次关系而提出来的，它采用有向图来描述数据，数据之间的联系也是用指针来实现的。网状模型可以看作层次模型的一种扩展。它是采用网状结构表示实体类型及其实体之间联系的模型。网状结构的每一个节点代表一个记录类型，记录类型可包含若干字段，联系用链接指针表示，去掉了层次模型的限制。

网状模型的特征有以下两点。

① 允许一个以上节点没有父节点。

② 一个子节点有多个父节点。

网状模型的典型代表是 DBTG 系统。它是 20 世纪 70 年代，数据库系统语言协会

(CODASYL)下属的数据库任务组(DBTG)提出的 DBTG 系统，DBTG 系统是典型的三级结构体系：子模式、模式和存储模式。相应的数据定义语言分别称为子模式定义语言(SSDDL)、模式定义语言(SDDL)、设备介质控制语言(DMCL)。另外还有数据操纵语言(DML)。层次模型和网状模型统称为非关系模型，这两种模型的数据库记录之间联系是通过存取路径实现的，应用程序在访问数据时必须选择适当的存取路径，编程烦琐。因此，从 20 世纪 80 年代中期开始，非关系型数据库逐渐被关系型数据库所取代。

3. 关系模型

关系模型（Relational Model）是当今主要的数据模型，是目前应用最多也最为重要的一种数据模型。关系模型建立在严格的数学概念基础上，采用二维表结构来表示实体和实体之间的联系，二维表由行和列组成，用关键码表示实体之间的联系的数据模型。基于关系模型的数据库就是关系数据库，这是当前最主要的数据库类型。1970 年，美国 IBM 公司的研究员 E. F. Codd 博士首次提出了数据库系统的关系模型。

关系模型由关系数据结构、关系操作集合和关系完整性约束三部分组成。

关系模型的数据结构是关系，即二维表。关系模型是以二维表结构来表示实体集及其之间的联系。一个关系就是一张二维表，关系的首行叫属性，在关系数据库中叫字段，别的行叫元组，在关系数据库中叫记录。表 3-2 中的单位编号、单位名、地址、电话、传真、联系人都是该表的字段，每一行都是一条记录，代表一个供应商。这里的关系必须是规范化的二维表，关系的每个属性值都是不可分的数据项，关系中也不允许出现重复的记录。

表 3-2 供应商关系模型表

单位编号	单位名	地址	电话	传真	联系人
0001	精益锻铸厂	上海市嘉定区	021-57460112	021-57460111	张三
0002	智杰制造企业	浙江省杭州市	0517-36548522	0571-36548521	李四
…	……	……	…	…	……

关系模式是对关系结构的描述，一般格式为：

关系名（属性 1，属性 2，…，属性 n）

实例：供应商（单位编号，单位名，地址，电话，传真，联系人）

关系数据模型的操作，主要包括查询、插入、删除和修改数据。这些操作必须满足关系的完整性约束条件。关系的完整性约束条件有三类：实体完整性、参照完整性和用户定义完整性。实体完整性和参照完整性是关系模型必须满足的完整性约束条件，用户定义完整性则是应用领域需要的约束条件。其中实体完整性是为了保证记录的唯一性，不允许关键码为空，以表 3-2 中的供应商关系模型表为例，即单位编号这个字段不能为空，任何供应商都要有单位编号，而且每个供应商的单位编号必须是唯一的；参照完整性则是在表示实体集之间联系的过程中不允许引用不存在的实体。

与非关系模型（层次模型、网状模型）相比，关系模型具有如下的特点。

① 关系模型概念单一，数据结构简单，实体和实体间的联系都是用关系（二维表）来表示的。而在非关系模型中实体间的联系都是由记录和记录之间所构成的层次结构和网状结构来表示的，数据结构复杂。

② 关系模型是数学化的模型，可以把表格看成一个集合，数据的操作是集合的操作，即操作对象和操作结果都是用关系表示。

③ 关系数据库语言是非过程化的。

④ 关系模型以关系代数为基础，形式化基础强。

⑤ 有功能强大的关系数据库语言 SQL 的支持。

4．面向对象模型

面向对象数据模型是一种新兴的数据模型，它采用面向对象的方法来设计数据库。面向对象的数据库存储对象是以对象为单位，每个对象包含对象的属性和方法，具有类和继承等特点。

对象是面向对象编程中最重要的概念，用对象来表示现实世界中的实体。一个学生、一门课程、一次考试记录都可以看作对象。每个对象包含一组属性和一组方法。

属性用来描述对象的状态、组成和特性，是对象的静态特征。一个简单对象如整数，其本身就是其状态的完全描述，不需要其他属性，这样的对象称为原子对象。属性的值可以是复杂对象。一个复杂对象包含若干，而这些属性作为一种对象，又可能包含多个属性，这样就形成了对象的递归引用，从而组成各种复杂对象。

面向对象数据模型的数据结构是非常容易变化的。与传统的数据库（如层次、网状或关系）不同，对象模型没有单一固定的数据结构。编程人员可以给类或对象类型定义任何有用的结构，如链表、集合和数组等。此外，对象可以包含可变的复杂度，利用多重类型和多重结构。

面向对象数据模型可以用二维表来表示，称为对象表。但对象表是用一个类（对象类型）表定义的。一个对象表用来存储这个类的一组对象。对象表的每一行存储该类的一个对象（对象的一个实例），对象表的列则与对象的各个属性相对应。因此，在面向对象数据库中，表分为关系表和对象表，虽然都是二维表的结构，但却是基于两种不同的数据模型。

面向对象数据模型的优点如下。

（1）**适合处理各种各样的数据类型**　与传统的数据库（如层次、网状或关系）不同，面向对象数据库适合存储不同类型的数据，如图片、声音、视频、文本和数字等。面向对象数据模型结合了面向对象程序设计与数据库技术，因而提供了一个集成应用开发系统。

（2）**提高开发效率**　面向对象数据模型提供强大的特性，如继承、多态和动态绑定，这样允许用户不用编写特定对象的代码就可以构成对象并提供解决方案。这些特性能有效地提高数据库应用程序开发人员的开发效率。

（3）**改善数据访问**　面向对象数据模型明确地表示联系，支持导航式和关联式两种方式的信息访问。它比基于关系值的联系更能提高数据访问性能。

面向对象数据模型的缺点如下。

（1）**没有准确的定义**　面向对象数据模型很难提供一个准确的定义来说明面向对象 DBMS 应建成什么样，这是因为该名称已经应用到很多不同的产品和原型中，而这些产品和原型考虑的方面可能不一样。

（2）**维护困难**　随着组织信息需求的改变，对象的定义也要求改变，并且需移植现有数据库，以完成对新对象的定义。当改变对象的定义和移植数据库时，它可能面临真正的挑战。

（3）**不适合所有应用**　面向对象数据模型适合于需要管理数据对象之间存在复杂关系的应用，特别适合于特定的应用，如工程、电子商务和医疗等，但并不适合所有应用。当用于普通应用时，其性能会降低并要求具有很高的处理能力。

工作任务 2　物流信息在数据库中的存储

一、任务目的

通过对现实物流企业数据库技术应用进行实地调研的形式来进行的，可以通过调查走访企业,结合网上信息收集的形式来进行。主要让学生了解数据库数据模型和设计等技术及掌握相关技术在企业中的应用情况,为以后对物流信息系统的学习打下基础。

二、任务引入

仓库物资管理数据库设计是信息系统的核心。一个好的数据结构设计可以使信息系统在相同条件下,具有处理速度更快、占用存储空间较小、操作处理数据库过程简单、系统开销和维护费用低等特点。

1. 请在现实中通过调研方式采集仓储物资管理中涉及的各种信息。
2. 根据调研的各种信息在 Access 中进行数据库的设计。
3. 将调研切合实际的物流仓储信息录入第二步设计好的表单中进行存储。

三、实施步骤

1. 确定调研的内容:主要围绕物流企业中涉及仓库物资管理相关的信息展开。例如,物资相关信息、仓库相关信息等。

2. 根据所调研的仓库物资管理所涉及的信息数据库设计,具体步骤如下:

以仓库管理中的物资信息为例,如调研的物资相关的信息有物资编码、品名、规格、型号、质量技术标准、计量单位和数量等,则结合相关信息进行数据库表的设计。

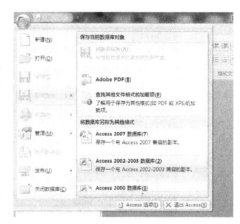

图 3-9 启动 Access 2010,并另存为 Access 2003

(1) 启动 Office 软件中的 Access 2010 数据库软件并另存为 Access 2003,如图 3-9、图 3-10 所示。

图 3-10 Access 数据库界面

(2) 新建一个名为"仓储管理数据库"的数据库,如图 3-11 所示。
(3) 使用 Access 软件设计器进行表的设计,如图 3-12 所示。
(4) 将调研的物资相关的信息,如物资编码、品名、规格、型号、质量技术标准、计量单位、数量等设计到数据库表中,如图 3-13 所示。

将调研物资的相关信息在表设计中设置为一个个字段,并对每个字段按表 3-3 进行数据类型、字段大小、格式等设计,以便规范管理物资信息。

图 3-11 新建一个名为"仓储管理数据库"的数据库

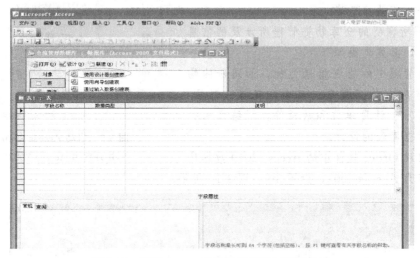

图 3-12 使用 Access 软件设计器进行表的设计

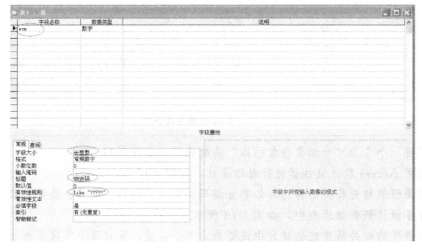

图 3-13 在表中设计调研物资的相关信息

表 3-3 物资信息

字段名	字段类型	属性限制	说明
WZ	数字(5位数)	主键	物资码
PM	文本	非空	品名
GG	文本	非空	规格
XH	文本		型号
ZLJSBZ	文本		质量技术标准
JLDW	文本	非空	计量单位
SL	数字	非空	单价

（5）物资码所有字段设计完毕后，保存该表为"物资"，如图 3-14 所示。

图 3-14 保存"物资"表

（6）将调研具体的物资信息录入设计好的"物资"表中进行存储，如图 3-15 所示。

图 3-15 在"物资"表中录入具体的物资信息

同理设置完成"供应商""入库单"两张数据表。

四、教师对个人调研和制作结果进行检查和点评，检查标准如表 3-4 所示。

表 3-4 物流信息在数据库中的存储检查标准

考核项目	评分标准	分数	学生自评	教师评价	小计
数据模型知识	是否透彻理解掌握	10			
活动参与	是否积极	5			
任务方案	是否正确、合理	5			

续表

考核项目	评分标准	分数	学生自评	教师评价	小计
操作过程	调研物流信息的代表性	20			
	物流信息数据库设计的准确性	20			
	物流信息录入的准确性	25			
任务完成情况	是否圆满完成	5			
方法使用	是否规范、标准	5			
操作纪律	是否能严格遵守	5			
总分		100			
教师签名：		年　月　日		得分	

单元三　数据库管理技术

数据库作为目前各信息系统的基础，其地位显得越来越重要。数据库管理就是指对数据库的保护。数据库在运行过程中由数据库管理系统进行管理和监控，以保证整个数据库系统的正常运转。

数据库管理（Database Administration）是有关建立、存储、修改和存取数据库中信息的技术，是指为保证数据库系统的正常运行和服务质量，有关人员须进行的技术管理工作。负责这些技术管理工作的个人或集体称为数据库管理员（Database Administrator，DBA）。具体来说，数据库的管理主要是针对目前数据库的几种破坏行为而进行的管理活动。这些破坏行为，包括非法用户恶意访问、破坏数据库，用户的一些错误操作，各种各样的包括硬件和软件的故障以及用户间的并发访问等。针对这些破坏行为，数据库管理系统要分别利用不同的技术保护数据库。这些方法就是以下将要介绍的数据库的建立和 SQL 语言、数据库安全性管理、数据库完整性管理、数据库恢复技术和数据库并发控制技术等。

一、数据库的建立和 SQL 语言

（一）数据库的建立

数据库的建立：数据库的设计只是提供了数据的类型、逻辑结构、联系、约束和存储结构等有关数据的描述。这些描述称为数据模式。要建立可运行的数据库，还需进行下列工作。

① 选定数据库的各种参数，如最大的数据存储空间、缓冲区的数量、并发度等。这些参数可以由用户设置，也可以由系统按默认值设置。

② 定义数据库，利用 DBMS 所提供的数据定义语言和命令，定义数据库名、数据模式、索引等。

③ 准备和装入数据，定义数据库仅仅建立了数据库的框架，要建成数据库还必须装入大量的数据，这是一项浩繁的工作。在数据的准备和录入过程中，必须在技术和制度上采取措施，保证装入数据的正确性。对于计算机系统中原已积累的数据，要充分利用，尽可能转换成数据库的数据。

（二）SQL 语言

SQL（Structured Query Language，结构化查询语言），是一种数据库查询和程序设计语言,用于存取数据以及查询、更新和管理关系数据库系统,同时也是数据库脚本文件的扩展名。SQL 是 IBM 公司在 20 世纪 70 年代开发的关系数据库原型 System R 的一部分。现在 SQL 语言已经成为关系数据库通用的查询语言,几乎所有的关系数据库系统都支持它。它被广泛运用到 MS Access 或 SQL Server、Oracle、DB2 以及其他非常多的数据库中。

SQL 语言包括三种主要程序设计语言类别的语句:数据定义语言(Data Definition Language,DDL)、数据操作语言(Data Manipulation Language,DML)及数据控制语言(Data Control Language,DCL)。

SQL 语言包含四个部分。

DDL,如 CREATE(建表)、DROP(删表)、ALTER(修改表)等语句。

DML,如 INSERT(插入)、UPDATE(修改)、DELETE(删除)等语句。

DQL,如 SELECT(查找)等语句。

DCL,如 GRANT(赋权)、REVOKE(除权)等语句。

二、数据库安全性管理

数据库的安全性是指保护数据库,防止未授权的数据访问,以免数据泄密、不合法的更改或对数据的破坏,即限制访问人员所能够查看的各类数据和能够查看的时间,以保护用户数据不受外界侵害。数据库的安全性不是仅由数据库管理系统来保证的,还需要计算机硬件系统、网络系统、操作系统以及各种服务与应用程序的安全性保证。从保证数据库的角度考虑,一般将数据库的安全措施分为环境级、职员级、操作系统级、网络级和数据库系统级。其中,环境级是进行物理保证,职员级是进行用户正确授权,操作系统级是保证操作系统访问数据库的安全,网络级是保证用户在网络访问数据库过程中的安全性,而数据库系统级则主要包括检查用户身份及权限。这里主要是讲数据库系统的安全措施。简单地说,用户要使用数据库,首先要进行用户身份验证,合法用户才能进入操作系统,进入操作系统之后还要进行存取权限控制,只有具有合法权限的用户才可以使用数据库。下面主要介绍一些安全机制。

1. 用户认证

数据库系统安全首要保证的是用户身份的合法性,绝对不允许一个非授权的用户进行数据操作。一般而言,用户认证是由系统提供一种方式让用户设置自己的身份,每次用户进入系统时系统进行验证,通过验证才可以使用数据库。这里的用户认证不仅包括数据库系统的认证,还包括操作系统的认证。用户认证的方法比较多,常用的是用户名和口令。这种方法虽简单,但可靠性很差,目前有很多别的方法,如智能卡认证、指纹识别技术等。

2. 存取控制

数据库安全最重要的就是保证所有具有权限的合法用户能够访问数据库,而未授权的用户都无法访问到数据。这个安全性主要是通过数据库系统存取控制机制实现的。数据库存取控制机制主要包括两个部分:一是定义用户权限;二是合法权限检查。用户权限是指用户对数据对象的操作权限,用户访问数据库的权限主要有访问数据的权限和修改数据库结构的权限。前者包括读、插入、修改和删除的权限,后者则包括索引、资源、修改和撤销的权限。合法权限检查则是指用户在操作数据的过程中只能做具有权限的事,超过定义的权限,系统将拒绝其对数据对象的操作。

数据库的存取控制机制主要包括自主型和强制型两种,自主型的存取控制机制中不同的用户对于不同的数据对象有不同的权限,而且用户还可以将其拥有的权限转授给其他用户,但这种权限的转授会给数据库系统带来不安全因素。而在强制型存取控制机制中,每个数据对象都被赋予一定的密级,每个用户也具有级别,密级与用户级别是严格有序的,级别高的用户才能看到级别相同或级别低的数据,只有级别相同的用户才能修改同级别的数据。

3. 视图隔离

视图是从基本表中导出的表,但视图只是逻辑上的数据,只是在数据库中存放视图的定义,本身并没有数据,数据仍存放在数据库中的基本表中。这样用户就只能使用视图定义中的数据,而不能使用视图之外的数据,从而保证了数据的安全性。在实际应用过程中,常常将视图机制与存取控制机制结合起来,先利用视图定义一些安全性要求高的数据,再在其上定义存取权限。

4. 数据加密

数据在使用过程中是要在通信线路上传递的,数据加密就是保证数据在传输过程中的安全性。数据加密简单地说就是利用一定的算法,将原始数据转变为不可直接识别的格式,这样不知道算法的人就难以获知数据的内容,也就是将明文转变成密文的过程。用户在进行数据通信过程中就可以传输密文,接受方可以利用该算法进行解密,将密文转变为明文。数据加密的方法可以分为对称的和非对称的两种。

5. 数据审计

数据审计是将用户对数据库的所有操作都自己记录下来存放在日志文件中,这样,数据库管理员就可以利用这些日志文件信息发现非法访问数据库的人、时间、所在地点以及访问的数据对象和进行的操作。

三、数据库完整性管理

在现实世界中存在各种各样的规章制度或法则规范,以保证现实系统正常、有序地运行。这些规章制度和法则规范可转化为对数据的约束。比如,学生成绩若按百分制一定是在0~100的;再如,人事制度中对职工退休年龄的规定等。在数据库应用中对数据库中的数据设置某些约束机制,这些添加在数据上的约束条件称为数据库完整性约束条件,简称数据库完整性。

数据完整性这一术语用来泛指与损坏和丢失相对的数据状态。它通常表明数据在可靠性与准确性上是可信赖的,同时也意味着数据有可能是无效的或不完整的。数据完整性包括数据的正确性、有效性和一致性。

数据库完整性问题常与数据库安全性问题混淆,其实数据库安全性和完整性是数据库安全保护的两个不同的方面。数据库安全性是保护数据库以防止不合法用户故意造成的破坏;数据库完整性则是保护数据库以防止合法用户无意中造成的破坏。

数据库管理系统必须能够保证数据库中的数据是正确的,避免错误数据的输入和输出。数据库管理系统利用数据库完整性控制机制来完成。数据库管理系统的完整性控制机制主要包括以下功能:定义完整性约束条件,检查用户的操作请求是否违反完整性条件,如果发现用户的操作请求存在违反现象,则采取恰当的操作。

四、数据库恢复技术

数据恢复是指当数据库系统运行时出现物理或逻辑上的错误时,如何尽快使它恢复正常。在数据库管理系统运行过程中,可能会出现各种各样的故障,如硬件的故障、软件的错误、用户使用的误操作以及恶意的破坏等。这些故障可能会导致数据库中数据的破坏或丢失,这就要求数据库管理系统要采取一些措施,将数据库从错误状态恢复到某已知的正确状态,这样的功能就是数据库的可恢复性。

这里数据库的故障是指从保护安全的角度出发,数据库系统中会发生的各种故障。这些故障主要包括事务内部的故障、系统范围内的故障、介质故障、计算机病毒故障等。

(1) 事务内部的故障　事务内部的故障是指事务本身出现的问题,这些问题有些是可以通过事务程序发现的,有些是未估计到的。

(2) 系统范围内的故障　系统范围内的故障是指引起系统停止运作的事件,如硬件故障、软件错误等。系统故障不影响数据库,但可能会影响数据库的完整性。

(3) 介质故障　介质故障是指磁盘上的物理数据库遭到破坏。介质故障的破坏性最强,会影响事务正处理的那部分数据。

(4) 计算机病毒故障　计算机病毒故障是一种恶意的计算机程序,它可以像病毒一样繁殖和传播,对计算机系统造成破坏,同时也可能对数据库系统造成破坏。

对于数据库管理系统来说,前两个故障是由系统自动完成的,而介质故障则要有数据库管理员的配合。从这些故障可以看出,要么导致数据库本身被破坏了,要么是将数据库中的数据弄乱了,不正确了,因此要进行数据恢复。恢复的原理就是冗余,即数据库中任何被破坏或不正确的数据,都可以利用存储在系统别处的冗余数据来重建。

根据数据库恢复的原理,恢复的主要问题在于如何建立冗余数据和如何利用这些冗余数据进行数据恢复。常用的方法有数据转储、登记日志文件以及数据库镜像等。

(1) 数据转储　数据转储是指数据库管理员定期将整个数据库复制到磁带或另外的磁盘上保存起来的过程。当数据库遭到破坏后可以将这些备份的数据重新装入,将数据恢复到转储时的状态。恢复到最新的数据库状态时要重新执行更新数据库的事务。

(2) 登记日志文件　日志文件是指用来记录事务对数据库的更新操作的文件。简单地说,就是将事务对数据库的各种操作过程都记录下来,如果数据库出了故障,可以反过去查看日志文件做过什么,利用日志文件进行"重做"或"撤销"操作。日志文件在数据库恢复中的作用很重要,可以用于事务故障的恢复和系统故障的恢复,并协助数据转储后的数据进行介质故障恢复。

(3) 数据库镜像　数据库镜像是指数据库管理系统根据数据库管理员的要求,自动把整个数据库或其中的关键数据复制到另一个磁盘上。每当主数据库更新时,数据库管理系统自动把更新后的数据复制过去,自动保证镜像数据与主数据的一致性。如果出现介质故障,可由镜像磁盘继续提供使用,同时数据库管理系统自动利用镜像磁盘数据进行数据库的恢复。事务不仅是恢复的基本单位,也是并发控制的基本单位,是为了保证事务的隔离性,更一般地,是为了保证事务的一致性,DBMS需要对并发操作进行控制。

五、数据库并发控制技术

如果数据库应用要实现多用户共享数据,就可能在同一时刻多个用户要存取数据,这种事件叫作并发事件。当一个用户取出数据进行修改,在修改存入数据库之前如有其他用户再取此数据,那么读出的数据就是不正确的。这时就需要对这种并发操作实行控制,排除和避免这种错误的发生,保证数据的正确性。

在事务对数据库中数据的操作过程中,许多事务可能会同时对同一数据进行操作,这称为"并发操作"。并发控制就是要正确调度并发操作,使一个事务的执行不受其他事务的干扰,从而避免破坏数据库的一致性或某个事务读了不正确的数据。

下面我们来看一个例子,说明并发操作带来的数据的不一致性问题。

网络环境下订车票是可以多个点进行的,假设有售票点甲、乙两家。

甲、乙售票点同时读出车站数据库中的某班火车的车票余额为50。

甲售票点卖出一张,修改数据库中的数据,车票余额为50－1＝49。

乙售票点也卖出一张,修改数据库中的数据,车票余额为50－1＝49。

最终数据库中该班车的车票余额为49,即只少了一张,但却卖出了两张车票。

并发控制就是要正确调度并发操作,使事务之间的执行互不干扰,从而避免造成数据的不一致性。并发控制的主要技术是封锁（Locking）。封锁是实现并发控制的一种非常重要的技术。所谓封锁是指事务 T 在对某个数据对象如表、记录等操作之前,先向系统发出请求,对该数据对象加锁。加锁后事务 T 就对该数据对象有了一定的控制,在事务 T 释放它的锁之前,其他的事务不能更新此数据对象。基本的封锁类型有两种：排他锁（Exclusive Locks,简记为 X 锁）和共享锁（Share Locks,简记为 S 锁）。其中排他锁指数据对象加了排他锁后只能由该申请的事务绝对控制,别的事务不能读,更不能修改。而共享锁则是每个事务都可以读该数据对象,却都不能修改该数据。

六、数据库的备份和恢复

（一）数据库的备份

数据库的备份是制作数据库结构和数据的拷贝,以便在数据库遭到破坏时能够修复数据库。

备份方法：完全数据库备份、增量备份、事务日志备份

(1) 完全数据库备份　当数据库是一个只读数据库时,采用该方法就足以防止数据的丢失。其优点是操作和规划简单。

(2) 增量备份　当数据库处于经常修改的情况下,为了最大限度地减少备份时间,所采取的方法。它只备份自上次完全备份以来,数据库又发生的一系列新变化。

(3) 事务日志备份　对数据库的事务日志进行备份,以记录数据库的任何变化。

备份不是实时的,备份应该什么时候做,用什么方式做,这主要取决于数据库的不同规模和不同用途。备份主要考虑以下几个因素。

① 备份周期是按月、周、天,还是小时。

② 使用冷备份还是热备份。

③ 使用增量备份还是全部备份,或者两者同时使用。（增量备份只备份自上次备份后的所有更新的数据。全部备份是完整备份数据库中所有数据。）

④ 使用什么介质进行备份：备份到磁盘还是磁带。

⑤ 是人工备份还是设计一个程序定期自动备份。

⑥ 备份介质的存放是否防窃、防磁、防火。

（二）数据库的恢复

数据库的恢复也称重载或重入,是指当磁盘损坏或数据库崩溃时,通过将转储或卸载的备份重新加载到数据库的过程。

在恢复备份时,必须确保数据库备份文件是有效的,以从不同的备份中恢复数据库。

① 从完全数据库备份中恢复。

② 从增量备份中恢复。

③ 从事务日志备份中恢复。

④ 从文件或者文件组备份中恢复。

工作任务 3　利用数据库进行物流信息管理

一、任务目的
根据本项目工作任务 2 完成对调研的物流仓储相关物流存储的结果，让学生进行查询、备份等信息管理。主要让学生了解数据库的建立、SQL 操作、备份等技术及掌握相关技术在企业中的应用情况，为以后对物流信息系统的学习打下基础。

二、任务引入
1. 对本项目工作任务 2 完成对调研的物流仓储相关物流存储的结果进行有效查询和分析。
2. 对上述完成的仓储管理数据库进行有效备份。
3. 对上述完成的仓储管理数据库进行安全性的管理。

三、实施步骤
对本项目工作任务 2 完成对调研的物流仓储相关物流存储的数据库进行如下管理操作。

1. 结合已完成物资表、供应商表和入库单表要求查询指定供应商的供货情况

（1）打开工作任务 2 完成的仓储管理数据库（另存为 Access 2003 兼容版）如图 3-16 所示。

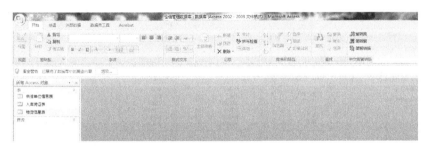

图 3-16　打开仓储管理数据库

（2）根据要求在数据库中快速查找指定供应商 5 月的供货情况等，进行查询，如图 3-17 所示。

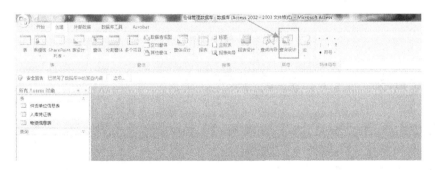

图 3-17　查询供货情况

（3）进行查询数据源（供应商表、入库单表和物资表）的选择，如图 3-18、图 3-19 所示。

（4）进行具体供应商满足条件的设置，并命名为"××供应商×月供货情况表"，如图 3-20 所示。

（5）完成"××供应商×月供货情况表"的查询，如图 3-21 所示。

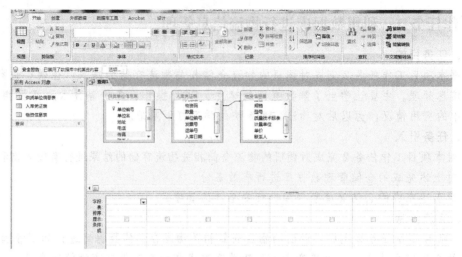

图 3-18 查询数据源（1）

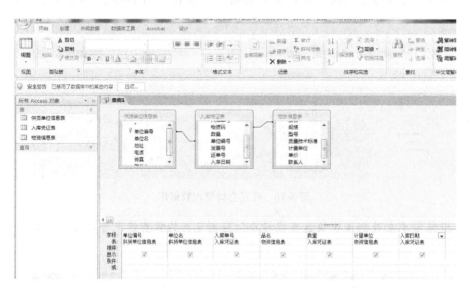

图 3-19 查询数据源（2）

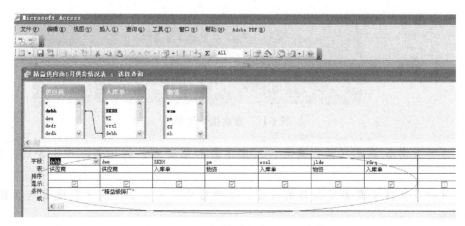

图 3-20 设置具体供应商满足的条件

项目三 物流信息存储技术 | 83

图 3-21　××供应商×月供货情况表信息

2. 对上述完成的仓储管理数据库进行有效备份

点击 Access 的菜单条上"工具"→"数据库实用工具"→"备份数据库"完成备份，如图 3-22 所示。

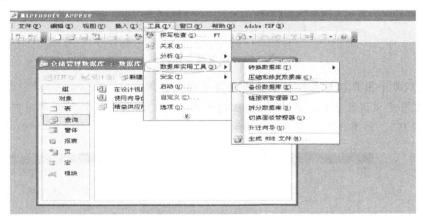

图 3-22　备份数据库

3. 对上述完成的仓储管理数据库进行安全性管理

（1）完成对整个数据的安全性管理，以独占方式打开仓储管理数据库，然后点击 Access 的菜单条上"工具"→"安全"→"设置数据库密码"，如图 3-23～图 3-25 所示。

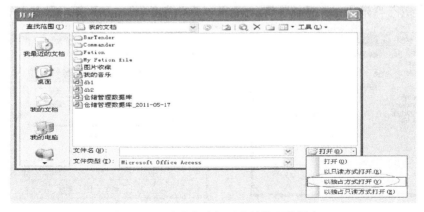

图 3-23　以独占方式打开仓储管理数据库

图 3-24 选择"设置数据库密码"

图 3-25 设置数据库密码

(2) 完成每个用户以自己的权限管理仓储管理数据库。

① 建立用户和认证密码,点击 Access 的菜单条上"数据库工具"→"用户和权限"→"用户与组账户",如图 3-26~图 3-27 所示。

图 3-26 选择"用户与组账户"

② 进行用户的添加,点击"新建",弹出"新建用户/组"对话框,如图 3-28 所示。

   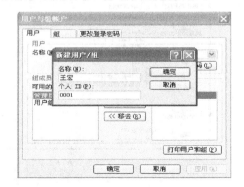

图 3-27 弹出的"用户与组账户"对话框　　图 3-28 "新建用户/组"对话框

③ 进行用户权限的分配，如图 3-29 所示。

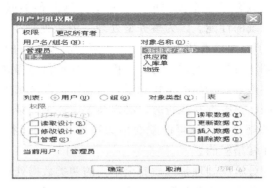

图 3-29 进行用户权限的分配

四、教师对个人调研和制作结果进行检查和点评，检查标准如表 3-5 所示。

表 3-5 利用数据库进行物流信息管理检查标准

考核项目	评分标准	分数	学生自评	教师评价	小计
数据库管理技术	是否透彻理解掌握	10			
活动参与	是否积极	5			
任务方案	是否正确、合理	5			
操作过程	调研物流信息的充分性	20			
	物流信息查询的准确性	20			
	物流信息备份操作的准确性	15			
	物流信息安全管理的准确性	10			
任务完成情况	是否圆满完成	5			
方法使用	是否规范、标准	5			
操作纪律	是否能严格遵守	5			
总分		100			
教师签名：		年 月 日		得分	

单元四　数据仓库和数据挖掘

随着 20 世纪 90 年代后期 Internet 的兴起与飞速发展，我们进入了一个新的时代，大量的信息和数据扑面而来，用科学的方法去整理数据，从而从不同视角对企业经营各方面信息进行精确分析、准确判断，比以往更为迫切，实施商业行为的有效性也比以往更受关注。

一、数据仓库

传统的数据库系统中存在两种不同类型的处理：事务型处理（或称操作型处理）和分析型处理。所谓事务型处理是指对数据库进行日常的联机操作，如定期的数据查询、插入、删除和更新操作。这些操作主要是为了支持企业或组织营运过程中各种日常的业务活动，数据库系统主要用于这种事务型处理。分析型处理则主要是为了支持企业或组织管理人员的决策分析。当同一个数据库系统中同时存在这两种不同类型的处理时，问题就产生了，尤其是当以事务处理为主的联机事务处理（On-Line Transaction Processing，OLTP）应用与以分析处理为主的决策支持应用共存于一个数据库系统中时，这两种类型的处理将发生明显的冲突，并一定会严重影响系统的性能。因为事务型处理一般只处理少量的数据（如一个客户、一份订单、一种货物），但是要求有快速的响应。而用于决策支持的分析型处理经常需要处理大量的数据，但允许响应较慢。例如，为了分析产品的销售趋势并做出相应的决策，可能需要查询公司在过去三年中各种产品的销售总量，为获得该汇总结果可能需要读取几百万条记录并运行相当长的时间，该查询在执行时，必定会锁定许多记录。这样，其他的操作，如输入一份订单这样的事务处理操作，可能就会因为这种长时间运行的查询而不能进行。然而，这种情况的出现是非常糟糕的。

可见，事务型处理与分析型处理是性质完全不同的两类数据处理。为了提高效率，必须将这两种类型的处理进行分离，将分析数据从事务处理环境（如 OLTP）中提取出来，并重新组织、转换，将其移动到单独的数据库中。该数据库就是数据仓库，一个数据仓库通常包含了一个企业或组织希望查询的、用于决策分析的所有数据。这样，由于用于决策支持的分析型处理也可以直接操作数据仓库中的数据，而不会影响到原来数据库中的事务处理的速度，可以提高决策分析的效率。

（一）数据仓库的定义

数据仓库之父比尔·恩门（Bill Inmon）在 1991 年出版的 *Building the Data Warehouse*（《建立数据仓库》）一书中所提出的定义被广泛接受，数据仓库是一个面向主题的（Subject Oriented）、集成的（Integrate）、相对稳定的（Non-Volatile）、随时间变化（Time Variant）的数据集合，用以支持经营管理中的决策制定过程。

数据仓库是一个过程而不是一个项目；数据仓库是一个环境而不是一件产品。数据仓库提供用户用于决策支持的当前和历史数据，这些数据在传统的操作型数据库中很难或不能得到。数据仓库技术是为了有效地把操作型数据集成到统一的环境中以提供决策型数据访问的各种技术和模块的总称。所做的一切都是为了让用户更快、更方便地查询所需要的信息，提供决策支持。

（二）数据仓库的特点

数据仓库是面向主题的、集成的、相对稳定的、随时间变化的数据集合。这是对数据仓库技术特征的定位。

数据仓库中的数据面向主题，与传统数据库面向应用相对应。

数据仓库有以下几个特点。

1. 面向主题的

操作型数据库的数据组织面向事务处理任务，各个业务系统之间各自分离，而数据仓库中的数据是按照一定的主题域进行组织的。主题是一个在较高层次上将数据归类的标准，每一个主题对应一个宏观的分析领域。

2. 集成的

数据仓库的集成特性是指在数据进入数据仓库之前，必须经过数据加工和集成，这是建立数据仓库的关键步骤，首先要统一原始数据中的矛盾之处，还要将原始数据结构做一个从面向应用向面向主题的转变；数据仓库中的数据是在对原有分散的数据库数据抽取、清理的基础上经过系统加工、汇总和整理得到的，必须消除源数据中的不一致性，以保证数据仓库内的信息是关于整个企业的一致的全局信息。

3. 相对稳定的

数据仓库的数据主要供企业决策分析之用，所涉及的数据操作主要是数据查询，一旦某个数据进入数据仓库以后，一般情况下将被长期保留，也就是数据仓库中一般有大量的查询操作，但修改和删除操作很少，通常只需要定期加载、刷新。数据仓库的稳定性是指数据仓库反映的是历史数据的内容，而不是日常事务处理产生的数据，数据经加工和集成进入数据仓库后是极少或根本不修改的。

4. 随时间变化的

随时间变化是指数据仓库的数据是随时间而定期更新的。体现为数据仓库会随时间变化不断增加新的数据内容，并随时间变化定期删除旧的数据，如图 3-30 所示。

数据仓库中的数据通常包含历史信息，系统记录了企业从过去某一时点（如开始应用数据仓库的时点）到目前的各个阶段的信息，通过这些信息，可以对企业的发展历程和未来趋势做出定量分析和预测。

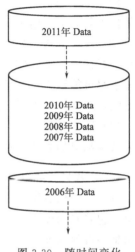

图 3-30　随时间变化

随着数据仓库技术应用的不断深入，近几年数据仓库技术得到长足的发展。典型的数据仓库系统，有经营分析系统、决策支持系统等。随着数据仓库系统带来的良好效果，各行各业的单位已经能很好地接受"整合数据，从数据中找知识，运用数据知识、用数据说话"等新的关系到改良生产活动各环节、提高生产效率、发展生产力的理念。数据仓库技术就是基于数学及统计学严谨逻辑思维的并达成"科学的判断、有效的行为"的一个工具。数据仓库技术也是一种达成"数据整合、知识管理"的有效手段。

二、数据挖掘

当企业在利用数据仓库的数据进行决策分析时，需要回答两种类型的问题：定量的和定性的问题。定量的问题，如每种产品每季度的销售额、销售量最大的前五种产品等，这些问题只需用一些查询或制表工具就可以回答了。但如果用这些工具来回答定性的问题（如为什么某些客户会使用某类产品而其他客户不会？哪些因素对某类产品的销售额最有影响力？）时，决策分析人员将不得不先假设这些问题的答案，然后使用查询工具收集必要的信息，以验证或推翻自己的答案。显然，这样的一个过程取决于决策分析人员的直觉，如果决策分析人员的直觉有误，就得不到正确的答案。而数据挖掘技术能够自动分析数据，进行归纳性推理，从中发掘出数据间潜在的模式、趋势和相关性，是解决这类定性问题的可靠途径。

（一）数据挖掘概述

数据挖掘（Data Mining）：从大型数据集中提炼出有用的商业信息（知识），并把信息用于指导商业行为的过程。数据挖掘又称基于数据库的知识发现，是从大量的、不完全的、模糊的、随机的实际应用数据中，提取隐含在其中的、潜在有用的信息和知识的过程。它不仅仅局限于对数据的查询和访问，主要在于找出数据之间的潜在联系。从企业角度来看，数据挖掘是一种企业信息处理技术，特点是对企业数据库中的数据进行抽取、转换、分析等，从中提取可用于辅助企业决策的关键数据。数据挖掘的目标是从大量数据中发现隐藏于其后的规律或数据间的关系，从而服务于决策。数据挖掘方法有很多种，其中比较典型的有关联分析、分类分析、聚类分析和预测分析等。

（1）关联分析　数据关联是数据库中存在的一类重要的可被发现的知识。若两个或多个变量的取值之间存在某种规律性，就称为关联。关联分析即利用关联规则进行数据挖掘，而关联规则是描述事物之间同时出现的规律的知识模式，关联分析的目的是挖掘出隐藏在数据间的相互关系。

（2）分类分析　分类分析就是分析样本数据库中的数据，为每个类别做出准确的描述建立分析模型或挖掘出分类规则，然后用这个分类规则对其他记录进行分类，能够把数据集中的数据映射到某个给定的类上，其输入集是一组记录集合和几种标记。

（3）聚类分析　聚类分析的输入集是一组未标定的记录，也就是说，此时输入的记录还没有进行任何分类，使属于同一类别的个体之间的差别尽可能地小，而不同类别的个体之间的差别尽可能地大。其目的是根据一定的规则，合理地划分记录集合，使组之间的差别尽可能地大，组内的差别尽可能地小。

（4）预测分析　预测分析是对历史的和当前的数据进行挖掘分析，从而产生的并能推测未来数据趋势的方法。挖掘的目的是对源数据进行分析，产生对未来数据预测的连续值。

（二）数据挖掘技术在物流企业中的应用

现代物流信息系统是一个庞大复杂的系统，特别是全程物流，包括运输、仓储、配送、搬运、包装和物流再加工等诸多环节，每个环节信息流量都十分巨大。以往物流企业主要利用信息的有效沟通、快速传达、物流运作调控和辅助决策的功能，而很少挖掘信息中的有用数据。物流需求的个性化、多样化和集成化，要求物流服务企业必须不断改进和优化企业的运作流程，开发出具有针对性的物流服务，以适应物流市场发展的变化。数据挖掘技术，以其强大关联、分类、预测等功能，可将物流企业运营过程中产生的信息数据进行有效整合处理，为物流企业的决策提供依据。

一般来讲，数据挖掘在物流企业中可以应用在以下几个方面。

1. 市场预测

产品在进入市场后，并不会永远保持最高销量。一般来讲，随着时间的推移，产品会遵守销量变化的模式，经历四个阶段，即导入期、增长期、成熟期和衰退期。在各个阶段，产品的生产要求和实物分拨策略是不同的。例如，在导入期，产品逐步得到市场的认可，销售量可能会快速增长，这时需要提前确定生产计划、生产作业安排以及适合的库存和运输策略，指导企业的生产，合理地控制库存和安排运输。数据挖掘可以作为市场预测的手段，通过聚类和预测工具，达到上述目的。

2. 物流中心的选择

物流中心（流通中心、配送中心）选址问题即求解运输成本、变动处理成本和固定成本等之和为最小的最小化问题。物流中心选址，需要考虑到中心点数量和中心点如何分布等情况。针对这一问题，可以用数据挖掘中的分类树方法来加以解决。分类树（Classification, Tree）的目标是连续地划分数据，使依赖变量的差别最大。分类树的真正的目的是将数据分类（Classify）到不同组或分支中，在依赖变量的值上建立最强划分。用分类树的方法解决这个问题时，通常需要以下四个方面的数据：①中心点的位置；②每个中心点的业务需求量；③备选点的位置；④中心点和备选点之间的距离。通过分类树的方法，不仅确定了中心点的位置，同时也确定了每年各个地址间物品的运输量，使整个企业必要的销售量得到保证。企业的长期折现的总成本也会达到最小值。

3. 配送路径优化

配送路径是个典型的非线性问题，它一直影响着物流企业配送效率的提高。在许多配送体系中，管理人员需要采取有效的配送策略以提高服务水平、降低货运费用。其中要考虑车辆的路径问题，车辆路径问题是为一些车辆确定一些客户的路径，每一客户只能被访问一次，且每条路径上的客户需求量之和不能超过车辆的承载能力。此外还应考虑到车辆的利用能力，如果车辆在运输过程中的空载率过高或整车的承载力未完全利用，这些无疑会增加企业的运输成本；另外，涉及车辆的运输能力，就必须考虑到货品的规格大小和利润价值的大小。

数据挖掘中的遗传算法为配送路径的优化提供了新的工具，它可以把在局部优化时的最优路线继承下来，应用于整体，而其他剩余的部分则结合区域周围的剩余部分（非遗传的部分）进行优化。如此下去，逐渐把其他区域并入优化的范畴，最后扩展到整体，模型得出的信息即可用来决策输出，即根据每次配送顾客数量的不同、顾客位置的不同，以及相应订货量的不同，输出本次送货线路车辆调度的动态优化方案。

4. 商品仓储合理安排

商品的合理储位对于仓容利用率、储存搬运分拣效率的提高具有重要的意义。对于商品量大、出货频率快的物流中心来讲，商品储位就意味着工作效率和效益，要真正解决好这个问题，数据挖掘是必不可少的。

如何合理安排货品的存储、压缩货品的存储成本正成为现代物流管理者不断思考的问题，对于货品的存放问题，哪些货品放在一起可以提高拣货效率？哪些货品放在一起却达不到这样的效果呢？可以利用以往的商品流动数据，采取数据挖掘中的关联模式来分析解决这个问题。

5. 顾客价值分析

根据市场营销的原则，对待不同类型的顾客所提供的服务水平也应该有所不同。通过分析客户对物流服务的应用频率、持续性等指标来判别客户的忠诚度，通过对交易数据的详细分析来鉴别哪些是物流企业希望保持的客户，通过挖掘找到流失客户的共同特征，就可以在那些具有相似特征的客户还未流失之前进行有针对性的弥补。

6. 物流需求预测

物流企业规划和控制物流活动需要准确估计供应链中所处理的产品和服务的数量，这些估计主要采用预测和推算的方式。数据挖掘可以对物流活动中的产品和服务类型随时间变化的规律和趋势进行建模描述。时间趋势分析可以对现有商品在时间上的变化找出趋势，然后确定需要注意和开发商品的类型。空间趋势分析可以根据地理位置的变化找到趋势，然后确定以往重点发展的区域，这对于物流企业的长远发展也是至关重要的。

数据挖掘技术已经在商业、金融业、保险业和电信业等多个领域开始得到应用，取得了令人满意的效果。我国物流企业在数据挖掘应用方面还处于起步阶段，经验不足，应用实践在国内物流企业中还并不多见。但随着数据挖掘应用研究的深入开展，以及物流企业追求运营绩效愿望的增强，将会有越来越多的物流企业引入数据挖掘，为各物流企业在激烈的竞争中掌握主动权，在未来的发展中提供更广阔的空间，发挥重要的作用，数据挖掘在物流企业管理中将会有更加广阔的前景。

【综合案例分析】 亚马逊如何借助大数据给物流"降本增效"

电商巨头亚马逊宣布了一项重要举措：要求所有三方卖家从 2017 年 8 月 31 日开始，将其包裹的投递速度提高40%。

那么，亚马逊究竟是如何在保证销量的同时，提高整个平台物流效率的呢？

其实，亚马逊不仅仅是电商平台，还是一家科技公司，其在业内率先使用了大数据，利用人工智能和云技术进行仓储物流的管理，创新推出了预测性调拨、跨区域配送、跨国境配送等服务，并由此建立了全球跨境云仓。

可以说，大数据应用技术是亚马逊提升物流效率、应对供应链挑战的关键。

引领电商物流的技术优势

亚马逊物流运营体系的强大之处在于它已把仓储中心打造成了全世界最灵活的商品运输网络，通过强大的智能系统和云技术，将全球所有仓库联系在一起，以此做到快速响应，并能确保精细化的运营。

智能入库

智能预约系统通过供应商预约送货，能提前获知供应商送货的物品，并相应调配好到货时间、人员支持及存储空间。收货区将按照预约窗口进行有序作业，货物也将根据先进先出的原则，按类别存放到不同区域。

入库收货是亚马逊大数据采集的第一步，为之后的存储管理、库存调拨、拣货、包装、发货等每一步操作提供了数据支持。这些数据可在全国范围内共享，系统将基于这些数据在商品上架、存储区域规划、包装推荐等方面提供指引，提高整个流程的运营效率和质量。

智能存储

亚马逊开拓性地采用了"随机存储"的方式，打破了品类之间的界限，按照一定的规则和商品尺寸，将不同品类的商品随机存放到同一个货位上，不仅提高了货物上架的效率，还最大限度地利用了存储空间。

此外，在亚马逊运营中心，货架的设计会根据商品品类有所不同，所有存储货位的设计都是基于后台数据系统的收集和分析得来的。比如，系统会基于大数据的信息，将爆款商品存储在距离发货区比较近的地方，从而缩短员工的负重行走路程。

智能拣货与订单处理

在亚马逊的运营中心，员工拣货路径通过后台大数据的分析进行优化，系统会为其推荐下一个要拣的货在哪儿，确保员工永远不走回头路，而且其所走的路是最少的。

此外，大数据驱动的仓储订单运营非常高效，在中国亚马逊运营中心最快可以在30分钟之内完成整个订单处理，订单处理、快速拣选、快速包装、分拣等一切都由大数据驱动。由于亚马逊后台的系统运算和分析能力非常强大，因此能够实现快速分解和处理订单。

预测式调拨

亚马逊智能物流系统的先进性还体现在其可以根据消费者的购买行为，后台系统会记录客户的浏览历史，提前对库存进行优化配置，将顾客感兴趣的商品提前调拨到离消费者最近的运营中心，即"客未下单，货已在途"，这便是亚马逊智能分仓的魅力。

精准库存

同时，亚马逊高效物流系统还会通过自动持续校准来提升速度和精确度，通过实现连续动态盘点，让企业客户实时了解库存状态。据了解，亚马逊系统全年365天、每天24小时连续盘点能力可以降低库存丢失风险，确保库存精准、安全。

全程可视

做过物流的想必都知道，实现精细化物流管理的精髓是运营管理过程中的可视性。全程可视的难点在于确保产品在任何时间、任何状态下，包括在途中都是可视的。亚马逊物流的精细化管理正是要确保这一点。

高峰策略

探讨电商物流能力的强弱，就不得不说其应对高峰的策略。电商物流的开创者亚马逊是多年美国"黑色星期五"购物节中的主力，不仅在全球物流体系布局上早有建树，而且在物流供应链的准备方面也早已领先一步。

"超强大脑"的神机妙算

亚马逊智能系统就像一个超强大脑，可以洞察到每小时、每一个品类甚至每一件商品的单量变化，让单量预测的数据细分到全国各个运营中心、每一条运输线路和每一个配送站点，提前进行合理的人力、车辆和产能的安排。

同时，系统预测还可以随时更新，并对备货方案进行实时调整。在国内多数电商刚刚开始利用大数据备货的阶段，亚马逊早已实现了供应链采购和库存分配高度自动化、智能化。这在一定程度上讲，供应链前端的备货是保证高峰期后端物流高效、平稳的基础。

从仓储到末端配送，每一步都精打细算

在物流的计划和准备方面，亚马逊供应链系统基于历史销售数据进行运算和分析，从管理、系统等方面严谨地分析仓储物流的每一个环节，让单量预测的数据细分到全国各个运营中心、每一条运输线路和每一个配送站点，提前进行合理的人力、车辆和产能的安排。

在亚马逊运营中心内部，系统还会基于大数据的信息，结合近期促销、客户浏览和下单情况对库内存储区域进行及时优化，将热卖商品存储在距离发货区附近的地方，加速从收货到发货的效率，客户下单时可以直接进行包装出库，缩短了库内操作时间，这些对提高高峰期的运营效率都至关重要。

针对"最后一公里"末端配送的难点，亚马逊基于对高峰期单量的分布情况进行分析，并据此优化了配送路径，更科学合理地安排每个配送员的派单工作。通过智能系统的辅助，提升了快递员的配送效率，使送达时间较之前有所缩短。

精准才是核心生产力

亚马逊智能系统具备全年 365 天、每天 24 小时连续自动盘点的能力。这意味着，从上架、拣货、分拣、包装到出库，系统在运营操作的每一步都可以及时发现错误，并能及时纠错，这是国内大多数仓储运营尚无法具备的核心能力。

可以说，亚马逊标准化的运营体系会基于大数据运算提供拣货、包装、分拣指引，即使是刚刚上岗的操作人员，只需简单培训即可根据系统指引操作，让员工不用花太多精力就能迅速学习和上手，系统的纠错和学习能力减少了人工犯错的可能，从而大幅度提高了生产力。

争做跨境物流先行者

谁在跨境物流方面具备优势，谁将会获得未来的最大商机。而在搭建跨境物流网络方面，亚马逊早已抢先一步。

2014 年，随着亚马逊海外购商店的推出，亚马逊成功打通了中美跨境物流网络，实现了系统和网络的对接。随着业务的扩张和出货量的增加，亚马逊每年都在不断提升仓储能力。近年来，亚马逊一直在致力于提升发货配送速度的同时，降低运输成本。

为了将物流速度提到最快，减少中转环节，保障商品安全，亚马逊跨境物流主要发挥了六大核心优势：四通八达的境外运营网络、1 小时订单处理发货、优先发运不等待、24 小时入境清关、国内网络无缝对接、跨境全程可追踪。

四通八达的境外运营网络，减少长途运输

目前，亚马逊在美国有超过 70 个运营中心，并已构建了非常密集的运营中心网络，联结各大机场或港口，避免了远距离的长途运输，缩短了运输时间。

此外，对于 Prime 包裹，在跨境运输前，亚马逊智能分拣系统对其进行更进一步的分拣，从而可以根据 Prime 包裹的目的地提供最佳的跨境运输线路，将其直接发往国内距离目的地最近的口岸，节省转运时间。

"海外购"订单发货仅需一小时

亚马逊运营中心采用先进的智能机器人技术和大数据仓储管理，可以提高订单的处理效率，商品的存储和处理能力较之前显著提高 50% 以上。

此外，该系统还能自动根据 Prime 会员下单时的预计送达时间优先安排 Prime 订单的拣货、包装、分拣和出库，确保加速处理，更快速地发货。

而在货品完成包装后，由 Slam 一体化操作设备在包裹经过的一瞬间就能完成一系列称重、贴标签、扫描等工作，平时用人力费时费力的分拣在这里只要几秒钟就能完成。

更重要的是，它还能自动纠错，通过高精度的称重能力快速识别并将错误的包裹剔除出来。

优先发运不等待

大量来自亚马逊美国各地仓库，发往中国的商品被专门放在机场的空港仓库集中进行装箱，这样做的好处是：一方面通过集约化配置资源，集中发货，减少等待时间；另一方面可以降低空仓率，最大程度地节省物流成本。

此外，由于货量大，亚马逊在欧美日等主要线路可以实现常态化包机和固定航班，提供稳定的 7×24 小时不间断的运力保障。无论是高峰期还是平时，都可以实现任何时段的优先发运，减少等待时间。同时，为了让 Prime 会员尽早拿到包裹，亚马逊也会安排 Prime 包裹的优先装载发货，减少等待时间。

国内物流网络无缝对接，快速出货和配送

包裹完成清关后，直接进入亚马逊中国的物流体系，在运营中心只需要 30 分钟加贴中文面单后就能直接出货。

截至目前，亚马逊已在中国建立了 13 个运营中心，其中"海外购"直邮的订单主要通过亚马逊天津、上海、广州的运营中心入境，之后通过亚马逊全国 300 多条干线网络快速运往全国各地，为近 3000 个城市区县的消费者提供优质的配送服务，其中在 1400 多个区县提供当日达、次日达配送服务。

对于亚马逊 Prime 会员的跨境包裹，亚马逊北京、天津、上海和广州四地的运营中心为其设立了单独交接区域和快速处理通道，将其优先发往各地的亚马逊配送站点，送达消费者手中。

跨境物流全程可追踪

对消费者而言，跨境物流链条长，流程透明和商品安全是他们最关心的。亚马逊国际物流与国内物流体系可以直接对接，减少中间转手环节，也意味着更低的商品的破损和遗失风险。

而亚马逊智能系统记录着每一辆载满包裹的卡车应该在几点几分到达，几点几分取货离开，如果卡车在某个区域不该停顿的位置停了十分钟，系统会立刻发出警报提示，并了解发生了什么问题。

项目四　物流信息传输技术

【技能目标】
1. 能够进行简单局域网的构建；
2. 能够熟练地使用电子邮件、文件传输、网络新闻与 BBS 等信息服务；
3. 具有熟练应用 Intranet 交换信息的能力。

【知识目标】
1. 了解局域网的传输媒体以及这些媒体的特性；
2. 认识网卡、集线器、交换机、路由器等网络设备的功能及作用；
3. 理解 Internet 的基本工作原理；
4. 掌握 Internet 的信息服务；
5. 掌握 Intranet 的基本功能。

【工作任务】
1. 计算机局域网的简单架构；
2. 利用 IE 进行网上信息检索；
3. 局域网物流信息的共享和传输。

【引导案例】　网络走进生活

随着 Internet 的普及，越来越多的人参与到这种交互式的网络运用中。而随着宽带技术在家庭和办公环境中如雨后春笋般地普及，一个家庭或企业单位中拥有多台计算机的情况也逐渐司空见惯。但当自己所在的公司为了开展一次会议或为新员工培训而大费周折，同事之间为了交流信息而东奔西跑，为了打印或传真一份文件要"千里奔波"时，有没有更好的方式来解决这些恼人的问题呢？有，那就是 Internet 和局域网的完美结合。

有了 Internet 和局域网，一切都变得不同，只要用鼠标轻轻一点，就可以很方便地使用其他计算机上的数据、软件，甚至能在需要放松的时候和同事来一场联网游戏，或者完全不用挪动，就能像使用自己的计算机一样方便地使用别人的计算机。

Internet 和局域网所带来的诱惑使许多人都想了解它，掌握它进而应用它。也正因为这种需要，我们有必要了解一些这方面的知识，使我们自己能够更好地运用 Internet 和局域网来丰富家庭生活，便捷办公，提高效率。

单元一　计算机局域网络基础知识

局域网（Local Area Network，LAN）是指在某一区域内由多台计算机互联成的计算机组。一般是方圆几千米以内。局域网可以实现文件管理、应用软件共享、打印机共享、工作组内的日程安排、电子邮件和传真通信服务等功能。局域网是封闭型的,可以由办公室内的两台计算机组成,也可以由一个公司内的上千台计算机组成。

一、构成局域网的基本构件

要构成局域网,必须有其基本部件。局域网既然是一种计算机网络,自然少不了计算机,特别是个人计算机(PC)。几乎没有一种网络只由大型机或小型机构成。因此,对于局域网而言,个人计算机是一种必不可少的构件。计算机互联在一起,当然也不可能没有传输媒介,这种媒介可以是同轴电缆、双绞线、光缆或无线媒介。第三个构件是任何一台独立计算机通常都不配备的网卡,也称为网络适配器,但在构成局域网时,则是必不可少的部件。第四个构件是将计算机与传输媒体相连的各种连接设备,如RJ-45水晶头等。具备了上述四种网络构件,便可将局域网工作的各种设备用部件互联在一起搭成一个基本的局域网硬件平台。

由上面介绍的情况可知,组成局域网需要以下五种基本结构。
① 计算机。
② 传输媒介。
③ 网络适配器。
④ 网络连接设备。
⑤ 网络操作系统。

计算机是我们再熟悉不过的了,在此就不做介绍了,其他部分我们将详细阐述。

二、局域网的传输媒介

局域网常用的媒介有同轴电缆、双绞线和光缆,以及在无线局域网情况下使用的无线媒介。

(一)同轴电缆

同轴电缆可分为两类:粗缆和细缆,这种电缆在实际应用中很广,比如有线电视网,就是使用同轴电缆。不论是粗缆还是细缆,其中央都是一根铜线,外面包有绝缘层。同轴电缆由内部导体环绕绝缘层以及绝缘层外的金属屏蔽网和最外层的护套组成,如图4-1所示。这种结构的金属屏蔽网可防止中心导体向外辐射电磁场,也可用来防止外界电磁场干扰中心导体的信号。

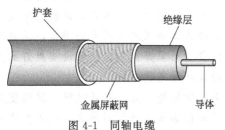

图4-1 同轴电缆

(二)双绞线

双绞线是布线工程中最常用的一种传输介质。双绞线是由相互按一定扭矩绞合在一起的类似于电话线的传输媒介,每根线加绝缘层并由色标来标记,如图4-2所示,左图为示意图,右图为实物图。成对线的扭绞旨在使电磁辐射和外部电磁干扰减到最小。目前,双绞线可分为非屏蔽双绞线(Unshielded Twisted Pair,UTP)和屏蔽双绞线(Shielded Twisted Pair,STP)。我们平时一般接触比较多的就是非屏蔽双绞线。

目前EIA/TIA(电气工业协会/电信工业协会)为双绞线定义了五种不同质量的型号。这五种型号如下。

① 第一类:主要用于传输语音(一类标准主要用于20世纪80年代初之前的电话线缆),该类用于电话线,不用于数据传输。

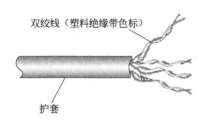

图 4-2 双绞线

② 第二类：该类包括用于低速网络的电缆，这些电缆能够支持最高 4Mbps 的实施方案，这两类双绞线在 LAN 中很少使用。

③ 第三类：这种在以前的以太网中（10M）比较流行，最高支持 16Mbps 的容量，但大多数通常用于 10Mbps 的以太网，主要用于 10base-T。

④ 第四类：该类双绞线在性能上比第三类有一定改进，用于语音传输和最高传输速率 16Mbps 的数据传输。第四类电缆用于比第三类距离更长且速度更高的网络环境。它可以支持最高 20Mbps 的容量，主要用于基于令牌的局域网和 10base-T/100base-T。这类双绞线可以是 UTP，也可以是 STP。

⑤ 第五类：该类电缆增加了绕线密度，外套一种高质量的绝缘材料，传输频率为 100MHz，用于语音传输和最高传输速率为 100Mbps 的数据传输，这种电缆用于高性能的数据通信。它可以支持高达 100Mbps 的容量。主要用于 100base-T 和 10base-T 网络，这是最常用的以太网电缆。最近又出现了超 5 类电缆，它是一个非屏蔽双绞线（UTP）布线系统，通过对它的"链接"和"信道"性能的测试表明，它超过 5 类线标准 TIA/EIA568 的要求。与普通的 5 类 UTP 比较，性能得到了很大提高。

如今市场上 5 类布线和超 5 类布线应用非常广泛，国际标准规定的 5 类双绞线的频率带宽是 100MHz，在这样的带宽上可以实现 100M 的快速以太网和 155M 的 ATM 传输。计算机网络综合布线使用第三、第四、第五类。

（三）光缆

光缆不仅是目前可用的媒介，而且是若干年后将会继续使用的媒介，其主要原因是这种媒介具有很大的带宽。光缆是由许多细如发丝的塑胶或玻璃纤维外加绝缘护套组成的，光束在玻璃纤维内传输，防磁防电、传输稳定、质量高，适用于高速网络和骨干网。光纤与电导体构成的传输媒介最基本的差别是，它的传输信息是光束，而非电气信号。因此，光纤传输的信号不受电磁的干扰。光缆示意图如图 4-3 所示。

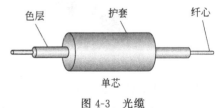

图 4-3 光缆

利用光缆连接网络，每端必须连接光/电转换器，另外，还需要一些其他辅助设备。

（四）无线媒介

上述三种传输媒介有一个共同的缺点，那便是都需要一根线缆连接计算机，这在很多场合是不方便的。无线媒介不使用电子或光学导体。大多数情况下地球的大气便是数据的物理性通路。从理论上讲，无线媒介最好应用于难以布线的场合或远程通信。无线媒介有三种主要类型：无线电、微波及红外线。下面我们主要介绍无线电传输介质。

无线电的频率范围在10～16KHz。在电磁频谱里，属于"对频"。使用无线电的时候，需要考虑的一个重要问题是电磁波频率的范围（频谱）是相当有限的。其中大部分都已被电视、广播以及重要的政府和军队系统占用。因此，只有很少一部分留给网络计算机使用，而且这些频率也大部分由国内"无线电管理委员会（无委会）"统一管制。要使用一个受管制的频率必须向无委会申请许可证，这在一定程度上会相当不便。如果设备使用的是未经管制的频率，则功率必须在1W以下，这种管制目的是限制设备的作用范围，从而限制对其他信号的干扰。用网络术语来说，这相当于限制了未管制无线电的通信带宽。表4-1所示的这些频率是未受管制的。

表4-1 未受管制的频率

频率范围		
902～925MHz	2.4GHz(全球通用)	5.72～5.85GHz

无线电波可以穿透墙壁，也可以到达普通网络线缆无法到达的地方。针对无线电链路连接的网络，现在已有相当坚实的工业基础，在业界也得到了迅速发展。

三、网络适配器

网络适配器又称网卡或网络接口卡（NIC），它是使计算机联网的设备。平常所说的网卡就是将计算机和局域网连接的网络适配器。网卡插在计算机主板插槽中，负责将用户要传递的数据转换为网络上其他设备能够识别的格式，通过网络介质传输。它的主要技术参数为带宽、总线方式、电气接口方式等。它的基本功能为：从并行到串行的数据转换，包的装配和拆装，网络存取控制，数据缓存和网络信号。目前主要是8位和16位网卡。网卡实物如图4-4所示。

图4-4 网卡实物

（一）网卡必须具备的两大技术

网卡驱动程序和I/O技术是网卡必须具备的两大技术。驱动程序使网卡和网络操作系统兼容，实现PC机与网络的通信。I/O技术可以通过数据总线实现PC和网卡之间的通信。网卡是计算机网络中最基本的元素。在计算机局域网中，如果有一台计算机没有网卡，那么这台计算机将不能和其他计算机通信，也就是说，这台计算机和网络是孤立的。

（二）网卡的分类

根据网络技术的不同，网卡的分类也有所不同，如大家所熟知的ATM网卡、令牌环网卡和以太网网卡等。据统计，目前约有80%的局域网采用以太网技术。根据工作对象不同服务器的工作特点而专门设计,价格较高,但性能很好。

按网卡的兼容分类,目前,网卡一般分为普通工作站网卡和服务器专用网卡。服务器专用网卡是为了适应网络,服务种类较多,性能也有差异,可按以下的标准进行分类。按网卡所支持带宽的不同可分为 10M 网卡、100M 网卡、10/100M 自适应网卡、1000M 网卡几种;根据网卡总线类型的不同,主要分为 ISA 总线网卡、EISA 网卡和 PCI 网卡三大类,其中 ISA 总线网卡和 PCI 网卡较常使用。ISA 总线网卡的带宽一般为 10M,PCI 总线网卡的带宽从 10M 到 1000M 都有。同样是 10M 网卡,因为 ISA 总线为 16 位,而 PCI 总线为 32 位,所以 PCI 网卡要比 ISA 总线网卡速度快。

(三) 网卡的接口类型

根据传输介质的不同,常见的接口主要有以太网的 RJ-45 接口(双绞线接口)、细同轴电缆的 BNC 接口和粗同轴电缆的 AUI 接口、FDDI 接口、ATM 接口等。而且有的网卡为了适用于更广泛的应用环境,提供了两种或多种类型的接口,如有的网卡会同时提供 RJ-45 接口、BNC 接口或 AUI 接口。所以在选用网卡时,应注意网卡所支持的接口类型,否则可能不适用于你的网络。市面上常见的 10M 网卡主要有单口网卡(RJ-45 接口或 BNC 接口)和双口网卡(RJ-45 接口和 BNC 接口两种接口),带有 AUI 粗缆接口的网卡较少。而 100M 和 1000M 网卡一般为单口网卡(RJ-45 接口)。除网卡的接口外,我们在选用网卡时还常常要注意网卡是否支持无盘启动,必要时还要考虑网卡是否支持光纤连接。

(四) 网卡的应用领域

目前,以太网网卡有 10M、100M、10M/100M 及千兆网卡。对于大数据量网络来说,服务器应该采用千兆以太网网卡,这种网卡多用于服务器与交换机之间的连接,以提高整体系统的响应速率。而 10M、100M 和 10M/100M 网卡则属人们经常购买且常用的网络设备,这三种产品的价格相差不大。所谓 10M/100M 自适应是指网卡可以与远端网络设备(集线器或交换机)自动协商,确定当前的可用速率是 10M 还是 100M。对于通常的文件共享等应用来说,10M 网卡就已经足够了,但对于将来的语音和视频等应用来说,100M 网卡将更利于实时应用的传输。鉴于 10M 技术已经拥有的基础(如以前的集线器和交换机等),通常的变通方法是购买 10M/100M 网卡,这样既有利于保护已有的投资,又有利于网络的进一步扩展。就整体价格和技术发展而言,千兆以太网到桌面机尚需时日,但 10M 的时代已经逐渐远去。因而对中小企业来说,10M/100M 网卡应该是采购时的首选。

四、局域网连接设备

(一) 集线器

集线器(Hub)是对网络进行集中管理的最小单元,像树的主干一样,它是各分支的汇集点。Hub 是一个共享设备,其实质是一个中继器,而中继器的主要功能是对接收到的信号进行再放大,以扩大网络的传输距离。正是因为 Hub 只是一个信号放大和中转的设备,所以它不具备自动寻址能力,即不具备交换作用。

1. 集线器在网络中所处的位置

Hub 主要用于共享网络的组建,是解决从服务器直接到桌面的最佳、最经济的方案。在交换式网络中,集线器直接与交换机相连,将交换机端口的数据送到桌面。使用 Hub 组网灵活,它处于网络的一个星型结点,对结点相连的工作站进行集中管理,不让出问题的工作站影响整个网络的正常运行,并且用户的加入和退出也很自由。

2. 集线器的分类

依据总线带宽的不同，Hub 分为 10M、100M 和 10/100M 自适应三种；若按配置形式的不同可分为独立型 Hub、模块化 Hub 和堆叠式 Hub 三种；根据管理方式可分为智能型 Hub 和非智能型 Hub 两种。目前所使用的 Hub 基本是以上三种分类的组合，如我们经常所讲的 10/100M 自适应智能型可堆叠式 Hub 等。Hub 根据端口数目的不同主要有 8 口、16 口和 24 口等。

3. 集线器在组网中的应用

由于 10M 非智能型 Hub 的价格已经接近于网卡的价格，并且 10M 的网络对传输介质及布线的要求也不高，所以许多喜欢"DIY"的网友完全可以自己动手，组建自己的家庭局域网或办公局域网。在之前组建的网络中，10M 网络几乎成为网络的标准配置，有相当数量的 10M Hub 作为分散式布线中为用户提供长距离信息传输的中继器，或作为小型办公室的网络核心。但这种应用在今天已不再是主流，尤其是随着 100M 网络的日益普及，10M 网络及其设备将会越来越少。

在选用 Hub 时，还要注意信号输入口的接口类型，与双绞线连接时需要具有 RJ-45 接口；如果与细缆相连，需要具有 BNC 接口；与粗缆相连需要有 AUI 接口；当局域网长距离连接时，还需要具有与光纤连接的光纤接口。早期的 10M Hub 一般具有 RJ-45 接口、BNC 接口和 AUI 接口三种接口。100M Hub 和 10/100M Hub 一般只有 RJ-45 接口，有些还具有光纤接口。

4. 常用的集线器品牌

市面上的 Hub 基本由美国品牌和我国台湾地区品牌占据，大陆几家公司也相继推出了 Hub 产品。其中高档 Hub 主要还是由美国品牌占领，如 3COM、Intel、Bay 等，它们在设计上比较独特，一般几个甚至是每个端口配置一个处理器，当然，价格也较高。我国台湾地区的 D-Link 和 Accton 占有了中低端 Hub 的主要份额，大陆的联想、实达、TPLink 等公司分别以雄厚的实力向市场上推出了自己的产品。具体 Hub 实物如图 4-5 所示。

图 4-5 Hub 实物

（二）交换机

1993 年，局域网交换设备出现，1994 年，国内掀起了交换网络技术的热潮。其实，交换技术是一个具有简化、低价、高性能和高端口密集特点的交换产品，体现了桥接技术的复杂交换技术在 OSI 参考模型的第二层操作。与桥接器一样，交换机按每一个包中的 MAC 地址相对简单地决策信息转发。而这种转发决策一般不考虑包中隐藏的更深的其他信息。与桥接器不同的是交换机转发延迟很小，操作接近单个局域网性能，远远超过了普通桥接互联网络之间的转发性能。交换机实物如图 4-6 所示。

图 4-6 交换机实物

交换技术允许共享型和专用型的局域网段进

行带宽调整，以减少局域网之间信息流通出现的瓶颈问题。现在已有以太网、快速以太网、FDDI 和 ATM 技术的交换产品。

1. 三种交换技术

三种交换技术如下。

(1) 端口交换　端口交换技术最早出现在插槽式的 Hub 中，这类 Hub 的背板通常划分为多条以太网段（每条网段为一个广播域），不用网桥或路由连接，网络之间是互不相通的。以太主模块插入后通常被分配到某个背板的网段上，端口交换用于将以太模块的端口在背板的多个网段之间进行分配、平衡。

(2) 帧交换　帧交换是目前应用最广的局域网交换技术，它通过对传统传输媒介进行微分段，提供并行传送的机制，以减少冲突域，获得高的带宽。一般来讲，每个公司的产品的实现技术均会有差异，但对网络帧的处理方式一般有以下几种。

① 直通交换。提高线速处理能力，交换机只读出网络帧的前 14 个字节，便将网络帧传送到相应的端口上。

② 存储转发。通过对网络帧的读取进行验错和控制。

(3) 信元交换　信元交换技术代表了网络和通信技术发展的未来方向，也是解决目前网络通信中众多难题的一剂"良药"，信元交换采用固定长度 53 个字节的信元交换。由于长度固定，因而便于用硬件实现。信元交换采用专用的非差别连接，并行运行，可以通过一个交换机同时建立多个节点，但并不会影响每个节点之间的通信能力。信元交换还容许在源节点和目标节点间建立多个虚拟链接，以保障足够的带宽和容错能力。信元交换采用了统计时分电路进行复用，因而能大大提高通道的利用率。信元交换的带宽可以达到 25M、155M、622M 甚至数 GB 的传输能力。

2. 局域网交换机的种类和选择

(1) 按交换机使用的网络技术来划分　按交换机使用的网络技术来划分可以分为：以太网交换机、令牌环交换机、FDDI 交换机、ATM 交换机和快速以太网交换机等。

(2) 按交换机应用领域来划分　按交换机应用领域来划分可以分为：台式交换机、工作组交换机、主干交换机、企业交换机、分段交换机、端口交换机和网络交换机等。

局域网交换机是组成网络系统的核心设备。对用户而言，局域网交换机最主要的指标是端口的配置、数据交换能力、包交换速度等因素。因此，在选择交换机时要注意以下事项。

① 交换端口的数量。

② 交换端口的类型。

③ 系统的扩充能力。

④ 主干线连接手段。

⑤ 交换机总交换能力。

⑥ 是否需要路由选择能力。

⑦ 是否需要热切换能力。

⑧ 是否需要容错能力。

⑨ 能否与现有设备兼容，顺利衔接。

⑩ 网络管理能力。

(三) 路由器

在互联网日益发展的今天，路由器在互联网中扮演着十分重要的角色，它肩负着把网络相互连接起来的重要任务，是互联网的枢纽、"交通警察"。路由器是用来实现路由选择功能的一种媒介系统设备。所谓路由就是指通过相互连接的网络把信息从源地点移动到目标地点的活动。一般来说，在路由过程中，信息至少会经过一个或多个中间节点。

路由器是互联网的主要节点设备。路由器通过路由决定数据的转发。转发策略称为路由选择，这也是路由器名称的由来。作为不同网络之间互相连接的枢纽，路由器系统构成了基于TCP/IP的国际互联网络Internet的主体脉络，也可以说，路由器构成了Internet的骨架。它的处理速度是网络通信的主要瓶颈之一，它的可靠性则直接影响着网络互联的质量。因此，在园区网、地区网乃至整个Internet研究领域中，路由器技术始终处于核心地位，其发展历程和方向成为整个Internet研究的一个缩影。

1. 路由器的作用

路由器的一个作用是连通不同的网络，另一个作用是选择信息传送的线路。选择通畅快捷的近路，能大大提高通信速度，减轻网络系统通信负荷，节约网络系统资源，提高网络系统畅通率，从而让网络系统发挥出更大的作用。

从过滤网络流量的角度来看，路由器的作用与交换机和网桥非常相似。但是与工作在网络物理层，从物理上划分网段的交换机不同，路由器使用专门的软件协议从逻辑上对整个网络进行划分。例如，一台支持IP协议的路由器可以把网络划分成多个子网段，只有指向特殊IP地址的网络流量才可以通过路由器。对于每一个接收到的数据包，路由器都会重新计算其校验值，并写入新的物理地址。因此，使用路由器转发和过滤数据的速度往往要比只查看数据包物理地址的交换机慢。但是，对于那些结构复杂的网络，使用路由器可以提高网络的整体效率。路由器的另外一个明显优势就是可以自动过滤网络广播。从总体上说，在网络中添加路由器的整个安装过程要比即插即用的交换机复杂很多。

一般来说，异种网络互联与多个子网互联都应采用路由器来完成。路由器的主要工作就是为经过路由器的每个数据帧寻找一条最佳传输路径，并将该数据有效地传送到目的站点。由此可见，选择最佳路径的策略即路由算法是路由器的关键所在。为了完成这项工作，在路由器中保存着各种传输路径的相关数据——路径表，供路由选择时使用。路径表中保存着子网的标志信息、网上路由器的个数和下一个路由器的名字等内容。路径表可以由系统管理员固定设置好，也可以由系统动态修改，可以由路由器自动调整，也可以由主机控制。

（1）静态路径表　由系统管理员事先设置好固定的路径表称为静态路径表，一般是在系统安装时就根据网络的配置情况预先设定的，它不会随未来网络结构的改变而改变。

（2）动态路径表　动态路径表是路由器根据网络系统的运行情况而自动调整的路径表。路由器根据路由选择协议提供的功能，自动学习和记忆网络运行情况，在需要时自动计算数据传输的最佳路径。

2. 路由器的类型

互联网各种级别的网络中随处都可见到路由器。接入网络使家庭和小型企业可以连接到某个互联网服务提供商；企业网中的路由器连接一个校园或企业内成千上万的计算机；骨干网上的路由器终端系统通常是不能直接访问的，它们连接长距离骨干网上的ISP和企业网络。互联网的快速发展无论是对骨干网、企业网还是接入网都带来了不同的挑战。骨干网要求路由器能对少数链路进行高速路由转发。企业级路由器不但要求端口数目多、价格低廉，而且要求配置起来简单方便，并提供QOS。

（1）接入路由器　接入路由器连接家庭或ISP内的小型企业客户。接入路由器已经开始不只是提供 SLIP 或 PPP 连接，还支持诸如 PPTP 和 IPSec 等虚拟私有网络协议。这些协议要能在每个端口上运行。诸如 ADSL 等技术将很快提高各家庭的可用带宽，这将进一步增加接入路由器的负担。由于这些趋势，接入路由器将来会支持许多异构和高速端口，并在各个端口能够运行多种协议，同时还要避开电话交换网。

（2）企业级路由器　企业或校园级路由器连接许多终端系统，其主要目标是以尽量便宜的方法实现尽可能多的端点互联，并且进一步支持提供不同的服务质量等级。许多现有的企业网络都是由 Hub 或网桥连接起来的以太网段。尽管这些设备价格便宜、易于安装、无须配置，但是它们不支持服务等级。相反，有路由器参与的网络能够将机器分成多个碰撞域，并因此能够控制一个网络的大小。此外，路由器还支持一定的服务等级，至少允许分成多个优先级别。但是路由器的每端口造价要高些，并且在能够使用之前要进行大量的配置工作。因此，企业路由器的成败就在于是否提供大量端口且每端口的造价很低，是否容易配置，是否支持 QOS。另外，还要求企业级路由器有效地支持广播和组播。企业网络还要处理历史遗留的各种 LAN 技术，支持多种协议，包括 IP、IPX 和 Vine。它们还要支持防火墙、包过滤、大量的管理和安全策略以及 VLAN。

（3）骨干级路由器　骨干级路由器实现企业级网络的互联。对它的要求是速度和可靠性，而代价则处于次要地位。硬件可靠性可以采用电话交换网中使用的技术，如通过热备份、双电源、双数据通路等来获得。这些技术对所有骨干路由器而言差不多是标准的。骨干 IP 路由器的主要性能瓶颈是在转发表中查找某个路由所耗的时间。当收到一个包时，输入端口在转发表中查找该包的目的地址以确定其目的端口，当包越短或者当包要发往许多目的端口时，势必会增加路由查找的时间。因此，将一些常访问的目的端口放到缓存中能够提高路由查找的效率。不管是输入缓冲还是输出缓冲路由器，都存在路由查找的瓶颈问题。除了性能瓶颈问题，路由器的稳定性也是一个常被忽视的问题。

（4）太比特路由器　在未来核心互联网使用的三种主要技术中，光纤和 DWDM 都已经是很成熟的并且是现成的。如果没有与现有的光纤技术和 DWDM 技术提供的原始带宽对应的路由器，新的网络基础设施将无法从根本上得到性能的改善，因此，开发高性能的骨干交换/路由器（太比特路由器）已经成为一项迫切的要求。太比特路由器技术现在还处于开发实验阶段。

图 4-7　路由器实物

路由器实物如图 4-7 所示。

五、局域网的几种工作模式

（一）专用服务器结构（Server-Based）

专用服务器结构又称为"工作站/文件服务器"结构，由若干台微机工作站与一台或多台文件服务器通过通信线路连接起来组成工作站存取服务器文件，共享存储设备。文件服务器自然以共享磁盘文件为主要目的。

这对于一般的数据传递来说已经够用了，但是当数据库系统和其他复杂而被不断增加的用户使用的应用系统到来的时候，服务器已经不能承担这样的任务了，因为随着用户的增多，为每个用户服务的程序也增多，每个程序都是独立运行的大文件，给用户感觉极慢，因此产生了客户机/服务器模式。

(二) 客户机/服务器模式（Client/Server，C/S）

其中一台或几台较大的计算机集中进行共享数据库的管理和存取，称为服务器，而将其他的应用处理工作分散到网络中其他微机上去做，构成分布式的处理系统，服务器控制管理数据的能力已由文件管理方式上升为数据库管理方式，因此，C/S结构的服务器也称为数据库服务器，注重于数据定义及存取安全后备及还原，并发控制及事务管理，执行诸如选择检索和索引排序等数据库管理功能，它有足够的能力做到把通过其处理后用户所需的那一部分数据而不是整个文件通过网络传送到客户机，减轻了网络的传输负荷。C/S结构是数据库技术的发展和普遍应用与局域网技术发展相结合的结果。

(三) 对等式网络（Peer-to-Peer）

它在拓扑结构上与专用 Server 与 C/S 相同。在对等式网络结构中，没有专用服务器，每一个工作站既可以起客户机的作用，也可以起服务器的作用。

工作任务 1　计算机局域网的简单架构

一、任务目的

动手将宿舍四台电脑组建为局域网，主要让学生掌握计算机局域网组网的基本方法和组网设备的使用方法。

二、任务引入

1. 宿舍网是指同一个宿舍或者多个宿舍搭建起来的局域网。
2. 宿舍网属于小型局域网，一般连接四五台计算机。
3. 组网时必须首先考虑网络的稳定性与实用性。

三、实施步骤

1. 组网方式分析：以路由器为中心，组建宿舍内部的局域网络。
2. 选择相关的硬件：网卡、非屏蔽双绞线、路由器、RJ-45 接口。
3. 规划与设计布线。

（1）整体规划　确认有几台计算机需要联入网络，每台计算机的摆放位置，网络路由器的摆放地点，每根网线的长度。网关服务器放在临近接入 Internet 端口的位置。

（2）联网　通过网线把计算机和路由器连接起来。连接时可采用星型网络结构，用细缆将两个或更多的路由器连接起来。

4. 安装网络通信协议并进行网络设置。

① 安装协议和"文件和打印机"共享服务。

② 分配 IP 地址。

四、教师对小组工作进行检查和点评。

单元二　Internet

一、Internet 的定义

Internet（因特网）是指全球范围内的计算机系统联网。它是世界上最大的计算机网络，是一个将全球成千上万的计算机网络连接起来而形成的全球性计算机网络系统。它使各网络之间可以交换信息或共享资源。Internet 源于美国国防部互联网，即 ARPANET。

ARPANET 工程创始于 1969 年，是美国国防部用于建立一个可靠通信网络的试验项目（可靠通信网络是指网络中部分发生故障时仍然可以进行正常的通信）。它也是用来连接承接国防部军事项目的研究机构与大专院校的工具，可以实现信息交换的目的。1983 年后，ARPANET 分军用和民用两个领域，再加上美国国家科学基金会建立的通信网络，使普通科技人员也能利用该网络。随着 TCP/IP 协议的发展与完善，世界各国的网络均以 TCP/IP 协议连接到该网络上，逐渐发展形成目前规模宏大的 Internet。

对于 Internet 普通用户而言，Internet 拥有不计其数的网络资源，用户可以从 Internet 上获得所需的信息。目前，世界上绝大部分国家和地区已实现联网，连接的大型主机就有几千万台，微机则有上亿台。目前，我国直接接入因特网的网络主要有以下四大互联网络。

（一）中国科技网（China Science and Technology Network）

中国科技网是中国科学院领导下的学术性、非营利的科研计算机网络，是我国科学研究领域的主干网，也是我国第一个联上因特网的网络。网管中心设在中国科学院计算机应用研究所。

CSTNET 以确立实现中国科学院科学研究活动信息化（e-Science）和科研活动管理信息化（ARP）为建设目标，先后独立承担了中国科学院"百所"联网、中国科学院网络升级改造等近百项网络工程的建设以及国家"863"计算机网络和信息管理系统、网络流量计费系统、网络安全系统等项目的开发，并且负责中国科学院视频会议系统、邮件系统的建设和维护。

（二）中国公用计算机互联网（ChinaNet）

中国公用计算机互联网（ChinaNet，简称中国公用互联网），是 1996 年 1 月由中国邮电电信总局负责建设、运营和管理，面向公众提供计算机国际联网服务，并承担普遍服务义务的互联网络。ChinaNet 使用 TCP/IP 协议，通过高速数据专线实现国内各节点互联，拥有国际专线，是世界 Internet 的一部分。用户可以通过电话网、综合业务数据网、数字数据网等其他公用网络，以拨号或专线的方式接入 ChinaNet，并使用 ChinaNet 上开放的网络浏览、电子邮件、信息服务等多种业务服务。

ChinaNet 是国内计算机互联网名副其实的骨干网。ChinaNet 骨干网的拓扑结构分为核心层和大区层。核心层由北京、上海、广州、沈阳、南京、武汉、成都和西安 8 个城市的核心节点组成，提供与国际 Internet 互联，以及大区之间的信息交换通路。北京、上海、广州三个核心层节点各设两台国际出口路由器与国际互联网相联。

（三）中国教育和科研计算机网（China Education and Research Network，CERNET）

中国教育和科研计算机网是由国家投资建设，教育部负责管理，清华大学等高等学校承担建设和管理运行的全国性学术计算机互联网络。其旨在利用先进实用的计算机技术和网络通信技术实现校园间的计算机联网和信息资源共享，并与国际学术计算机网络（Internet）互联，建立功能齐全的网络管理系统。CERNET 分四级管理，分别是全国网络中心、地区网络中心和地区主节点、省教育科研网、校园网。全国网络中心设在清华大学，负责全国主干网的运行和管理。

（四）中国金桥信息网（China Golden Bridge Network，ChinaGBN）

中国金桥信息网也称作国家公用经济信息通信网。金桥网是信息网、多媒体网、综合业务数字网（ISDN）、增值业务网（VAN），它区别于基本的电信业务网。金桥网将建成覆盖全国的公用网，并与国内已建的专用网互联，成为网际网；对未建专用信息通信网的部门，金桥网可提供虚拟网，避免重复建设，虚拟网各自管理。金桥网将支持各种信息应用系统和服务系统，为推动我国电子信息产业的发展创造了必要的条件。它是中国国民经济信息化的基础设施，是建立金桥工程的业务网，支持金关、金税、金卡等"金"字头工程的应用。金桥工程是为国家宏观经济调控和决策服务，同时也为经济和社会信息资源共享和建设电子信息市场创造条件。该网络已初步形成了全国骨干网、省网、城域网3层网络结构，其中骨干网和城域网已初具规模，覆盖城市超过100个。

以上四大互联网络不仅各自与因特网相联，且彼此也相互连接，从而构成了中国的因特网。

二、TCP/IP 协议

因特网是全球最大的互联网，目前已接入因特网的局域网、城域网以及个人电脑等难以计数，这些互联的网络和个人电脑可能使用不同的操作系统和软件，而把它们有机地组织在一起彼此通信和共享资源靠的是网络协议。因特网的网络协议是 TCP/IP 协议。

（一）认识 TCP/IP 协议

TCP/IP 协议实际上代表了因特网所使用的一组协议，TCP/IP 协议是这其中最基本的，也是最重要的两个协议；TCP（Transmission Control Protocol）称为传输控制协议，IP（Internet Protocol）称为网际协议。前者是信息在网上正确传输的重要保证，后者则负责将信息从发出地传送到目的地。

TCP/IP 协议本质上采用的是分组交换技术，其基本思想是把信息分割成一个个不超过一定大小的信息包来传送。其目的一是可以避免单个用户长时间地占用网络线路，二是可以在传输出错时不必重新传送全部信息，只需重传出错的信息包即可。

TCP/IP 协议组织信息传输的方式是四层协议方式。如表 4-2 所示，用户通过应用层软件提出服务请求，经传输层控制该请求的完整发送；到达网际层便需对信息进行分组发送；最后进入某个具体子网的网内层。到达这一步，TCP/IP 协议的使命即完成了。

表 4-2 TCP/IP 协议的层次

应用层（直接支持用户的通信协议。如电子邮件协议、文件传输协议等）
传输层（传输控制协议，TCP）
网际层（网际协议，IP）
网内层（访问具体局域网，如以太网等）

（二）TCP/IP 协议所支持的服务

① 文件传输协议（File Transfer Protocol，FTP），允许用户在网上计算机之间传送程序和文件。

② 电子邮件 E-mail（Electronic Mail），允许网上计算机之间互通信函。

③ 远程登录 Telnet，允许某个用户登录到网上的其他计算机上（要求用户必须拥有该机账号），然后像使用自己的计算机一样使用远端计算机。

上述三种服务是所有已实现 TCP/IP 协议的网络系统必须提供的服务。除此之外，一般还应支持名字服务器、文件服务器和远程打印服务等。

三、网址和域名

（一）网址

所谓网址，是指接入 Internet 的计算机被分配的网络地址（实际是地址编号），这就好比接入电话网的电话机都有一个对应的电话号码一样。Internet 是根据网址来识别计算机的。若要访问网上的计算机，则必须提供与之对应的网址。

网址，又称 IP 地址，这是因为在 Internet 中将信息的数据包从一处传到另一处所遵循的协议是 IP 协议，所以就有了 IP 地址之称。每个接入 Internet 的计算机都有属于自己的唯一 IP 地址。

IP 地址规定用四组十进制数表示，共占用 4 个字节（32 位）；每组数字都有它特定的含义，取值范围为 0～255；每组数字之间用符号"."分隔。例如，中国计算机函授学院有一台 CPQ3000 计算机，它的 1P 地址是"210.45.232.1"。

（二）域名

记忆一组并无任何特征的 IP 地址是困难的，如果能给 IP 地址赋予一个直观的名字，那么使用起来会方便得多。为了使 IP 地址便于用户记忆和使用，同时也易于维护和管理，互联网上建立了所谓的域名管理系统 DNS（Domain Name System）。DNS 采用分层命名的方法给网络上的计算机分别赋予唯一的标识名，且该名字与其 IP 地址——对应，这便是域名。

域名的一般格式为：

计算机名．组织机构名．网络名．最高层域名

其中，最高层域名又称为顶级域名，它所代表的是建立网络的组织机构或网络所隶属的国家或地区。大体可分为两类：一类是组织性顶级域名，一般采用 3～5 个字母组成的编写（表 4-3），以表明该组织机构的类型；另一类是地理性顶级域名，以 2 个字母的缩写代表其所在的国家（表 4-4）。

表 4-3 组织性顶级域名

域代码	服务类型	域代码	服务类型
com	商业机构	net	网络组织
edu	教育机构	mil	军事组织
gov	政府部门	org	非营利组织
int	国际机构		

表 4-4 地理性顶级域名

国家和地区代码	国家和地区名	国家和地区代码	国家和地区名
cn	中国	uk	英国
au	澳大利亚	us	美国
br	巴西	it	意大利
ca	加拿大	jp	日本
de	德国	sg	新加坡
fr	法国	kr	韩国

组织机构名和计算机名一般可由网络用户在申请域名时自定，原则是容易记忆。例如，域名"www.cccc.edu.cn"表明对应的网络主机是中国（cn）教育网（edu）上的某教育机构"cccc"。

在 Internet 中，既可以通过域名也可以通过 IP 地址来标识每一台主机，所以域名与 IP 地址之间存在着一种作用相同的映射关系。也就是说，由于 IP 地址难以记忆，所以用域名映射 IP 地址。例如，北京大学的 IP 地址为"202.96.51.2"，域名为"pku.edu.cn"。凡是能使用 IP 地址访问的地方，都可以使用其域名访问。

四、因特网服务商（ISP）

ISP 是英文 Internet Service Provider 的缩写，意为因特网服务的提供者（如电信宽带、联通等）。

ISP 通常是已经接入因特网的服务系统，如前面所介绍的中国公用计算机互联网、中国金桥信息网等。要想成为 Internet 的合法用户，就应该向 ISP 提出申请（可以根据自己的需要选择不同的ISP），甚至可以向 ISP 代理商提出申请，让对方为你提供因特网服务。当 ISP 接受了你的申请后，则应向你提供以下上网所必需的信息。

① 用户名（账号，申请时自定）。
② 口令（密码，申请时自定）。
③ 域名服务器（DNS）地址。

有了这些信息，你就可以通过 Internet 进行通信和共享网上资源了。要想成为 Internet 的用户，首先是要入网（接入 Internet）。根据入网的用户类型的不同（主要是终端用户和计算机局域网用户两大类），入网方式的选择也有所不同。通常有以下两种方式可供选择。

（一）电话拨号方式

这种入网方式费用低廉，适合于传输信息量较小的个人或小团体用户。入网设备一般只需一台计算机和一个调制解调器（用于将计算机的数字信号转换成可以在电话线上传送的音频信号。反之也可以），通过电话拨号就可登录到已经接入因特网的服务系统上。

电话拨号入网又可细分为如下两种方式。

1. 仿真终端方式

采用这种方式入网的用户并没有真正实现与 Internet 的连接，而是通过拨号连接到 ISP 的服务器上，成为 ISP 的一个仿真终端，从而可以利用 ISP 服务器访问 Internet。因此，以这种方式入网的用户没有 IP 地址。采用仿真终端方式入网简单方便，容易实现，但由于用户计算机与 Internet 的连接是一种间接方式，没有 IP 连接性，因此，所享受的服务往往受到一定的限制。

2. PPP/SLIP 方式

PPP（Point-to-Point Protocol）和 SLIP（Serial Line IP）是在串行链路（如电话线）上实现 TCP/IP 连接的两个通信协议。PPP 是点对点协议，SLIP 是串行线路 IP 协议。

采用 PPP/SLIP 方式入网的用户仍然是通过调制解调器以电话拨号的形式先连接到 ISP 的主机，然后再进入 Internet，但由于用户的计算机上安装了 PPP/SLIP 和 TCP/IP 协议，因而与 Internet 具有 IP 连接性。即用户计算机能成为 Internet 的一个节点机，拥有独立的 IP 地址。这意味着用户可以享受 Internet 提供的全部服务。

需要说明的是，用户通过这种入网方式得到的 IP 地址是不固定的，而是每次登录网络时由 ISP 临时分配。这是因为 ISP 所能提供的 IP 地址数往往少于入网的用户数，因此，就不可能为每个用户都分配一个固定的 IP 地址，而是采取动态分配的办法。即每次有用户登录网络时，ISP 临时为其分配一个 IP 地址，如果 IP 地址分配完了，就得等待，直到有人下网后腾出 IP 地址才可能分配给等待的用户。

PPP/SLIP 方式是目前国内绝大多数用户首选的入网方式。这种方式入网的费用高于仿真终端方式，但尚能被个人和小团体用户接受。

（二）专线方式

通过电话拨号入网的缺点是信息传输速率低，且连接总是在每次上网临时建立，这不适用于信息传输量大的用户，特别是有一定规模的组织机构。在这种情况下，入网方式应选择专线方式。

所谓以专线方式入网，是指用户使用光纤等高传输速率的专用线路将自己的内部网络相对永久性地接入 Internet。采用这种入网方式的用户必须配备路由器或网桥等复杂的网络设备，并从有关部门（如电信部门）租用通信专线接入 Internet。

专线方式入网的最大优点是访问速率快，可靠性高，但费用昂贵，只适合一定规模的单位或机构使用。

五、Internet 网上资源与服务

目前，Internet 已发展成为连接全球数以万计局域网的最大的计算机网络系统。在该网络上，用户可以尽享网上信息。这里简要介绍 Internet 提供的服务类型。人们最熟悉的常用功能有网络信息浏览（WWW）、电子邮件（E-mail）、新闻组（News Group）、文件传输（FTP）、远程登录（Telnet）、BBS，以及 Internet 提供的其他丰富多彩的服务。

（一）网络信息浏览

Internet 的网络信息浏览（WWW）服务是通过支持 WWW 网页技术的网络浏览器实现的，Internet 用户使用网络浏览器能够轻松地访问浏览 WWW 上的信息。它使用超文本链接技术，将 Internet 中的资源互相联系起来。通过链接可以浏览 WWW 网页、FTP 服务器的文件目录、Gopher 服务器的菜单和 WAIS 的数据库等。正是 WWW 的出现，推动了互联网的迅猛发展。它将 Internet 的优点发挥得淋漓尽致。

（二）电子邮件

电子邮件是人们在 Internet 上广泛使用的信息传递工具，几乎每天有几千万人通过 Internet 收发电子邮件。电子邮件是目前世界上有效的信息交换手段之一，因为它与其他通信方式相比具有费用低、速度快、准确性高、交互能力强的特点。电子邮件是伴随网络而生的，随着它的功能的完善与发展，必将成为未来社会最有力的通信方式。

（三）新闻组

新闻组是国际互联网提供的一项重要服务。最大的新闻组服务器具有 40000 多个专题讨论区，每个区又有成百上千个讨论题。它就像一个巨大的商品超市，只要是你感兴趣的，都能在这里找到。国际互联网上有上千个新闻服务器，分布在世界各地。它能够随时更换消息，任何一条发送到新闻组服务器上的消息，在几分钟后就能传遍全球，所以最新的资料及动态新闻往往都出自新闻组。参加了新闻组后，不仅可以阅读新闻，还可以选择你感兴趣的话题进行发言，提出自己的意见。新闻组提供的服务完全是交互性的。如果你有什么技术问题需要解决的话，只要发送信息到新闻组，就会在最短的时间内得到网友的解答。

（四）文件传输

FTP 是 Internet 上一种常用的网络应用工具，其基本功能是实现计算机间的文件传输。FTP 由支持文件传输的众多符合国际标准的规定所构成。Internet 用户可以通过 FTP 连接到远程计算机,并在该计算机查看文件资源以及将所感兴趣的资源(如计算机应用软件、图像文件等)拷贝到用户计算机中。同时,用户也可将自己计算机中的资源拷贝到远程计算机中。在 Internet 中,有些计算机专门用来存放各种类型的资源,并且免费提供 FTP 服务,用户只要使用电子邮件地址作为口令并使用匿名账号,便可登录到这些 FTP 服务器上并获取自己所需的资源。这类 FTP 服务器称为匿名 FTP 服务器。而另一种 FTP 服务器称为非匿名服务器,若用户想访问这类服务器,需要预先在该服务器上注册,才能为用户提供 FTP 服务。

(五)远程登录

远程登录指一台计算机远程连接到另一台计算机上,并在远程计算机上运行自己系统的程序,从而共享计算机网络系统的软件和硬件资源。远程登录使登录到远程计算机的用户在自己计算机上操作,而在远程计算机上响应,并且将结果返回到自己的计算机上。

(六)BBS

电子公告板 BBS 是英文 Bulletin Board System 的缩写,BBS 与一般街头和校园内的公告栏性质相同,只不过 BBS 是通过电脑来传播或获得消息而已。早期的 BBS 都是一些计算机爱好者在自己的家里通过一台计算机、一个调制解调器、一部或两部电话连接起来的,同时只能接受一两个人访问,内容也没有什么严格的规定,以讨论计算机或游戏问题为多。后来 BBS 逐渐进入 Internet,出现了以 Internet 为基础的 BBS,政府机构、商业公司、计算机公司也逐渐建立起自己的 BBS,使 BBS 迅速成为全世界计算机用户的交流信息的园地。这些站点都通过专线连接到 Internet 上,用户只要连接到 Internet 上,通过 Telnet 就可以进入这些 BBS。这种方式使同时可以上网的用户数大大增加,使多人之间的直接讨论成为可能。国内许多大学的 BBS 都是采用这种方式,最著名的可能就是清华大学的"水木社区"(网址为:www.newsmth.net/,IP 为:120.92.34.37)、北京大学的"北京大学未名站"(网址为:bbs.pku.edu.cn/,IP 为:162.105.205.23)等。

(七)其他丰富多彩的服务

在 Internet 发展至今,它几乎囊括了人们日常生活中的所有的东西,大到汽车、飞机,小到针头线脑,都可以在 Internet 上找出来。可以这么说,Internet 几乎可以提供你能想到的所有服务,而不仅仅是发发电子邮件,网上漫无目地浏览。Internet 提供的丰富多彩的服务有:网上看新闻,读报纸,看杂志;网上天气预报,火车订票,飞机航班,网上旅游;网上交易;网上宣传;网上求学;网上图书馆;网上购物;网上听音乐,看电视,看电影;网上人才市场与网上求职;网上求医以及网上游戏等。随着物联网的发展,Internet 在人们生活中占据着举足轻重的地位。

六、我国 Internet 网建设的现状

根据中国互联网络信息中心的统计,截至 2018 年 12 月,我国网民规模达 8.29 亿,普及率达 59.6%,较 2017 年年底提升了 3.8 个百分点,全年新增网民 5653 万。我国手机网民规模达 8.17 亿,网民通过手机接入互联网的比例高达 98.6%。2018 年,互联网覆盖范围进一步扩大,贫困地区网络基础设施"最后一公里"逐步打通,"数字鸿沟"加快弥合;移动流量资费大幅下降,跨省"漫游"成为历史,居民入网门槛进一步降低,信息交流效率得到提升。

截至 2018 年 12 月,我国 IPv6 地址数量为 41079 块/32,年增长率为 75.3%;域名总数为 3792.8 万个,其中".cn"域名总数为 2124.3 万个,占域名总数的 56.0%。在 IPv6 方

面,我国正在持续推动 IPv6 大规模部署,进一步规范 IPv6 地址分配与追溯机制,有效提升 IPv6 安全保障能力,从而推动 IPv6 的全面应用;在域名方面,2018 年我国域名高性能解析技术不断发展,自主知识产权软件研发取得新突破,域名服务安全策略本地化定制能力进一步增强,从而显著提升了我国域名服务系统的服务能力和安全保障能力。

工作任务 2　利用 IE 进行网上信息检索

一、项目任务

1. 设置 IE 浏览器并访问因特网。
2. 浏览网站,保存网页以及图片文件至本地硬盘。
3. 根据关键词进行网上信息搜索。
4. 搜索提供 WPS 办公软件的网站,并下载和使用该软件。
5. 搜索 FTP 软件服务器下载有关软件并安装使用。
6. 使用因特网的服务。

二、项目分析

该项目主要是通过设置和使用 IE 浏览器,来掌握浏览信息的方法,并通过下载安装一些常用软件让学生掌握如何在因特网获取资源并利用资源。

三、项目实施准备

1. 提供可以上网的网络教室。
2. 给学生提供可以登录的 FTP 站点。
3. 项目以小组为单位:根据班级情况,每组 3~5 人,设一名组长。
4. 本项目时间安排 2 课时。

四、注意事项

1. 正确使用因特网。
2. 教师指导学生进行软件安装,必要时进行演示。

五、教师对小组工作进行检查和点评。

单元三　Intranet

一、Intranet 概述

Intranet,企业内部网。是一个企业或组织建立的相对独立的内部网络。它以 TCP/IP 协议作为基础,以 Web 为核心应用,可以提供 Web、邮件、FTP、Telnet 等功能强大的服务。Intranet 能够大大提高企业的内部通信能力和信息交换能力。与 Internet 连接后,可以实现互联网应用,如图 4-8 所示。为了区别,又称之为"内部网"。

二、Intranet 的特点

近年来,Intranet 正以惊人的速度向前发展,它主要有以下特点。

1. 平台独立性

基于 Internet 技术,这样能使用户实际上对任何一台计算机进行访问或从任何一台计算机进行访问。当将平台独立性应用于封闭的公司环境时,多个专有产品的复杂的网络路由连接和桥接等头疼的问题就迎刃而解了。

2. 文档的平台无关性

内部网在一台 Web 服务器上集中保存信息。所有与内部网有关的文档均用超文本标记

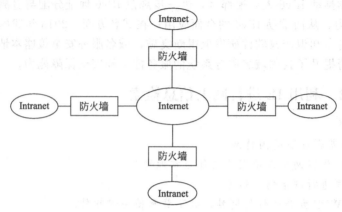

图 4-8　Internet 与 Intranet 之间的关系

语言（HTML）编写，这是业界标准的编制含有文本和图形的文档方法，以使文档完全独立于平台。无论是任何系统，还是主机终端，只要装一个浏览器软件，就可上网工作，而且网络间的互访也非常方便。

3. 简单易用性

丰富的网络服务仅仅通过一个友好的图形界面——浏览器就都能得到。各机构也能利用浏览器从雇员中收集数据，如工时表的登录、假期申请表格和开支报告等。统一友好的用户界面使用户培训和系统维护变得十分简单，大大地降低了系统的运行成本。

4. 开放性和可伸缩性

Intranet 以 TCP/IP 为通信协议，具有广泛的兼容性和可伸缩性，从局域网到广域网，可连接不同的计算机网络协议、不同的网络设备。由此，网络建设时可从不同的厂商选择产品和服务，而顺利集成，从而可降低网络建设的成本。

5. 安全性

出于安全方面的考虑，对外互联的网络节点都采用"防火墙"等安全技术，以保证网络不受侵害。

6. 规模无限性

一个工作组可能只有一台 Web 服务器，一家公司可能有上百台 Web 服务器，而一家大型的专业化组织可能有上千台 Web 服务器，这些网络都叫 Intranet。Intranet 有时可以是用户利用公用网建立的跨越地域的虚拟专网，仅仅是逻辑上的网，在物理上，站点可以分布得很广，只是对它们的访问控制在站点之间。

7. 方便沟通性

Intranet 可以提供电子邮件、新闻组、讨论组等应用。

8. 平滑升级性

无论是学校原有的硬件资源还是软件资源，都不会因为建设 Intranet 而废弃。因为 Intranet 只是改变了网络的应用方式和界面，并不需要改动原来网络的物理结构。过去开发的数据库资源也都无须修改就可挂接在新的 Intranet 上。原有的计算机及外设更因 Intranet 的平台无关性在新系统中得到应用。这样就最大限度地保护了学校的原有投资。

三、Intranet 的应用

Intranet 可以说是通过单一的网络提供较完整的解决方案。该网络既可作内部网络也可作外部网络；既可以对内建立信息管理系统和办公自动化系统，也可以对外建立远程联网系统、多方会议等。

Intranet 企业内部互联网可以实现的功能极为广泛和强大，包括：可以利用电子邮件，降低通信费用，企业员工可以方便快速地运用电子邮件来传递信息；可以利用电子出版发布企业各种信息，供企业内部或指定客户使用；可以在 Web（环球网）上开展电子贸易，如全球范围内的产品展览、销售的信息服务等；可以提供远程用户登录，企业分支机构可以通过电话线路访问总部的信息；可以远程传送信息，将企业总部的信息传送到用户的工作站上进行处理。现在全球大多数国家的大中小企业几乎都和它联网，许多企事业单位、公司在它上面建立自己的主页，为发展电子商务、科技交流提供了极为方便的手段。甚至一些大企业分散在各地分支机构也可以通过它传递信息，有的公司进一步建立了自己的万维网服务器（Web Server），在企业内部，由自己的万维网服务器与用户的客户机相连形成的系统，主要是为企业内部的信息交流服务，并通过国际互联网与全球各地连通。

工作任务 3　局域网物流信息的共享和传输

一、任务目的

模拟在局域网中进行物流信息的定向共享和传输，主要让学生掌握计算机局域网 IP 查询、设置和基本的文件和打印机共享的方法。

二、任务引入

1. 认识实训机房局域网的构建。
2. 掌握实训机房局域网的 IP 地址。
3. 物流信息的编制及打印机等硬件设备安装的必备知识准备。

三、实施步骤

1. 观察实训机房局域网的构成

交换机、网线和计算机的布局。

2. 掌握实训机房局域网的 IP 地址

掌握 IP 地址的三种查询方法，并能通过动态和静态两种方法进行 IP 地址的设置。

① IP 地址的查询，如图 4-9 所示。

② 采用动态和静态两种方法进行 IP 地址的设置，如图 4-10 所示。

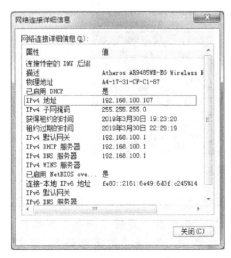

图 4-9　IP 地址的查询　　　　　　　　图 4-10　IP 地址的设置

3. 掌握 ping 命令

应用 ping 命令进行网络是否畅通测试，如图 4-11 所示。

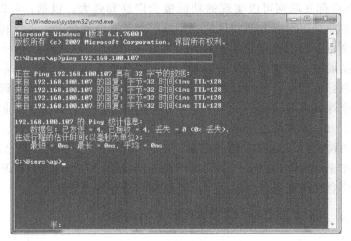

图 4-11 网络测试

4. 在局域网环境下文件和打印机的共享和传输

①在桌面上新建一个文件夹"物流组"，并进行共享设置，具体操作如下。

选中文件夹"物流组"，右键→"共享"→"特定用户"，如图 4-12 所示。

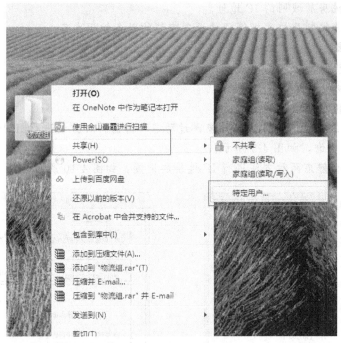

图 4-12 为特定用户设置共享文件

②弹出"文件共享"界面，点击文本框的下拉按钮→"Everyone"，如图 4-13 所示。

③权限设置为"读取/写入"（如图 4-14 所示）后，点击右下方的"共享"按钮。

④右键文件夹"属性"→"共享"→"网络与共享中心"→"关闭密码"，即完成了共享。

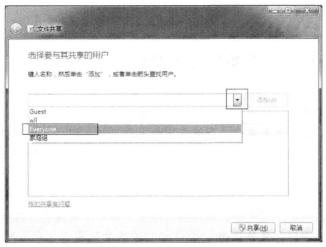

图 4-13　选择要与其共享的用户

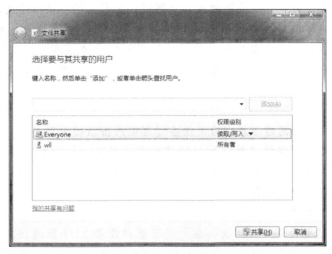

图 4-14　设置权限

⑤ 可通过文件地址栏输入"\\＋要访问的计算机地址"就可以访问到相应的文件进行文件共享传输，如图 4-15 所示。

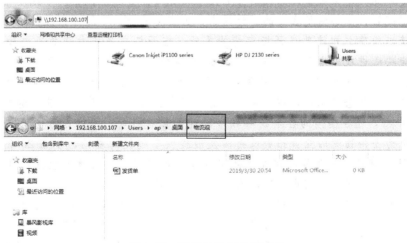

图 4-15　IP 地址访问共享文件

打印机硬件的网络共享步骤雷同,只是多了打印机驱动的安装。

四、教师对小组工作进行检查和点评。

【案例综合分析】 安得物流展翅飞翔

2000年1月,芜湖安得物流有限公司成立。安得一成立,便定位于市场化的第三方物流公司,发展策略是成为一家综合物流提供商,毅然走上了发展综合物流之路。作为脱胎于美的第三方物流公司,一方面要与其他第三方物流公司站在同一平台上竞争,另一方面又要承受来自其他家电制造企业的排斥,但安得物流专业化、规模化的第三方物流形象使其迅速跻身于行业前列。

如今安得物流的客户不仅包括美的、TCL、志高、海信、康佳等家电制造企业,而且向众多领域进行了拓展,伊利牛奶、海螺型材等众多客户与安得物流结成战略合作伙伴。

为落实现代化、国际化发展理念,2006年,安得物流引入国际战略投资者——新加坡吉宝物流有限公司,此举被视为安得物流国际化的重要里程碑。安得物流在国内大中城市已拥有170多个物流服务平台,结成高效的物流网络,为客户提供快准运输、高效仓储、精准配送、冷链物流等一体的综合物流服务,并提供方案策划、物流咨询、条码管理、库存分析、批次管理、包装加工等增值服务。针对不同客户的物流需求,以及客户的实际运作情况,安得物流为客户提供个性化的整体物流方案和全面物流解决方案,借助物流功能集成和社会物流集成服务。

网络为王

如果只用一个词描述网络布局在物流服务过程中所扮演的角色,那么"先行者"无疑是最合适的,谁能把货流到细枝末梢上谁才能体现真正的实力。没有完备且集约化的网络布局,企业所提供的物流服务将成为一纸空谈。尤其在当前网络为王的布局时代,销售要讲终端、要讲末梢,从而致使物流服务也要讲终端、讲末梢。

目前,安得物流管理仓库总面积达500万平方米,可调用车辆3万多辆,年运输量25.4亿吨千米,配送能力120万票次,在全国范围内设立32个区域公司,170多个物流服务平台,在功劳簿上写下了浓重的一笔。安得物流的网络分布广泛,辐射区域广阔,并且每个服务网点都具备综合服务能力,提供7×24小时的物流服务。

公司的各个物流平台,在信息系统的统一协调下,按照统一的流程与标准向客户提供优质的物流服务,完美地实现了网点间的实时互动,保证业务运作畅通。与此同时,全国范围内的动态资源配置,能够满足客户的弹性需求,为安得物流的市场开拓做出了巨大贡献。

安得物流自组建之初就身肩开拓市场的重任,在开拓自身实力强的家电物流市场的同时,安得物流决心进攻家电制造市场之外的新型建材和快速消费品等领域,去开辟新的领地。安得物流对分布在全国的仓储资源进行了重新规划,在制造业集中的顺德、杭州、郑州、芜湖建造了大型仓储基地,在北京、上海、南京、西安、重庆等商流发达的城市设立了10多个物流中心,还在全国的各个战略城市铺就了营业网点。网络资源优势立即赢得众企业的青睐,也为安得物流的业务拓展及持续发展提供了稳健的基础,早在2002年,安得物流就已同TCL、海螺、可耐福等建立了战略合作伙伴关系。安得物流设立的业务网点和遍布全国的仓库,为客户向全国市场进军提供了先决条件。

值得一提的是,安得网络是建立在高效与精准基础之上的多效网络。随着市场竞争日趋激烈,各行各业都在降低库存、渠道扁平化上做文章,循着这样一条发展之路,现在的安得物流在全国省会城市及部分二、三级城市设立总面积达150多万平方米的仓储网点,可以提供普通货品仓储服务、银行金融监管仓储服务、零配件仓储服务，并能提供库存库龄分析、条码管理、退换货管理等增值服务。公司掌握了各地大量的仓储资源，满足客户变化着的需求，实行7×24小时全天候物流服务，仓储管理的全面信息化使客户查询实时收发存信息。

安得物流依靠布局完整、配置合理、管理一体化的全国仓储网络，为客户提供跨地域、多元化的业务打下了良好的仓储网络平台，使客户的库存管理实现中央一体化管理成为可能。

信息化先锋

当安得物流铺设全国各地网点这个"地网"的时候，信息系统这个"天网"也在紧锣密鼓地进行中，"天网"与"地网"的结合效应正是安得物流在成立之初提出的网络概念，为全国物流需求的大中制造企业提供物流服务。

在同行眼里，安得物流在信息化方面捷足先登，高效的信息处理手段，始终保持在行业前列。目前公司拥有"安得物流供应链管理信息系统（ALIS）"，其中包括"远程视频监控系统""GPS车辆管理系统""安得网络办公平台""安得物流知识平台""人力资源管理平台"等多个模块。

安得物流网络化实体运作，170多个物流服务平台遍布全国，信息系统的应用就是将众多网点一体化运作的一大命脉。在最初由软件开发商开发信息系统，不能满足客户随需而为的要求，于是，为了开发适合自身需求的信息系统，安得物流决心自己组建开发团队。安得物流的信息化始终以框架为基础，坚持整体设计、分步开发、分步实施的原则，采用模块设计方式，开发完成一个模块实施一个模块，避免求大求全。软件开发坚持以实用为本，避免片面追求功能或技术先进，以免导致投资浪费、项目周期加长、应用性降低等问题。

"安得网络办公平台"作为公司内部管理的有效手段，通过集成短信、文件审批等功能，对公司信息的快捷传递起到了十分重要的作用，如今已是公司文化传播的重要载体，是网络化管理的重要保障。

在信息化中起个大早的安得物流并未停止向前的脚步，一直以"向前看"的眼光来看待物流企业的信息化，这源于物流市场的瞬息万变。客户需求在不停地变化，开发的系统往往需要不停地修改。建立适合自身业务向前发展需求的信息化，这正是安得物流信息化"量体裁衣"追求完美的动力所在，这足以诠释多年来安得物流在信息化建设上的大手笔。

项目五　物流信息交换技术

【技能目标】

1. 能填制并阅读贸易单证；
2. 掌握 EDI 在物流领域的应用；
3. 能利用 EDI 教学软件将贸易商业发票转换成 EDI 标准报文。

【知识目标】

1. 掌握 EDI 的概念、特点、分类；
2. 了解 EDI 工作原理；
3. 了解 EDI 系统组成。

【工作任务】

1. 物流 EDI 应用调研；
2. 利用 EDI 教学软件进行模拟实训。

【引导案例】　沃尔玛在互联网时代的 EDI 应用

美国《财富》杂志在 2004 年公布的美国最大的 500 家公司排名，沃尔玛公司连续第三年名列榜首。沃尔玛的成功在于它将传统与现代经营模式成功地结合在一起，e 化了传统企业，从而得以在新兴数码时代纵横驰骋，所向披靡。这家世界最大的传统零售商"不灭的神话"，正是在高科技的鼎力支持下才得以实现的。

沃尔玛之所以能在零售市场战胜强大对手，迅速地脱颖而出，并多年活力不减，最重要的是因为它以"低价销售、保证满意"作为经营宗旨，向顾客提供"高品质服务"和"无条件退款"等承诺。而沃尔玛之所以能够提供"每日低价"和"最周到服务"，是因为它比其他任何竞争对手更有高效节省开支的能力。沃尔玛采取了快速高效的现代化供应链管理，通过对信息流、物流、资金流的有效调控，利用先进的技术和设备，把供应商、分销商和零售商直到最终的用户连成一个整体的功能性网链结构，以便进行更加有效的协调和管理。早在 1970 年，沃尔玛就建立了第一间配送中心，由公司总部负责统一订来的商品全部被送到指定的配送中心，而每家分店只是一个纯粹的卖场。当时沃尔玛在它的配送中心应用了两项最新的物流技术——"交叉作业"和"电子数据交换"。沃尔玛特别投入 4 亿美元的巨资，委托休斯公司发射了一颗商用卫星，实现了全球联网，以先进的信息技术为其高效的配送系统提供保证。

沃尔玛在全球网上零售业中的排名曾经一度沦落到第 43 位，但沃尔玛没有因公司网站几年来的萧条经营而退缩。沃尔玛拥有众多的分支、完善的配送系统、低廉的价格优势、忠心耿耿的客户群体，以及强大的技术力量，这一整套的坚实后盾可谓令积极涉足网上零售的沃尔玛如虎添翼。

问题：
(1) 沃尔玛在配送中心采用 EDI 带来哪些好处？
(2) 沃尔玛在配送中心采用 EDI 对我国传统物流企业有什么启示？

单元一　电子数据交换技术概述

一、电子数据交换技术（Electronic Data Interchange，EDI）含义

国际标准化组织（ISO）对 EDI 的定义为："将贸易（商业）或行政事务处理按照一个公认的标准，形成结构化的事务处理或信息数据格式，从计算机到计算机的电子传输。"

联合国对 EDI 使用的定义为："用约定的标准编排有关的数据，通过计算机向计算机传送业务往来信息。"

我国对 EDI 公认较为精确的定义为："按照协议的结构格式，将标准的经济信息，经过电子数据通信网络，在商业伙伴的电子计算机系统之间进行交换和自动处理。"

实际上，EDI 是用电子数据输入代替人工数据录入，以电子数据交换代替传统的人工交换的方法。EDI 的主要目的并不是消除纸张的使用，而是消除处理延迟和数据的重新录入。

从上述 EDI 的定义不难看出，EDI 由三个基本要素组成。
① 通信网络是 EDI 应用的基础。
② 计算机硬件、专用软件组成的应用系统是实现 EDI 的前提条件。
③ EDI 标准化是实现 EDI 的关键。

EDI 是参加商业运作的双方或多方按照协议，对具有一定结构的标准商业信息，通过数据通信网络，在参与方计算机之间进行传输和自动处理。

EDI 是自动识别技术在供应链自动化、电子商务、企业信息中应用的支撑技术和重要环节。按照协议，对具有一定结构特征的标准经济信息，经过电子数据通信网，在商业贸易伙伴的计算机网络系统之间进行交换和自动处理。

EDI 处理和传输的数据是参与贸易各方之间的商业文件。文件传输采用国际公认的 EDI 标准报文格式，通过专门的计算机网络实现信息的发送、接收与处理是由计算机自动进行的，无须人工干预。

二、电子数据交换技术的产生背景与发展过程

（一）电子数据交换技术的产生背景

① 全球贸易额的上升带来了各种贸易与单证、纸面文件数量的激增，增加了对纸张的需求（年国民生产总值每增加 10 亿美元，用纸量就会增加 8 万吨）。纸面贸易文件成了阻碍贸易发展的一个比较突出的因素。

② 市场竞争也出现了新的特征。价格因素在竞争中所占的比重逐渐降低，而服务性因素所占比重提高。提高商业文件传递速度和处理速度成了所有贸易链中成员的共同需求。

③ 在各类商业贸易单证中有相当大的一部分数据是重复出现的，需要反复地键入，且重复输入也使出差错的概率增高，据美国一家大型分销中心统计，有 5% 的单证中存在着错误。同时重复录入浪费人力、浪费时间、降低效率。

④ 计算机技术的发展，通信条件和技术的完善，以及网络的普及，为 EDI 的应用提供了坚实的基础。

（二）电子数据交换技术的发展过程

早在 20 世纪 60 年代以前，人们就已经在用电报报文发送商务文件；70 年代又普遍采用方便、快捷的传真机来替代电报，但由于传真文件是通过纸面打印来传递和管理信息的，不能将信息直接转入计算机信息管理系统中，数据的重复录入量较大。

70 年代末应用于企业间的电子数据交换技术和银行间的电子资金转账（Electronic Funds Transfer，EFT）技术作为电子商务应用系统的雏形出现了。

有关 EDI 的最初想法来自美国运输业，原因是运输业流通量大，货物和单证的交接次数多，而单证的交接速度常常赶不上货物的运输速度。当时的贸易商在使用计算机处理各类商务文件的时候还发现，由人工输入到一台计算机中的数据 70% 是来源于另一台计算机输出的文件，过多的人为因素也影响了数据的准确性和工作效率的提高。这就促成了 1975 年第一个 EDI 标准的发表。

应用 EDI 可以使交易双方将交易过程中产生的各种单据以规定的标准格式在双方的计算机系统上进行端对端的数据传送和自动处理，减少了文字工作并提高了自动化水平，从而使企业实现"无纸贸易"，简化业务流程，减少由于人工操作失误带来的损失，能够大大地提高工作效率，降低交易成本，加强贸易伙伴之间的合作关系。

因此，实用的 EDI 电子商务在 80 年代得到了较快的发展，在国际贸易、金融、海关业务、航空公司、连锁店及制造业等领域得到了大量的应用。

多年来，EDI 已经演进成了多种不同的技术。在 20 世纪 90 年代之前，出于安全的考虑，EDI 和 EFT 是通过租用计算机传输线路在专用网络上实现，使用成本非常高。同时，EDI 对技术、设备和人员都有较高的要求。受这些因素的制约，基于 EDI 的电子商务目前仅局限在先进国家和地区以及大型企业范围内应用。

三、电子数据交换技术与其他通信手段的比较

EDI 与现有的一些通信手段如传真、用户电报（Telex）、电子信箱（E-mail）等，有着很大的区别，主要表现在以下几个方面。

① EDI 传输的是格式化的标准文件，并具有格式校验功能，而其他几种则不具备。

② EDI 是实现计算机到计算机的自动传输和自动处理，而其他几种则不能。EDI 的对象是计算机系统。

③ EDI 对于传送的文件具有跟踪、确认、防篡改、防冒领、电子签名等一系列安全保密功能，而其他几种则不具备。

④ EDI 文本具有法律效力，而传真和电子信箱则没有。

⑤ EDI 和电子信箱都是建立在分组数据通信网上，电报是建立在专用的交换线路以电信号的方式发送出去。

⑥ EDI 和电子信箱都是建立在 OSI（开放式系统互联模型）的第七层上，而且都是建立在 MHS（报文处理系统）通信平台之上，但 EDI 比电子信箱要求更高。

⑦ 传真目前大多为实时通信，EDI 和电子信箱都是非实时的，具有存储转发功能。

四、电子数据交换技术的分类和特点

1. 电子数据交换技术的分类

① 最基本的 EDI 系统是电子订货系统（Electronic Ordering System，EOS），又称为贸易数据互换（Trade Data Interchange，TDI）系统，它用电子数据文件来传输订单、发货票

和各类通知。

② 第二类常用的 EDI 系统是电子金融汇兑系统（Electronic Funds Transfer System，EFT），它仍在不断改进中，最大的改进是同订货系统联系起来，形成一个自动化水平更高的系统。

③ 第三类 EDI 系统是交互式应答（Interactive Query Response，IQR）系统，它可应用在旅行社或航空公司作为机票预定系统。

④ 第四类 EDI 是带图形资料自动传输的 EDI。最常见的是计算机辅助设计（Computer Aided Design，CAD）图形的自动传输。

2. 电子数据交换技术的特点

EDI 是企业（制造厂、供应商、运输公司、银行等）单位之间传输的商业文件数据。

传输的文件数据采用共同的标准并具有固定格式；传输过程必须保证数据的完整性、一致性、可靠性，保证贸易伙伴之间的数据不间断交换、主数据库中的资料与设备不受损坏。它通过数据通信网络（一般是增值网和专用网）来传输。数据通过计算机到计算机的自动传输不需要人工介入操作，由应用程序对它自动响应，实现事务处理与贸易自动化。

（1）单证格式化　EDI 传输的是企业间格式化的数据，如定购单、报价单、发票、货运单、装箱单、报关单等，这些信息都具有固定的格式与行业通用性。而信件、公函等非格式化的文件不属于 EDI 处理的范畴。

（2）报文标准化　EDI 传输的报文符合国际标准或行业标准，这是计算机能自动处理的前提条件。目前最为广泛使用的 EDI 标准是 UN/EDIFACT（联合国标准 EDI 规则适用于行政管理、商贸、交通运输）和 ANSI X.12（美国国家标准局特命标准化委员会第 12 工作组制定）。

（3）处理自动化　EDI 信息传递的路径是从计算机到数据通信网络，再到商业伙伴的计算机，信息的最终用户是计算机应用系统，它自动处理传递来的信息。因此这种数据交换是机—机、应用—应用，无需人工干预。

（4）软件结构化　EDI 功能软件由五个模块组成。用户接口模块、内部 EDP 接口模块、报文生成及处理模块、标准报文格式转换模块和通信模块（如图 5-1 所示）。

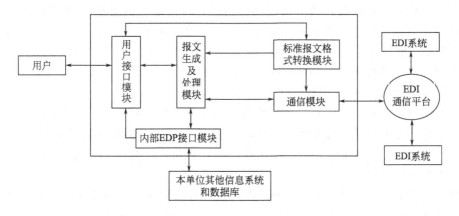

图 5-1　EDI 功能软件模块

（5）运作规范化　EDI 以报文的方式交换信息有其深刻的商贸背景，EDI 报文是目前商业化应用中最成熟、最有效、最规范的电子凭证之一，EDI 单证报文具有法律效力。

五、实现 EDI 的环境和条件

要实现 EDI 的全部功能，需要具备以下四个方面的条件，其中包括 EDI 通信标准和 EDI 语义语法标准。

1. 数据通信网是实现 EDI 的基础

为了传递文件，必须有一个覆盖面广、高效安全的数据通信网作为其技术的支撑环境。由于 EDI 传输的是具有标准格式的商业或行政有价文件，因此除了要求通信网除具有一般的数据传输和交换功能之外，还必须具有格式校验、确认、跟踪、防篡改、防被窃、电子签名、文件归档等一系列安全保密功能，并且在用户间出现法律纠纷时，能够提供法律证据。

消息处理系统（Message Handling System，MHS）为实现 EDI 提供了最理想的通信环境。为了在 MHS 中实现 EDI，国际电信联盟电信标准分局（ITU-T）根据 EDI 国际标准 EDIFACT 的要求，于 1990 年提出了 EDI 的通信标准 X.435，使 EDI 成为 MHS 通信平台的一项业务。

2. 计算机应用是实现 EDI 的内部条件

EDI 不是简单地通过计算机网络传送标准数据文件，它还要求对接受和传送的文件进行自动识别和处理。因此，EDI 的用户必须具有完善的计算机处理系统。

从 EDI 的角度来看，一个用户的计算机系统可以划分为两大部分：一部分是与 EDI 密切相关的 EDI 子系统，包括报文处理、通信接口等功能；另一部分是企业内部的计算机信息处理系统，一般称之为 EDP（Electronic Data Processing）。

一个企业的 EDP 搞得越好，使用 EDI 的效率就越高。同样，只有在广泛使用 EDI 之后，各单位内部的 EDP 的功能才能充分发挥。因此，只有将 EDI 和 EDP 全面有效地结合起来，才能获得最大的经济效益。

3. EDI 标准化是实现 EDI 的关键

EDI 是为了实现商业文件、单证的互通和自动处理，这不同于人—机对话方式的交互式处理，而是计算机之间的自动应答和自动处理。因此文件结构、格式、语法规则等方面的标准化是实现 EDI 的关键。

EDI 的国际标准发展情况如前所述，即 UN/EDIFACT 标准已经成为 EDI 标准的主流。但是仅有国际标准是不够的，为了适应国内情况，各国还需制定本国的 EDI 标准。因此，实现 EDI 标准化是一项十分繁重和复杂的工作。同时，采用 EDI 之后，一些公章和纸面单证将会被取消，管理方式将从计划管理型向进程管理型转变。这些都将引起一系列社会变革，故人们又把 EDI 称为"一场结构性的商业革命"。

4. EDI 立法是保障 EDI 顺利运行的社会环境

EDI 的使用必将引起贸易方式和行政方式的变革，也必将产生一系列的法律问题。例如，电子单证和电子签名的法律效力问题，发生纠纷时的法律证据和仲裁问题等。因此，为了全面推行 EDI，必须制定相关的法律法规。唯有如此，才能为 EDI 的全面使用创造良好的社会环境和法律保障。

然而，制定法律常常是一个漫长的过程。在 EDI 法律正式颁布之前如何处理法律纠纷？国外先进发达国家一般的做法是，在使用 EDI 之前，EDI 贸易伙伴各方共同签订一个协议，以保证 EDI 的使用，如美国律师协会的"贸易伙伴 EDI 协议等"。

六、电子数据交换技术的优点

由于 EDI 的使用，改善了采购工作中大量纸上作业的不便，如订购、运送、开发票、付款等所需的繁杂劳动,均由 EDI 的终端机代劳,因此大大缩短了买卖双方交易的过程与时间。EDI 在作业上的优点主要如下。

(1) 简单　每一项资讯只有一种格式且只有一页,所有需要此项资讯的人,都知道如何存取,因此,许多迟延及混乱均可消除。

(2) 明确　每一项资讯均由最具资格的人来处理。事后,亦无抄写,只需从电脑系统中直接列印出来。因此,在文书作业中最常发生的抄写错误,就可以避免了。

(3) 弹性　计划采用 EDI 的任何企业,并不需要对其内容系统做重大的改变,只要它的电脑能接受其他电脑传输来的文件资料。

(4) 快捷　只要是存入电脑主要档案的资讯,在几秒钟内即可获得。

(5) 省钱　使用 EDI 采购作业最重要的效益是降低成本,虽然不同企业所用的成本不尽相同,但最明显之处是降低了大量花费在订单处理上的成本。以人工处理订单的成本较高而导致成本上差异的原因主要有:

① 减少了以人工制造文件的麻烦。
② 省略了复杂资料的输入。
③ 增加了资料的精确性。
④ 减少了人员花在重复工作上的时间。
⑤ 更快速地分析资料及下决策。
⑥ 使买方可以把时间用在更具生产力的环节上(如生产制造)。
⑦ 减少了纸张及相关成本的花费。
⑧ 减少了邮寄成本。
⑨ 减少了时间的延误并省下存货成本。

(6) 安全　EDI 系统的设计,只允许被授权的人存取资料。资料的存取人必须查验其来源的合法性,至于资料由何人在何时从何地输入,亦能加以追踪审查。

七、EDI 系统的构成要素

EDI 系统由三个要素构成:数据标准化、EDI 软件及硬件和通信网络。

1. 数据标准化

EDI 标准是由各企业、各地区代表共同讨论、制定的电子数据交换共同标准,可以使各组织之间的不同文件格式,通过共同的标准,达到彼此之间文件交换的目的。

EDI 标准在实际应用中分为语言标准和通信标准两大类。语言标准,用于将信息结构化地表达出来,以使计算机相互理解。这种语言主要用于描述传统结构化的信息,如贸易单证;而非结构化的信息,如备忘录、信函等。通信标准用于负责将数据从一台计算机传输到另一台计算机中。简单地说,它是载运信息手段的标准。只有有了通信标准,电子单证的传输才有可能;而只有有了 EDI 语言,数据的相互理解才有可能。EDI 语言对其载体所使用的通信标准并无限制,但是,目前一般采用国际标准的 MHS 系统(电子邮件系统)。

2. EDI 软件及硬件

EDI 软件具有将用户数据库系统中的信息译成 EDI 的标准格式,以供传输交换的能力。由于 EDI 标准具有足够的灵活性,可以适应不同行业的众多需求。然而,每个公司有其自己规定的信息格式,因此,当需要发送 EDI 电文时,必须用某些方法从公司的专用数据库中提取信息把它翻译成 EDI 标准格式,进行传输,这就需要借助 EDI 软件来完成。EDI 软件主要包括转换软件、翻译软件和通信软件三部分。

EDI 所需的硬件设备大致有：计算机、网络通信设备（如调制解调器）及电话线等。

3. 通信网络

通信线路一般最常用的是电话线路，如果传输时效及资料传输量上有较高要求，可以考虑租用专线（Leased Line）。通信网络是实现 EDI 的手段。EDI 通信方式有多种（如图 5-2 所示）。

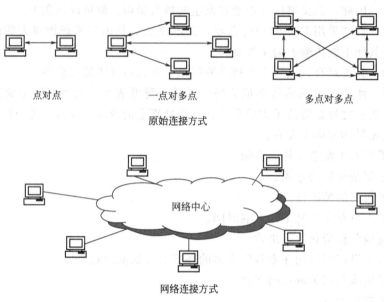

图 5-2　EDI 通信方式

只有在贸易伙伴数量较少的情况下使用原始连接方式，但随着贸易伙伴数目的增多，当多家企业直接进行计算机通信时，会由于计算机厂家不同、通信协议相异以及工作时间不易配合等问题，造成相当大的困难。许多应用 EDI 的公司逐渐采用第三方网络与贸易伙伴进行通信，即增值网络（VAN）方式。它类似于邮局，为发送者与接收者维护邮箱，并提供存储转送、记忆保管、通信协议转换、格式转换、安全管制等功能。因此，通过增值网络传送 EDI 文件，可以大幅度降低相互传送资料的复杂度和困难度，大大提高 EDI 的效率。

八、EDI 的应用范围

EDI 的应用范围，如图 5-3 所示。

九、EDI 的发展方向

随着计算机网络技术的发展，特别是万维网（World Wide Web）的出现，电子数据交换变得十分开放，而且非常廉价，以 Web 网站形式发布、共享信息是电子商务发展中的一个重大里程碑。开放的 Internet 使中小企业有机会平等地参与到电子商务中，这就给传统的 EDI 带来了很大的机遇和挑战，机遇是 EDI 可以利用 Internet 技术扩大其应用的范围；挑战是 EDI 必须利用新的技术手段和接口标准融入一个基于 Internet 的、没有边界的、可以无限扩展的电子商务解决方案中。

XML（Extensible Markup Language）是一种可扩展的置标语言，它可以自定义标志和属性，具有可延伸性。利用 XML 所具有的可延伸性以及自我描述（Self-description）特性，Web 文件可以在企业间的应用程序中自动传输、处理及储存，不同厂商的电子商品可以在同一个使用者界面同时展现，资讯的搜寻变得更为精确和快速，不同系统间可以流畅地互

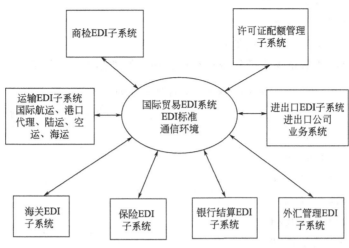

图 5-3 EDI 的应用范围

通,而中小企业也可以轻易享受 EDI 的好处。目前已有一些组织(如 XML、EDI)正致力于将传统 EDI 的消息格式与传统 EDI 业务的 VAN 分离开来,把已经成熟的传统 EDI 消息与 XML 结合起来,使 EDI 的数据交换与因特网中其他数据交换拥有一个标准。另外,许多电子商务服务提供商已经利用 XML 技术使其电子商务解决方案能够与传统的 EDI 无缝集成,进行数据交换。所以基于 Internet 的 iEDI 是传统 EDI 的发展方向。

对于那些数据传送量少的小企业来说,投入大量的财力和人力去购买相关的软硬件、开发 EDI 单证和进行日常维护是一个大的负担和麻烦,投资往往是得不偿失。基于 Internet 的 iEDI 大大方便了那些小企业,其不用购买和维护 EDI 软件,不用进行 EDI 单证和 API 开发,只需利用现成的 Windows 和浏览软件(这些软件随处可买,甚至可以免费获得)即可进行 EDI 应用,而有关表格制作和单证翻译等工作由 EDI VAN 的提供者来做。

工作任务 1 物流 EDI 应用调研

一、任务目的

通过对现实企业中 EDI 应用进行实地调研或者调查走访企业,结合网上信息收集的形式来进行。主要让学生理解 EDI 的概念以及掌握相关技术在企业中的应用情况。

二、任务引入

1. 选择 2~3 家企业进行走访,并记录它们的规模和 EDI 技术使用程度。
2. 从调研材料上分析我国 EDI 技术应用的现状、原因和发展趋势。
3. 撰写 EDI 技术应用调查报告,完成调研的目标和内容。

三、实施步骤

1. 确定调研的内容

主要围绕企业 EDI 技术的实际应用及作用;EDI 应用的现状、原因和发展趋势等展开。

2. 制订调查计划

围绕调查目标,明确调查主题,确定调查的对象、地点、时间、方式,并确定要搜集哪些相关资料。

3. 调查以小组为单位

根据班级情况,每组 3~4 人,设一名组长。带上调查工具,如笔记本和笔;条件允许的话，可以带上照相机和录音笔。

4. 做好调查前的知识准备

调查之前，进行相关资料的搜集并做好知识准备。

四、教师对小组调研结果进行检查和点评，检查标准如表 5-1 所示。

表 5-1 物流 EDI 应用调研检查标准

考核项目	评分标准	分数	学生自评	小组互评	教师评价	小计
团队合作	是否默契	10				
活动参与	是否积极	10				
任务方案	是否正确、合理	10				
操作过程	调研企业的代表性	15				
	EDI 技术的代表性	20				
	内容翔实、可靠性	20				
任务完成情况	是否圆满完成	5				
方法使用	是否规范、标准	5				
操作纪律	是否能严格遵守	5				
总分		100				
教师签名：			年 月 日		得分	

单元二　EDI 的有关标准及其发展

一、EDI 的标准

EDI 在发展过程中遇到的主要问题就是标准问题，就像人们用语言交流必须有一套语法规则一样，EDI 同样需要一套大家都能接受的标准，从而使信息数据能够相互传递和交换。

（一）EDI 标准的概念

EDI 是国际范围的计算机与计算机之间的通信，所以 EDI 的核心是被处理业务数据格式的国际统一标准。也就是说，EDI 标准就是国际社会共同制定的一种用于在电子邮件中书写商务报文的规范和国际标准。

EDI 标准是指以联合国有关组织颁布的联合国贸易数据交换目录（UNTDID），贸易数据交换所应遵循的统一规则（UNCID），用于行政、商业、运输的电子数据交换的联合国规格（UN/EDIFACT）等文件的统称。EDI 标准应遵循以下两个原则。

① 提供一种发送数据及接收数据的各方都可以使用的语言。

② 这种标准不受计算机机型的影响，既适用于计算机间的数据交流，又独立于计算机之外。

（二）EDI 标准化的发展

1. EDI 的国际标准化

早期的 EDI 标准只是由贸易双方自行约定，起于行业阶段。

20 世纪 70 年代，美国几家运输行业的公司联合起来，成立了运输数据协调委员会（TDCC）。该委员会于 1975 年公布了它的第一个标准。

1979 年，美国国家标准协会（ANSI）建立跨行业且具一般性的 EDI 国家标准——

ANSI X.12。

1986年，联合国欧洲经济委员会贸易程序简化工作组以UN/EDIFACT（UN/Electronic Data Interchange for Administration，Commerce and Transport）作为国际性EDI通用的标准。

目前国际EDI标准体系如下。

① UN/EDIFACT（ISO 9735）。联合国制定适用于行政、商业和运输的电子数据交换国际标准，EDIFACT标准提供了一套语法规则的结构、互动交流协议，并提供了一套允许多国和多行业的电子商业文件交换的标准消息。

适用：欧洲、亚洲。

制定：联合国欧洲经济委员会（UN/ECE）。

② ANSI X.12。

适用：北美。

制定：美国国家标准化委员会（ANSI）。

③ 行业标准。如：CIDX（化工）、VICX（百货）、TDCC（运输业）等。

2. 中国EDI标准概况

1990年，中国首次引入EDI概念。

中国的EDI标准体系框架由以下几部分组成。

① EDI系统标准化总体规范。
② EDI基础标准体系。
③ EDI单证标准体系。
④ EDI报文标准。
⑤ EDI代码标准。
⑥ EDI通信标准。
⑦ EDI安全标准。
⑧ EDI管理标准体系。
⑨ EDI应用标准体系。

二、EDI的基本组成要素

（1）数据元　数据元是电子单证的基本单元。EDI标准规定每一个数据元由四位的数字来唯一地标识它。

（2）数据段　数据段是由一组数据元所组成的。有两种数据段：一种数据段称为用户数据段，它是一个中间信息单元，对应着纸面单证上的一个栏目，如发货方、收货方等。另一种数据段称为控制数据段，它是为电子传送提供信息服务的。

（3）标准报文格式　标准报文格式指出了要传递的标准单证的格式。EDIFACT规定了几十种标准的报文格式作为国际电子数据交换单证的标准。

三、EDI标准的语法规则

类似语言的文法，即如何组合一些最小的数据元成为数据段，又如何组合一些数据段成为一份标准报文。

在EDI技术发展的历史上，其实也并不是所有的数据交换都必须遵从某一个国际标准。从实际使用的角度出发，有两种解决数据格式问题的方法。

① 采用国际标准，如EDIFACT和ANSI X.12。
② 采用所谓的行业标准或地区标准，如HTPAA、RosettaNet。

单元三 EDI 技术的工作原理

一、EDI 技术发展背景

① 手工条件下，贸易单证的传递方式如图 5-4 所示。一个应用的输出变成另一个应用的输入。

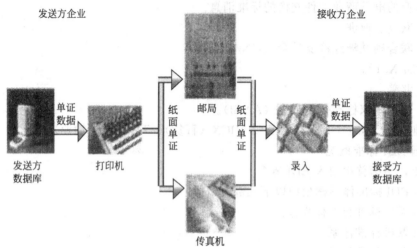

图 5-4 手工条件下贸易单证的传递方式

手工条件下，贸易单证的传递方式的缺点是买卖双方之间重复输入的数据较多，容易产生差错，准确率低，劳动力消耗多及延时增加。

② EDI 条件下，贸易单证的传递方式如图 5-5 所示。

图 5-5 EDI 条件下贸易单证的传递方式

EDI 条件下，贸易单证的传递方式由于单证是通过数字方式传递的，缺乏验证的过程，因此加强安全性，保证单证的真实可靠成了一个重要的问题。

二、EDI 的应用流程

图 5-6 EDI 的应用流程

EDI 的应用流程仅以订单与订单回复为例做简单介绍，目的是理解 EDI 如何工作及简单的应用过程，如图 5-6 所示。例如，A 企业要把它的基本信息让 B 企业知道，它通常会把一个参与信息报文发往企业 B，以便企业 B 了解它。同样，企业 B 也可以将其企业信息发至 A。若 A

是供应商，B是客户，则A可通过一产品或销售目录报文，将其产品的有关信息发往B；若B对A的某种产品感兴趣，要了解A的产品价格与交货条款等信息，B可以向A发出一个报价请求报文，A以报价报文来回答B；若B对A的产品的价格以及交货条款等内容能够接受，B就可以向A发出一份订购单报文。A可用订购单应答报文对B订购单报文进行答复；若答复是肯定的，A便立即开始备货，备齐货后就可以向B发货，为了预先通知B货物已发出，A可向B发出一份发货通知，B可以向甲发出一份收货通知报文，以说明自己对货物的收受情况；当A接到收货通知后，可以向B发出发票报文，申明对货物的支付，B收到发票报文经确认后，可发出一份汇款通知报文，以说明即将付款的通知，紧接着便是实际付款的发生。

三、EDI的工作方式

用户在现有的计算机应用系统上进行信息的编辑处理，然后通过EDI转换软件将原始单据格式转换为平面文件（Flat File），平面文件是用户原始资料格式与EDI标准格式之间的对照性文件，它符合翻译软件的输入格式，通过翻译软件转换成EDI标准格式文件。然后在文件外层加上通信信封（Interchange），通过通信软件发送到增值服务网络或直接传给对方用户，对方用户则进行相反的处理，最后成为用户系统应用能够接收的文件格式进行收阅处理。EDI工作的主要特点是：EDI的使用对象是具有固定格式的业务信息和具有经常性业务联系的单位；它所传送的资料是一般业务资料，如发票、订单等；EDI采用共同标准化的格式，它与一般E-mail不同，例如联合国EDIFACF标准格式；EDI尽量避免人工的介入操作，由收送双方的计算机系统直接传送、交换资料。它与传真或电子邮件的区别是：传真与电子邮件需要人工的阅读判断处理将资料重复输入计算机系统中才能进入计算机系统，这样既浪费人力资源，又容易发生错误。EDI工作系统是由数据标准化、EDI软件及硬件和通信网络三个要素构成的。数据标准化：EDI标准是由各企业、各地区代表共同讨论、制定的电子数据交换的共同标准，数据标准可以使各组织之间的不同文件格式，通过共同标准，达到彼此之间文件交换的目的。EDI软件及硬件：EDI软件具有将用户数据库系统中的信息转换成EDI的标准格式，以供传输交换的能力。由于EDI标准具有足够的灵活性，可以适应不同行业的众多需求，然而，每个公司有其自己规定的信息格式，因此，当需要发送EDI电文时，必须用某些方法从公司的专有数据库中提取信息，并把它转换成EDI标准格式，进行传输，这就需要EDI相关软件的帮助。EDI软件主要由转换软件、翻译软件和通信软件构成，转换软件主要帮助用户将原有计算机系统的文件转换成翻译软件能够理解的平面文件或是将从翻译软件接收来的平面文件转换成原计算机系统中的文件；翻译软件主要将平面文件翻译成EDI标准格式，或将接收到的EDI标准格式翻译成平面文件；通信软件是将EDI标准格式的文件外层加上通信信封（Envelope），再送到EDI系统交换中心的邮箱（Mailbox），或由EDI系统交换中心内，将接收到的文件取回。EDI硬件由计算机、调制解调器（Modem）和通信线路构成。Modem主要调制EDI进行电子数据交换时通信网络的传输速度。通信网络即EDI通信方式和网络（VAN）方式。它类似于邮局，为发送者与接收者维护邮箱，并提供存储转送、记忆保管、通信协议转换、格式转换、安全管制等功能。通过增值网络传送EDI文件，可以大幅度降低相互传送资料的复杂度和困难度，提高EDI的工作效率，如图5-7所示。

四、EDI的使用过程

EDI的使用过程如图5-8所示，具体步骤如下。

① 买方的计算机向卖方的计算机发送采购订单。

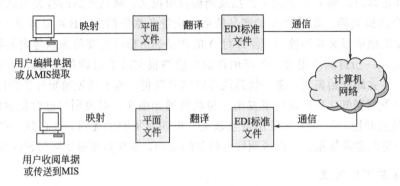

图 5-7 EDI 的工作方式

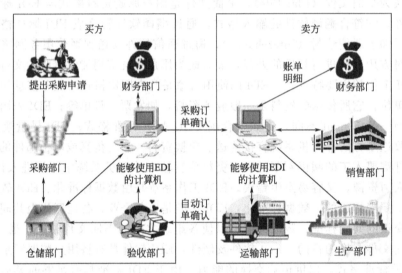

图 5-8 EDI 的使用过程

② 卖方的计算机向买方的计算机发送采购订单确认。
③ 卖方的计算机向运输公司的计算机发送运输请求。
④ 运输公司的计算机向卖方的计算机发送运输确认。
⑤ 卖方的计算机向买方的计算机发送提前运输通知。
⑥ 运输公司的计算机向卖方的计算机发送运输状况。
⑦ 买方的计算机向卖方的计算机发送到货通知。
⑧ 卖方的计算机向买方的计算机发送商业发票。
⑨ 买方的计算机向卖方的计算机付款。

工作任务 2　利用 EDI 教学软件进行模拟实训

一、实验内容及要求

1. 了解电子数据交换的基本原理。
2. 了解 Excel 宏的功能,它对我们使用 Excel 表高级功能的意义。

二、实验准备

1. Windows 操作系统,Excel 2000 以上。

2. EDI 演示软件。

三、实验过程

1. 设置 Excel 宏选项

打开 Excel，依次点击"工具""宏""安全性"按钮，如图 5-9 所示；此时系统会出现如图 5-10 所示的安全性对话框，选择"中"或"低"，一般选择"中"，这样，一旦系统运行宏时会给出提示。

图 5-9 进入 Excel 宏设置选项

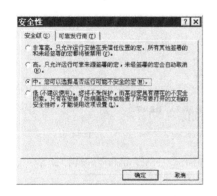

图 5-10 调整宏安全性为"中"

图 5-11 EDI 格式转换演示文件

2. 打开 EDI 演示文件，查看 EDI 相关文件格式

打开 EDI 演示文件，如图 5-11 所示。进入 EDI 格式转换后，系统会出现如图 5-12 所示的系统安全提示对话框，点击"启用宏"按钮即可。

很快，就会出现如图 5-13 所示的画面，这是一张出口商品检验单，点击该检验单右侧的"映

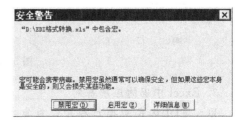

图 5-12 选择"启用宏"按钮

射到平面文件"按钮,将其映射到平面文件,如图5-14所示,继续点击"翻译到EDI报文"按钮,就会出现如图5-15所示的EDI报文格式。

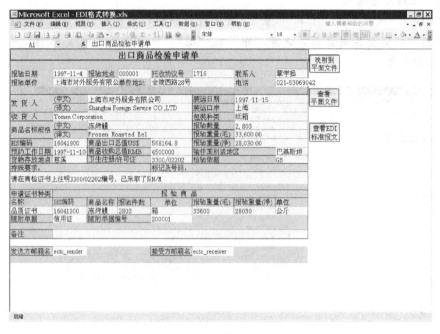

图 5-13　出口商品检验单

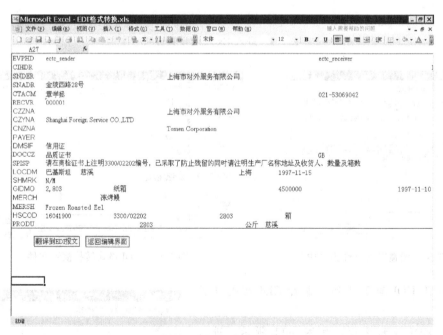

图 5-14　EDI 报文格式

3. Excel 中宏的应用基础

刚才 EDI 格式转换过程中,重点的应用就是 Excel 中宏的使用,所谓宏,其实就是 Excel 中的编程语言,功能十分强大,能够执行许多复杂的功能,有些小型管理软件如库存

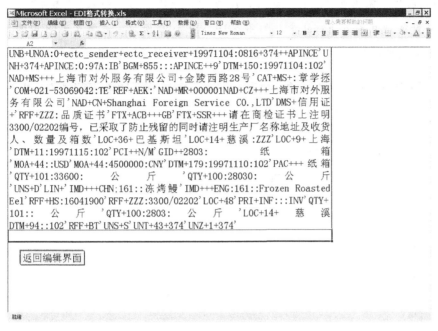

图 5-15　EDI 标准报文

软件、财务软件就是用 Excel 宏编写的，和其他编程语言相比，宏相对简单，而且和 Excel 高度集成，能够编写出十分漂亮的管理表格及界面。

下面我们通过插入一张简单的图片说明 Excel 中宏的基本原理。

① 打开 Excel，依次点击"工具""宏""录制新宏"（如图 5-16 所示），系统会出现如图 5-17 所示的提示对话框，输入新宏的名称，如"插入图片"。

图 5-16　开始录制新宏

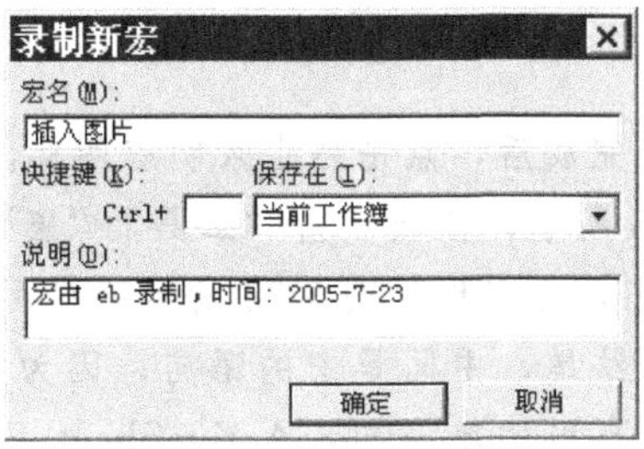

图 5-17　输入新宏的名称

② 插入图片，完成宏的录制。如图 5-18 所示，依次点击"插入""图片""来自文件"，将事先准备好的图片插入 Excel 中，如图 5-19、图 5-20 所示。注意图 5-18 中的 图标，该图标是宏录制图标，表示现在进行的所有操作都将自动录制到宏里面去。

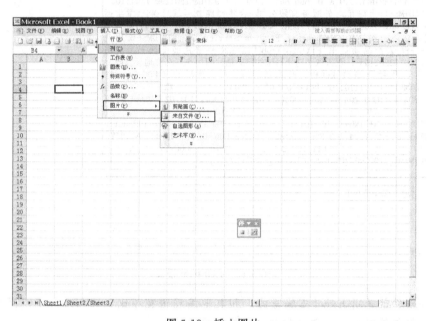

图 5-18　插入图片

图 5-19　选择要插入的图片

如图 5-20 所示，图片插入完成后，点击停止录制宏图标。

③ 查看宏源码。如图 5-16 所示，依次点击"工具""宏""宏"，出现如图 5-21 所示的对话框。继续点击"编辑"按钮，会出现如图 5-22 所示的界面，这就是宏的源代码，宏的源代码以 Sub 开头，以 End Sub 结尾，中间是宏的语句，因为插入图片宏比较简单，以单引号开头的都是注释语句，真正有用的就一句：ActiveSheet.Pictures.Insert ("D：\yz.jpg").Select。

图 5-20　停止录制宏

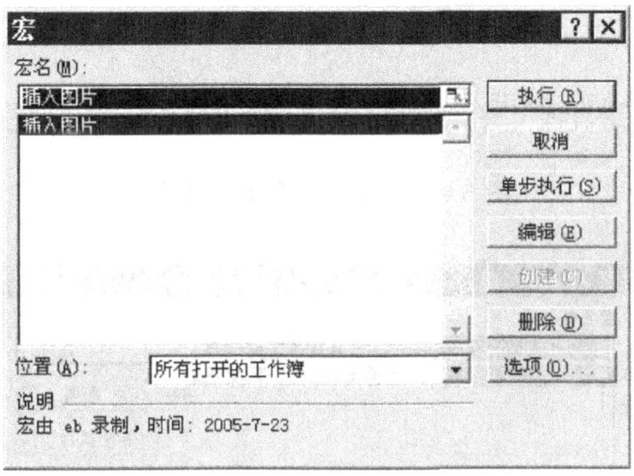

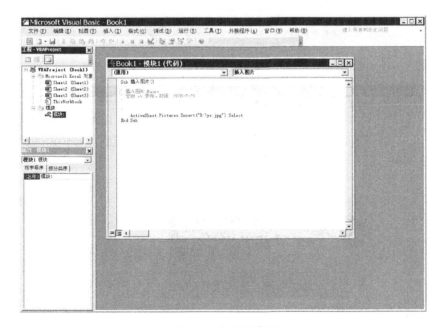

图 5-21　编辑宏

图 5-22　宏的源代码

④ 执行宏。将 Excel 关闭，重新打开一个新的 Excel，如图 5-23 所示。依次点击"工具""宏""宏"，选择"插入图片"，如图 5-24 所示，点击"执行"按钮，就会出现如图 5-25 所示的结果。

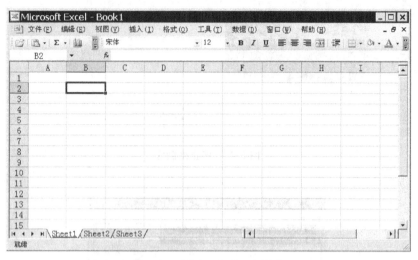

图 5-23　新开一个 Excel 窗口

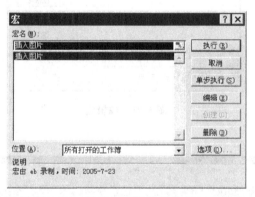

图 5-24　执行宏

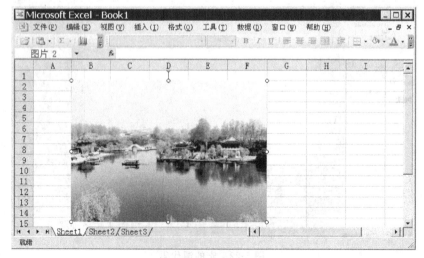

图 5-25　执行结果

四、练习与思考

1. EDI 目前在我国处于什么地位？互联网的发展对 EDI 有何影响？
2. 自己设计一张 Excel 表，尝试用宏进行相应的计算和分析。

【综合案例分析】 上海联华超市股份有限公司 EDI 应用系统

公司背景

上海联华超市股份有限公司是国内最大的超市集团，主要股东是上海友谊集团，其他股东包括上海工商联和日本三菱商式株式会社。2002 年联华超市的营业额为 58.2 亿元，其中 60% 来自超市，27% 来自大卖场，13% 来自便利店，净利润率达 4.6%，2003 年 6 月 27 日在香港联合交易所有限公司上市。

1. 基本状况

上海联华超市股份有限公司成立于 1992 年，至 2001 年已发展到 1000 多家门店。它有直营店、加盟店、合营店三种经营方式，其中直营店主要在上海；加盟店分布在浙江、江苏等外省；合营店主要以控股方式经营，主要分布在远郊区、县等地。直营、加盟、合营三种经营方式的门店都由总部统一进货。

随着经营规模的越来越大，管理工作越来越复杂，公司领导意识到必须搞好计算机网络应用。从 1997 年开始，成立了总部计算机中心，完成经营信息的汇总、处理。配送中心也完全实现了订货、配送、发货的计算机管理，各门店的计算机应用由总部统一配置、开发、管理。配送中心与门店之间的货源信息通过上海商业高新技术公司的商业增值网以 E-mail 方式传递。

2. 系统结构

上海联华超市股份有限公司的 EDI 应用系统可完成配送中心与供应商之间、总部与配送中心之间、配送中心与门店之间的标准格式的信息传递，信息通过上海商业增值网 EDI 服务中心完成。

3. 应用信息流

采用 EDI 之后，配送中心直接根据各门店的销售情况和订货情况产生订货信息，发送给供应商。供应商供货后，配送中心根据供应商的发货通知单直接去维护库存，向门店发送存货信息。这样做的结果，使信息流在供应商、配送中心、门店之间流动，所有数据只有一个入口，保证了数据传递的及时和准确，降低了订货成本和库存费用。

案例分析

上海联华超市股份有限公司在应用 EDI 后，不仅提高了商业效率，降低了企业成本，而且获得了更为广阔的商业机遇。通过建立完善的信息系统，规范了管理流程，加速推进了联华超市的信息化进程，使企业获得了良好的经济效益。

企业引入 EDI 时，选择低成本引入，为了数据传输方便，可先引入订购单，将订购单转换成 EDI 报文传送给供应商。其优点是：

① 不需要为配合不同供应商而使用不同的 EOS 系统；
② 使供应商能够提早收到订单，及早处理，加快送货速度。

除了数据传输外，使用 EDI 还有改善作业的功能，可与供应商合作，依次引入采购进货单、出货单、催款对账单及付款明细表，并与企业内部信息系统集成，逐渐改善订购、进货、对账及付款作业。

① 引入采购进货单。采购进货单是整个交易流程的开始，供应商接收 EDI 订单，不需

要重新输入就可保证数据的正确,而且也不需要为配合不同供应商而使用不同的 EOS 系统。

② 引入出货单。供应商在出货前事先发送 EDI 出货单通知零售商,零售商可事先安排储位,并比较出货单与内部的订购数据,缩短验收后人工确认的时间,也降低了日后对账的困难程度。

③ 引入催款对账单。零售商可在引入 EDI 对账报文后开发对账系统,并与订购及验收系统集成,生成对账单,这样就减轻了财务部门每月对账的工作量,降低了对账的错误率。

④ 引入付款明细表。引入与供应商的对账系统后,零售商可将日常的付款作业计算机化,开发转账系统,并与银行进行 EDI 连接,引入付款明细表 EDI 报文。

此转账系统除可与对账系统、会计系统集成,除能实现自动转账外,也可使后续的会计作业实现自动化,节省人力,降低人工错误率;引入 EDI 来改善作业流程,必须有相关部门人员的积极参与,才可能获得成功。

总之,必须要有相关业务部门的人员参与,协同信息人员共同制定新的作业流程,并由信息人员修改信息系统,才能使 EDI 发挥最大效果,达到改善作业流程的目的。由于需要整合不同部门的作业,因此,参与的业务主管层次越高,应用的层面就越广。

除数据传输和作业改善外,企业还可以 EDI 为工具进行企业再造。企业再造的目的是为客户提供最好的产品与服务,因此作业流程的革新是非常重要的。实施 EDI,可先改变与供应商间的作业流程,再配合外部流程的改造来革新企业的内部流程。

项目六　物流信息地理分析与动态跟踪技术

【技能目标】

1. 熟练操作手持 GPS 进行定位；
2. 熟练使用 GIS；
3. 北斗导航系统使用。

【知识目标】

1. 全球定位系统（GPS）和地理信息系统（GIS）的特点及用途；
2. GPS 的组成和定位原理；
3. GIS 的组成、功能；
4. GPS 和 GIS 在物流领域中的应用；
5. 北斗导航系统的原理及发展趋势。

【工作任务】

1. "GPS 互联网车辆查询平台"的应用；
2. 海尔集团顾客服务电子地图系统认知；
3. 北斗导航应用案例之森林防火指挥系统认知；
4. 在 GIS 中进行配送中心选址和配送路径优化。

【引导案例】　北京烟草物流配送中心　3G 卷烟物流配送调度系统

北京市烟草专卖局树立和落实科学发展观，认真贯彻国家烟草专卖局提出的"电话订货、网上配货、电子结算、现代物流"的烟草销售网建设十六字方针，积极推进传统商业向现代物流的转变，成立了位于通州区的北京烟草配送中心，由此形成了全新的、覆盖北京城乡的现代烟草物流新格局。

北京 2010 年大约有 3.6 万个烟草零售户，实行每周一回访式的电话订货。烟草零售户不仅分布于商厦酒楼，还散落在街头巷尾。原来分散的模式是在 18 个区（县）各自设立自己的仓库、自己分配。分散的配送中心使北京市烟草专卖局原来的运作方式成本高、效率低、资源浪费严重。烟草行业要从传统商业向现代流通转变，很重要的标志就是要实现统一的仓储、集中的分拣和分级的配送。于是，北京烟草物流中心投资了 1.8 亿元、历时一年，在通州区建立了现代化的北京烟草物流中心。GIS/GPS/GPRS 相结合的 3G 卷烟物流配送调度系统，成为该中心重要的组成部分和信息化建设的亮点之一。

早在 1995 年，烟草行业就已经开始接触 GIS 技术了；到 2001 年，北京烟草物流中心与中兵勘察设计研究院信息公司合作，开始将 GIS 应用于卷烟销售网络建设；而真正把 GIS 和卷烟销售业务相结合，并大面积地应用，应该从 2005 年建设北京烟草物流中心时算起。

北京烟草物流配送中心的建设从一开始就紧紧抓住信息化建设的关键环节，利用地理信息系统,以可视化技术为依托,建立了可以便捷、形象、全面地掌控全市范围的客户资源分布、烟草配送、配送车辆的运行状况等信息的烟草物流配送 GIS 系统。烟草物流配送 GIS 系统在物流中心建设的过程中是进行物流配送规划、优化的必要条件和手段;当物流中心投入正常运行时,它既是日常物流配送业务管理工作的基础性平台,也是指挥中心的主要调度、展示平台。

通过物流配送 3G 系统的建设,北京烟草物流配送中心实现了信息展示可视化、物流配送更优化、送定访均衡化、适应业务柔性化、数据维护日常化、系统操作简便化、物流管理网络化等特点,大大提升了北京市烟草物流配送管理。

目前,北京烟草参与配送的几十台配送车辆都装上了 GPS 设备。在北京烟草物流指挥中心的大屏幕上,通过 GIS 很容易就能监控这些车辆的动向。安装 GPS 设备不仅是为了作业的需要,更重要的也是为了保障人、烟、车的配送安全。现在,每天利用这套系统进行配送的卷烟大约有几十万条,服务的零售商六七千家,配送车辆运营几百台次。

通过应用烟草物流配送 3G 系统,北京市烟草专卖局呼叫中心确认了每天的实际订单以后,系统根据实际订单进行配送线路的优化,并合理地配车配线。每天早上配送车出发前,系统根据订单优化线路,完成所有车辆的优化线路仅仅需要 5 分钟。这大大缩短了编车时间,并提高了配送效率。物流中心能根据系统运算出来的数据进行装车、运输,整个过程非常顺利,避免了以往经常出现的装车错误问题。配送人员每天在出发前只需要拿着属于自己的路线图进行配送就可以了。

如今,烟草物流配送 3G 系统已成为北京市烟草物流中心的重要组成部分,为北京市烟草专卖局实现安全存储、准确分拣、及时配送、优质服务的目标及打造烟草行业的金牌物流,打下了坚实的基础。

单元一 GPS 技术概述

一、GPS 系统的定义

GPS 系统又称为全球定位系统(Global Positioning System,GPS),是美国从 20 世纪 70 年代开始研制,于 1994 年全面建成,具有海、陆、空全方位实时三维导航与定位能力的新一代卫星导航与定位系统。GPS 是由空间星座、地面控制和用户设备等三部分构成的。GPS 测量技术能够快速、高效、准确地提供点、线、面要素的精确三维坐标以及其他相关信息,具有全天候、高精度、自动化、高效益等显著特点,广泛应用于军事、民用交通(船舶、飞机、汽车等)导航、大地测量、摄影测量、野外考察探险、土地利用调查、精确农业以及日常生活等不同领域。

二、GPS 系统的组成

GPS 系统包括三大部分:空间部分——GPS 卫星星座;地面控制部分——地面监控系统;用户设备部分——GPS 信号接收机。

(一) GPS 卫星星座

GPS 卫星星座是由 21 颗工作卫星和 3 颗在轨备用卫星组成的 GPS 卫星星座,记作(21+3)GPS 星座。24 颗卫星均匀分布在 6 个轨道平面内,轨道倾角为 55 度,各个轨道平面之间相距 60 度,即轨道的升交点赤经各相差 60 度。每个轨道平面内各颗卫星之间的升交角距相差

90度，一轨道平面上的卫星比西边相邻轨道平面上的相应卫星超前30度，如图6-1所示。

在两万公里高空的 GPS 卫星，当地球对恒星来说自转一周时，它们绕地球运行2周，即绕地球一周的时间为12恒星时。这样，对于地面观测者来说，每天将提前4分钟见到同一颗 GPS 卫星。位于地平线以上的卫星颗数随着时间和地点的不同而不同，最少可见到4颗，最多可见到11颗。在用 GPS 信号导航定位时，为了结算测站的三维坐标，必须观测4颗 GPS 卫星，称为定位星座。这4颗卫星在观测过程中几何位置的分布对定位精度有一定的影响。

图6-1　GPS 卫星星座示意图

（二）地面监控系统

GPS 的控制部分由分布在全球的若干个跟踪站所组成的监控系统构成，根据其作用的不同，这些跟踪站又被分为主控站、监控站和注入站。主控站有一个，位于美国科罗拉多州春田市（Colorado. Springfield），它的作用是根据各监控站对 GPS 的观测数据，计算出卫星的星历和卫星钟的改正参数等，并将这些数据通过注入站注入卫星中；同时，它还对卫星进行控制，向卫星发布指令，当工作卫星出现故障时，调度备用卫星，替代失效的工作卫星工作；另外，主控站也具有监控站的功能。监控站有五个，除了主控站外，其他四个分别位于夏威夷（Hawaii）、阿松森群岛（Ascension）、迭戈加西亚（Diego Garcia）、卡瓦加兰（Kwajalein），监控站的作用是接收卫星信号，监测卫星的工作状态；注入站有三个，它们分别位于阿松森群岛、迭戈加西亚、卡瓦加兰，注入站的作用是将主控站计算出的卫星星历和卫星钟的改正数等注入卫星中。

对于导航定位来说，GPS 卫星是一动态已知点，卫星的位置是依据卫星发射的星历——描述卫星运动及其轨道的参数算得的。每颗 GPS 卫星所播发的星历是由地面监控系统提供的，卫星上的各种设备是否正常工作以及卫星是否一直沿着预定轨道运行，都要由地面设备进行监测和控制。地面监控系统另一重要作用是保持各颗卫星处于同一时间标准——GPS 时间系统，这就需要地面站监测各颗卫星的时间求出钟差。然后由地面注入站发给卫星，卫星再将导航电文发给用户设备。GPS 工作卫星的地面监控系统包括一个主控站、三个注入站和五个监测站。

（三）GPS 信号接收机

GPS 信号接收机的任务是能够捕获到按一定卫星高度截止角所选择的待测卫星的信号，并跟踪这些卫星的运行，对所接收到的 GPS 信号进行变换、放大和处理，以便测量出 GPS 信号从卫星到接收机天线的传播时间，解译出 GPS 卫星所发送的导航电文，实时地计算出测站的三维位置，甚至三维速度和时间。

GPS 卫星发送的导航定位信号是一种可供无数用户共享的信息资源。对于陆地、海洋和空间的广大用户来说，只要用户拥有能够接收、跟踪、变换和测量 GPS 信号的接收设备即 GPS 信号接收机，就可以在任何时候用 GPS 信号进行导航定位测量。根据使用目的的不同，用户对 GPS 信号接收机的要求也各有差异。目前，全球上生产 GPS 信号接收机的公司已有几十家，产品也有几百种。

静态定位中 GPS 信号接收机在捕获和跟踪 GPS 卫星的过程中固定不变，接收机高精度地测量 GPS 信号的传播时间，利用 GPS 卫星在轨的已知位置解算出接收机天线所在位置的三维坐标。而动态定位则是用 GPS 信号接收机测定一个运动物体的运行轨迹。GPS 信号接收机所位于的运动物体叫作载体（如航行中的船舰空中的飞机行走的车辆等）。载体上的 GPS 信号接收机天线在跟踪 GPS 卫星的过程中相对地球而运动的接收机用 GPS 信号实时地测得运动载体的状态参数（瞬间三维位置和三维速度）。

近几年，国内引进了许多种类型的 GPS 测地型接收机。各种类型的 GPS 测地型接收机用于精密相对定位时其双频接收机精度可达 5MM＋1PPM.D，单频接收机在一定距离内精度可达 10MM＋2PPM.D。用于差分定位其精度可达亚米级至厘米级。

目前，各种类型的 GPS 接收机体积越来越小，重量越来越轻，便于野外观测。GPS 和 GLONASS（俄罗斯全球卫星导航系统）兼容的全球导航定位系统接收机已经问世，如图 6-2 所示。

图 6-2　GPS 信号接收机

三、GPS 的定位原理

GPS 的基本定位原理是：卫星不间断地发送自身的星历参数和时间信息，用户接收到这些信息后，经过计算求出接收机的三维位置、三维方向，以及运动速度和时间信息。

四、GPS 系统的特点

GPS 系统的主要特点有定位精度多，观测时间短，测站间无须通视，可提供三维坐标，操作简便，全天候作业和多功能等。

（一）定位精度高

应用实践已经证明，GPS 相对定位精度在 50km 以内可达 10～6m，100～500km 可达 10～7m，1000km 可达 10～9m。在 300～1500m 工程精密定位中，1 小时以上观测的解其平面位置误差小于 1mm，与 ME-5000 电磁波测距仪测定的边长比较，其边长较差最大为 0.5mm，校差中误差为 0.3mm。

（二）观测时间短

随着 GPS 系统的不断完善，软件的不断更新，目前，20km 以内相对静态定位，仅需 15～20 分钟；快速静态相对定位测量时，当每个流动站与基准站相距 15km 以内时，流动站观测时间只需 1～2 分钟，然后可随时定位，每站观测只需几秒钟。

（三）测站间无须通视

GPS 测量不要求测站之间互相通视，只需测站上空开阔即可。因此，可节省大量的造标费用。由于无须点间通视，测点位置可根据需要可稀可密，因此，选点工作甚为灵活，也可省去经典大地网中的传算点、过渡点的测量工作。

（四）可提供三维坐标

经典大地测量将平面与高程采用不同方法分别施测。GPS可同时精确测定测站点的三维坐标。目前GPS水准可满足四等水准测量的精度。

（五）操作简便

随着GPS信号接收机不断改进，自动化程度越来越高，有的已达"傻瓜化"的程度；接收机的体积越来越小、重量越来越轻，极大地减轻了测量工作者的工作紧张程度和劳动强度，使野外工作变得轻松愉快。

（六）全天候作业

目前，GPS观测可在一天24小时内的任何时间进行不受阴天黑夜、起雾刮风、下雨下雪等气候的影响。

（七）多功能

GPS系统不仅可用于测量、导航，还可用于测速和测时。测速的精度可达0.1M/S，测时的精度可达几十毫微秒。GPS系统当初设计的主要目的是用于导航收集情报等军事活动。但是后来的应用开发表明GPS系统不仅能够达到上述目的，而且用GPS卫星发来的导航定位信号能够进行厘米级甚至毫米级精度的静态相对定位；米级至亚米级精度的动态定位；亚米级至厘米级精度的速度测量和毫微秒级精度的时间测量。因此，GPS系统展现了极其广阔的应用前景。

五、GPS的应用

20余年的实践证明，GPS系统是一个高精度、全天候和全球性的无线电导航、定位和定时的多功能系统。GPS技术已经发展成为多领域、多模式、多用途、多机型的国际性高新技术产业。目前GPS系统的应用已经十分广泛，其主要用途有：

① 陆地应用，主要包括车辆导航、应急反应、大气物理观测、地球物理资源勘探、工程测量、变形监测、地壳运动监测、市政规划控制等。

② 海洋应用，包括远洋船最佳航程航线测定、船只实时调度与导航、海洋救援、海洋探宝、水文地质测量以及海洋平台定位、海平面升降监测等。

③ 航空航天应用，包括飞机导航、航空遥感姿态控制、低轨卫星定轨、导弹制导、航空救援和载人航天器防护探测等。

许多商业和政府机构也使用GPS设备来跟踪其车辆位置。一些GPS接收器集成了收音机、无线电话和移动数据终端来适应车队管理的需要。

六、GPS在物流中的运用

目前，GPS技术备受人们关注，其中一个重要的原因是GPS的诸多功能在物流领域的运用已被证明是卓有成效的。具体来看，目前GPS在物流中主要发挥了下列功能。

（一）导航功能

三维导航是GPS的首要功能，飞机、轮船、地面车辆以及步行者都可以利用GPS导航器进行导航。汽车导航系统是在全球定位系统GPS基础上发展起来的一门新型技术。汽车导航系统是由GPS导航、自律导航、微处理机、车速传感器、陀螺传感器、CD-ROM驱动器和LCD显示器组成。GPS导航系统与电子地图、无线电通信网络及计算机车辆管理信息系统相结合，可以实现车辆跟踪和交通管理等许多功能。

（二）车辆跟踪功能

GPS 导航系统与 GIS 技术、无线移动通信系统（GSM）及计算机车辆管理信息系统相结合，可以实现车辆跟踪功能。利用 GPS 和 GIS 技术可以实时显示出车辆的实际位置，并任意放大、缩小、还原、换图；可以随目标移动，使目标始终保持在屏幕上，还可实现多窗口、多车辆、多屏幕同时跟踪，利用该功能可对重要车辆和货物进行跟踪运输。

目前，已开发出把 GPS/GIS/GSM 技术结合起来对车辆进行实时定位、跟踪、报警、通信等的技术，能够满足掌握车辆基本信息、对车辆进行远程管理的需要，有效避免车辆的空载现象，同时客户也能通过互联网技术，了解自己货物在运输过程中的细节情况。

（三）货物配送路线规划功能

货物配送路线规划是 GPS 导航系统的一项重要辅助功能，包括以下几点。

（1）自动线路规划　由驾驶员确定起点和终点，由计算机软件按照要求自动设计最佳行驶路线，包括最快的路线、最简单的路线、通过高速公路路段次数最少的路线等。

（2）人工线路设计　由驾驶员根据自己的目的地设计起点、终点和途经点等，自动建立线路库。线路规划完毕后，显示器能够在电子地图上显示设计线路，并同时显示汽车运行路径和运行方法。

（四）信息查询

为客户提供主要标识点，如旅游景点、宾馆、医院等数据库查询，用户能够在电子地图上根据需要进行查询。查询资料可以文字、语言及图像的形式显示，并在电子地图上显示其位置。同时，监测中心可以利用监测控制台对区域内任意目标的所在位置进行查询，车辆信息将以数字形式在控制中心的电子地图上显示出来。

（五）紧急援助

通过 GPS 定位和监控管理系统可以对遇有险情或发生事故的车辆进行紧急援助。监控台的电子地图可显示求助信息和报警目标，规划出最优援助方案，并报警提醒值班人员进行应急处理。

工作任务 1　"GPS 互联网车辆查询平台"的应用

一、任务目的

1. 通过 GPS 导航网站学习 GPS 导航的相关知识内容。
2. 通过 GPS 导航设备掌握 GPS 的使用方法。
3. 使用 GPS 车辆监控系统软件了解 GPS 在物流信息系统中的应用。

二、任务分析

该项目主要是通过知识点、实际模拟软件、GPS 网站以及 GPS 设备进行对 GPS 系统的概念、功能、原理的学习，并掌握 GPS 实际的操作应用。同时，理解 GPS 系统在物流系统中的应用。

三、任务实施准备

1. 登录车辆调度系统

车辆监控调度系统登录窗口如图 6-3 所示。

2. 选择所在城市的详细地图

登录平台，地图窗口上方提供了地图选择下拉框，在这里选择需要查看的详细地图，如图 6-4 所示。

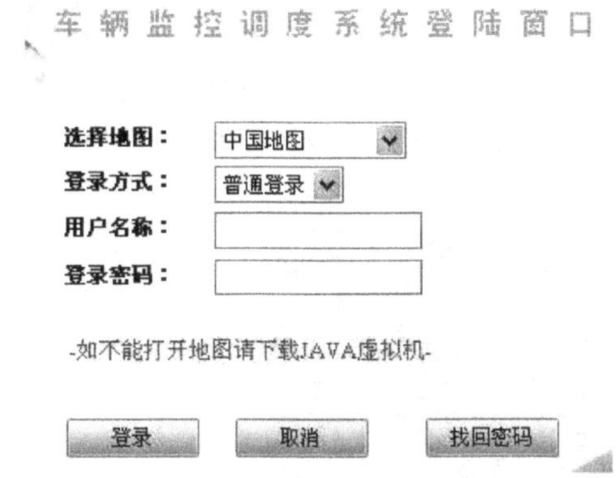

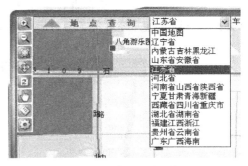

图 6-3　车辆监控调度系统登录窗口

图 6-4　详细地图查询

3. 通过互联网对车辆进行实时跟踪

登录平台后，选择进行跟踪的车辆，然后点击“显示选定车辆”，即可在地图窗口看到该车辆，并自动开始实时跟踪，如图 6-5 所示。

http://web.gpstech.net - 车辆详细信息 - Microsoft Internet Explorer

车牌号	时间	定位状态	速度	报警状态	信号强度	电压	车机工作温度
浙CMU075	2007-11-26 14:45:09	已定位	49	正常			
浙CMN083	2007-11-26 12:16:40	已定位	0	正常			
浙CNF738	2007-11-26 11:13:49	已定位	0	正常			
浙CMN106	2007-11-26 13:10:11	未定位	0	正常			
浙CCJ527	2007-11-26 14:27:17	已定位	36	正常			
浙CMU017	2007-11-26 14:34:10	已定位	33	正常			

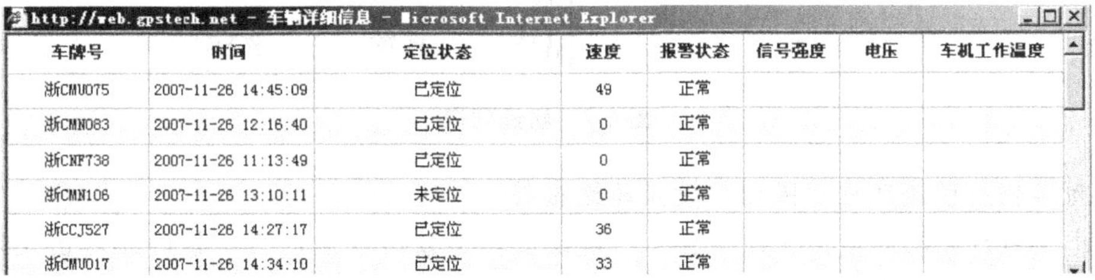

图 6-5　车辆实时跟踪

4. 在地图上测量车辆行驶的距离

点击“测距”按钮后，可测量距离，选择初始点，拖动鼠标到指定点（车辆位置）双击“结束”，弹出距离的对话框，如图 6-6 所示。

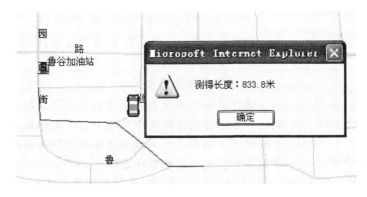

图 6-6　车辆行驶的距离测量

5. 回放车辆在某一天的历史轨迹

(1) 选择车辆　点击进入地图窗口右侧的“历史”栏，在“车牌号码”下拉条中选择预查看的车辆。

(2) 选择日期　在"查询日期"栏中输入要查询的日期（系统默认为当天日期），也可以点击"日历"按钮进行日期选择。

(3) 轨迹列表　点击该按钮，地图窗口将显示完整的历史行驶轨迹；数据框中显示详细的"位置点信息"，用鼠标单击数据框中每条"位置点信息"，地图窗口将会自动切换到该点位置，精确到几点几分时的车辆位置、速度、方向等运行状态一目了然，如图6-7所示。

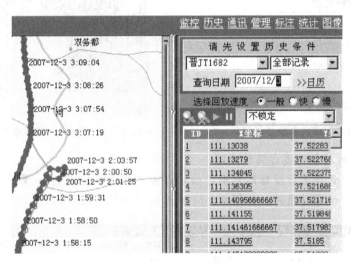

图 6-7　轨迹列表

6. 对车辆行驶速度进行限制，设置超速报警

通过"GPS互联网车辆查询平台"可以设置车辆最高限速，当车辆时速超出设定值时，系统将自动向车主手机及"GPS互联网车辆查询平台"发出超速报警短信；当车辆时速下降到设定值内时自动停止报警。

① 登录平台，在地图窗口右上角的"通讯"菜单中点击"报警设置"。

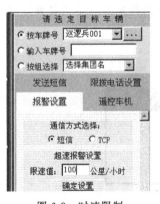

图 6-8　时速限制

② 选择要设置的目标车辆，例如"巡逻兵001"。

③ 在"限速值"栏内填入要设置的最高行驶时速（有效设定值为20～180公里/小时）。

④ 单击"确定设置"即完成设置。

如图6-8所示，对目标车辆"巡逻兵001"设定最高时速为100公里/小时。

7. 设定车辆的行驶区域

通过"GPS互联网车辆查询平台"可以设置车辆的行驶区域，当车辆行驶超出这个区域时，"巡逻兵001"将自动向车主手机及"GPS互联网车辆查询平台"发出越区报警短信；当车辆回到区域内时报警自动停止。

① 登录平台后，在地图窗口右上角的"通讯"菜单中点击"报警设置"。

② 选择目标车辆，如"巡逻兵001"。

③ 单击"区域划定"。

④ 用鼠标在地图窗口中画出行驶区域。

⑤ 区域画好后，单击"确认"设置，即可启动区域报警功能。当该车辆不需要区域限制时，单击"取消区域"，即可关闭区域报警功能。

四、注意事项

1. 在现代物流中，通过使用 GPS 和 GIS 可以做到选择车辆运输的最佳路径，并避免迷路。

2. 如何准确跟踪重要货物在运输途中的地理位置，GPS 和 GIS 系统的应用很好地解决了这个问题。在项目操作中引导学生关注这项技术在物流系统中的作用。

单元二　GIS 技术概述

一、GIS 的定义

地理信息系统（Geographic Information System，GIS）是一种基于计算机的工具，它可以对在地球上存在的东西和发生的事件进行成图和分析。通俗地讲，它是整个地球或部分区域的资源、环境在计算机中的缩影。严格地讲，它是反映人们赖以生存的现实世界（资源或环境）的现势与变迁的各类空间数据及描述这些空间数据特征的属性，在计算机软件和硬件的支持下，以一定的格式输入、存储、检索、显示和综合分析应用的技术系统。它是以采集、存储、管理、处理分析和描述整个或部分地球表面（包括大气层在内）与空间和地理分布有关的数据的空间信息系统。

地理信息系统作为获取、存储、分析和管理地理空间数据的重要工具、技术和学科，近年来得到了广泛关注和迅猛发展。由于信息技术的发展，数字时代的来临，从理论上来说，GIS 可以运用于现阶段任何行业。

从技术和应用的角度来说，GIS 是解决空间问题的工具、方法和技术。

从学科的角度来说，GIS 是在地理学、地图学、测量学和计算机科学等学科基础上发展起来的一门学科，具有独立的学科体系。

从功能上说，GIS 具有空间数据的获取、存储、显示、编辑、处理、分析、输出和应用等功能。

从系统学的角度来说，GIS 具有一定结构和功能，是一个完整的系统。

简言之，GIS 是一个基于数据库管理系统（DBMS）的分析和管理空间对象的信息系统，以地理空间数据作为操作对象是地理信息系统与其他信息系统的根本区别。

GIS 经过了 40 年的发展，到今天已经逐渐成为一门相当成熟的技术，并且得到了极广泛的应用。尤其是近些年，GIS 更以其强大的地理信息空间分析功能，在 GPS 及路径优化中发挥着越来越重要的作用。GIS 地理信息系统是以地理空间数据库为基础，在计算机软件和硬件的支持下，运用系统工程和信息科学的理论，科学管理和综合分析具有空间内涵的地理数据，以提供管理、决策等所需信息的技术系统。简单地说，GIS 就是综合处理和分析地理空间数据的一种技术系统。

二、GIS 的组成部分

从应用的角度来说，地理信息系统由硬件、软件、数据、人员和方法五部分组成。硬件和软件为地理信息系统建设提供环境；数据是 GIS 的重要内容；方法为 GIS 建设提供解决方案；人员是系统建设中的关键和能动性因素，直接影响和协调其他几个组成部分；方法为 GIS 建设提供解决方案。

硬件主要包括计算机和网络设备，存储设备，数据输入、显示和输出的外围设备等。

软件主要包括以下几类：操作系统软件、数据库管理软件、系统开发软件、GIS 软件，等等。GIS 软件的选型，直接影响其他软件的选择，影响系统解决方案，也影响着系统建设周期和效益。

数据是 GIS 的重要内容，也是 GIS 系统的灵魂和生命。数据组织和处理是 GIS 应用系统建设中的关键环节，涉及许多问题：

① 应该选择何种（或哪些）比例尺的数据？
② 已有数据现势性如何？
③ 数据精度是否能满足要求？
④ 数据格式是否能被已有的 GIS 软件集成？
⑤ 应采用何种方法进行处理和集成？
⑥ 采用何种方法进行数据的更新和维护等？

人员是 GIS 系统的能动部分。人员的技术水平和组织管理能力是决定系统建设成败的重要因素。系统人员按不同分工有项目经理、项目开发人员、项目数据人员、系统文档撰写和系统测试人员等。各个部分齐心协力、分工协作是 GIS 系统成功建设的重要保证。

方法在这里指模型。它是在对专业领域的具体对象与过程进行大量研究的基础上总结出来的规律表示。GIS 应用就是利用这些模型对大量空间数据进行分析综合来解决实际问题的。

三、GIS 的功能

就 GIS 本身来说，大多数功能较全的 GIS 一般均具备四种类型的基本功能，分别介绍如下。

（一）数据采集与编辑功能

GIS 的核心是一个地理数据库，所以建立 GIS 的第一步是将地面的实体图形数据和描述它的属性数据输入数据中，即数据采集。为了消除数据采集的错误，需要对图形及文本数据进行编辑和修改。

（二）制图功能

GIS 的核心是一个地理数据库。建立 GIS 首先是将地面上的实体图形数据和描述它的属性数据输出到数据库中并能编制用户所需要的各种图件。因为大多数用户目前最关心的是制图。从测绘角度来看，GIS 是一个功能极强的数字化制图系统。然而，计算机制图需要涉及计算机的外围设备，各种绘图仪的接口软件和绘图指令不尽相同，所以 GIS 中计算机绘图的功能软件并不简单，ARC/INFO 的制图软件包具有上百条命令，它需要设置绘图仪的种类、绘图比例尺、确定绘图原点和绘图大小等。一个功能强的制图软件包还具有地图综合和分色排版的功能。根据 GIS 的数据结构及绘图仪的类型，用户可获得矢量地图或栅格地图。地理信息系统不仅可以为用户输出全要素地图，而且可以根据用户需要分层输出各种专题地图，如行政区划图、土壤利用图、道路交通图、等高线图等，还可以通过空间分析得到一些特殊的地学分析用图，如坡度图、坡向图、剖面图等。

（三）空间数据库管理功能

地理对象通过数据采集与编辑后，形成庞大的地理数据集。对此需要利用数据库管理系统来进行管理。GIS 一般都装配有地理数据库，其功效类似于对图书馆的图书进行编目，分类存放，以便于管理人员或读者快速查找所需的图书。其基本功能包括数据库定义、数据库的建立与维护、数据库操作、通信功能。

（四）空间分析功能

通过空间查询与空间分析得出决策结论，是 GIS 的出发点和归宿。在 GIS 中这属于专业性、高层次的功能。与制图和数据库组织不同，空间分析很少能够规范化，这是一个复杂的处理过程，需要懂得如何应用 GIS 目标之间的内在空间联系并结合各自的数学模型和理论来制定规划和决策。由于它的复杂性，目前的 GIS 在这方面的功能总的来说是比较低下的。典型的空间分析有以下几点。

1. 拓扑空间查询

空间目标之间的拓扑关系有两类，一种是几何元素的节点、弧段和面块之间的关联关系，用以描述和表达几何要素间的拓扑数据结构；另一种是 GIS 中地物之间的空间拓扑关系，这种关系可以通过关联关系和位置关系隐含表达，用户需通过特殊的方法进行查询。

2. 缓冲区分析

缓冲区分析是根据系统数据库的点、线、面实体，自动建立其周围一定宽度范围的缓冲区多边形，它是地理信息系统重要的和基本的空间分析功能之一。

3. 叠置分析

叠置分析是将同一地区、同一比例尺的两组或更多的多边形要素的数据文件进行叠置，根据两组多边形边界的交点来建立具有多重属性的多边形或进行多边形范围的属性特征的统计分析。

4. 空间集合分析

空间集合分析是按照两个逻辑子集给定的条件进行逻辑交运算、逻辑并运算、逻辑差运算。

地理信息系统除有以上基本功能外，还提供一些专业性较强的应用分析模块，如网络分析模块，它能够用来进行最佳路径分析，以及追踪某一污染源流经的排水管道等。土地适应性分析可以用来评价和分析各种开发活动包括农业应用、城市建设、农作物布局、道路选线等用地，选出最佳方案，为土地规划提供参考意见。发展预测分析可以根据 GIS 中存储的丰富信息，运用科学的分析方法，预测某一事物如人口、资源、环境、粮食产量等，以及今后的可能发展趋势，并给出评价和估计，以调节控制计划或行动。另外，利用地理信息系统还可以进行最佳位置的选择，新修公路的最佳路线选择，辅助决策分析和地学模拟分析等。

四、GIS 的应用领域

地理信息系统在最近的几十年内取得了惊人的发展，广泛应用于资源调查、环境评估、灾害预测、国土管理、城市规划、邮电通信、交通运输、军事公安、水利电力、公共设施管理、农林牧业、统计、商业金融等领域。

（一）资源管理和配置

它主要应用于农业和林业领域，解决农业和林业领域各种资源（如土地、森林、草场）分布、分级、统计、制图等问题，主要回答"定位"和"模式"两类问题。在城市中各种公用设施、救灾减灾中物资的分配、全国范围内能源保障、粮食供应等机构在各地的配置等都是资源配置问题。GIS 在这类应用中的目标是保证资源的最合理配置并发挥最大效益。

（二）城市规划和管理

空间规划是 GIS 的一个重要应用领域，城市规划和管理是其中的主要内容。例如，在大规模城市基础设施建设中如何保证绿地的比例和合理分布，如何保证学校、公共设施、运动场所、服务设施等能够有最大的服务面（城市资源配置问题）等。

（三）生态、环境管理与模拟

通过 GIS 可以完成区域生态规划、环境现状评价、环境影响评价、污染物削减分配的决策支持、环境与区域可持续发展的决策支持、环保设施的管理、环境规划等。

（四）地学研究与应用

地形分析、流域分析、土地利用研究、经济地理研究、空间决策支持、空间统计分析、制图等都可以借助地理信息系统工具完成。

（五）商业与市场

商业设施的建立要充分考虑其市场潜力。例如，大型商场的建立如果不考虑其他商场的分布、待建区周围居民区的分布和人数，建成之后就可能无法达到预期的市场和服务面。有时甚至商场销售的品种和市场定位都必须与待建区的人口结构（年龄构成、性别构成、文化水平构成）、消费水平等结合起来考虑。地理信息系统的空间分析和数据库功能可以解决这些问题。房地产开发和销售过程中也可以利用 GIS 功能进行决策和分析。

（六）基础设施管理

城市的地上地下基础设施（电信、自来水、道路交通、天然气管线、排污设施、电力设施等）广泛分布于城市的各个角落，且这些设施明显具有地理参照特征。它们的管理、统计、汇总都可以借助 GIS 完成，而且可以大大提高工作效率。

（七）可视化应用

以数字地形模型为基础，建立城市、区域或大型建筑工程、著名风景名胜区的三维可视化模型，实现多角度浏览，可广泛应用于宣传、城市和区域规划、大型工程管理和仿真、旅游、物流等领域。

随着网络和 Internet 技术的发展，运行于 Intranet 或 Internet 环境下的地理信息系统应用类型越来越广泛，能为人们的生产、生活提供各种便利的服务。

五、GIS 系统的应用过程

GIS 系统的应用范围很广泛，功能很强大，它可以帮助用户进行地理信息查询和分析。GIS 具有将数据集合和地理信息链接起来的能力，可以辅助企业改进自己的机构和资源的管理。GIS 以地图和附加报告的方式简洁而清晰的提供查询、分析结果信息，使决策者集中精力于实际的问题，而不是花时间去理解数据。以 GIS 为基础的图形数据库是可以延续的，比例尺也不受限制。图件可以以任何地点为中心，比例尺任意，使用突出效果的特殊字符有效地显示所选择的信息。下面简要介绍 GIS 的工作过程。

（一）数据输入

在地理数据用于 GIS 之前，数据必须转换成适当的数字格式。从图纸数据转换成计算机文件的过程叫作数字化。对于大型的项目，现代 GIS 技术可以通过扫描技术来使这个过程全部自动化，对于较小的项目，需要手工数字化。目前，许多地理数据已经是 GIS 兼容的数据格式。这些数据可以从数据提供商那里获得并直接装入 GIS 中。

（二）数据处理

对于一个特殊的 GIS 项目来说，有可能需要将数据转换成或处理成某种形式以适应自己的系统。地理信息适用于不同的比例尺，在这些信息被集成前，必须转变成同一比例尺。这可以是为了显示的目的而做的临时变换，也可以是为了分析所做的永久变换。GIS 技术提供了许多工具来处理空间数据和去除不必要的数据。

（三）存储和管理

对于小的 GIS 项目，把地理信息存储成简单的文件就足够了。但是，当数据量很大而且数据用户数很多时，则使用数据库管理系统（Database Management System，DBMS），来帮助存储、组织和管理数据。

有许多不同的 DBMS 设计，但在 GIS 中，关系数据库管理系统的设计是最有用的。在关系数据库系统设计中，概念上的数据都被存储成一系列的表格。不同表格中的共同字段可以把它们连接起来。

（四）查询和分析

GIS 提供简单的鼠标点击查询功能和复杂的分析工具，为管理者和类似的分析家提供及时的信息。当你分析地理数据用于寻找模式和趋势，或提出"如果……怎么样"的设想时，GIS 技术实际上正在被使用。现代的 GIS 具有许多有力的分析工具，但是有两个是特别重要的。

1. 接近程度分析

例如，用户想了解类似这样的问题，在这片水域周围 100 米范围内有多少房子等，GIS 技术可以使用一种叫作缓冲的处理方法，来确定特征间的接近关系。

2. 覆盖范围分析

不同数据层的综合方法叫作覆盖。简单地说，它可以是一个可视化操作，但是分析操作需要一个或多个物理连接起来的数据层。覆盖，或空间连接，例如，可以将税收数据与土地、斜坡、植被或土地所有者等集成在一起。

（五）结果可视化输出

所有查询和分析的结果最终都以地图信息的形式输出，不仅可以输出全要素地图，还可以根据用户需要输出各种专题图、统计图。GIS 为用户提供许多表达地理数据的手段，其形式可以是计算机屏幕显示，也可以是诸如报告、表格、地图、系列图等，还可以通过人际交互方式来选择现实对象的形式。

工作任务 2　海尔集团顾客服务电子地图系统认知

一、GIS 应用背景

海尔集团经过多年持续稳定发展，已成为在海内外享有较高美誉的大型国际化企业集团，入围世界品牌百强，并成为 2008 年北京奥运会合作伙伴。在这些历史性成就的背后，优质高效的顾客服务功不可没。经过多年持续建设，海尔集团顾客服务系统已经达到较高的信息化水平，实现了与全国 8000 多家专业服务商的联网，信息实行网上派工，电话中心接到用户信息后，利用自动派工系统在 5 分钟之内便可将信息同步传送到离用户距离最近的专业服务商，根据用户的需求，提供随叫随到的服务。

海尔的服务质量有目共睹，但是这并不意味着他们为高质量要付出很高的成本。那么，他们是怎么有效控制成本的呢？

在海尔的服务管理中，用户报修的流程是这样的。其一，用户打电话报修，之后客服人员在系统上登记用户信息——如姓名、购买产品的型号、购买时间等。这其中最关键的是用户所处的位置——只有通过确定用户位置，之后的售后服务才能继续。其二，客服的工作人员手工选择离该用户最近的维修网点，手工网上分派任务，之后维修工程师上门服务。

乍一看，流程非常完美，但仔细一看却有不少漏洞。在登记用户信息时，接线员可能对该地址一点都不熟悉，他（她）怎样才能快速、准确地定位用户的位置？而在手工选择离该用户最近维修网点的环节，该接线员又怎样知道哪个网点离报修地点最近？以前的状况是，海尔为上门维修的服务商按照服务距离配发津贴，而怎么确定距离？由服务商报，是不是会有大的漏洞？

这些漏洞用常规手段解决很困难。刚开始，海尔使用的是"人海＋人脑"的战术。先记住各个城市网点的分布情况，然后根据用户提供的信息，将维修任务派送到业务员认为最近的网点。之后，业务员使用纸质地图量出用户点至维修网点的大概距离，再进行费用结算。

很显然，这种通过手工方法得到的信息，在准确性、正确性、成本和详细程度上都有很大问题。首先，这种人海战术直接带来的是成本的上升。电话接进来，就得有人去处理，再找经销商信息，服务时间就会延长，自然每个人员的服务数量就会减少，相应就会需要更多的服务人员。其次，人脑毕竟是有限的，就算是对业务非常熟悉的业务员能够记住各主要城市的网点分布情况，也只能知道地图上的距离，而不是实际到达距离。而在城市或者是乡镇，只凭借手工量地图距离与实际弯曲的路线有很大差距，既有可能影响服务商的相应质量，又有可能增加服务成本。纸质地图本身就存在较大的测量误差，同时，当手工量出公里数时，会有服务商说量的路是直的，而实际的路是弯的，要求多加几公里。维修费就这样溜出去了。

2006年，海尔引入了由中国科学院旗下的超图公司的SuperMap GIS地理信息系统的空间分析功能，在售后服务系统中增加了地理信息处理能力。售后服务系统可以在很短时间内计算出距离用户最近的网点，以及网点到用户家的详细路径描述和距离，并及时将这些信息派送到最合理的服务网点，如图6-9所示。

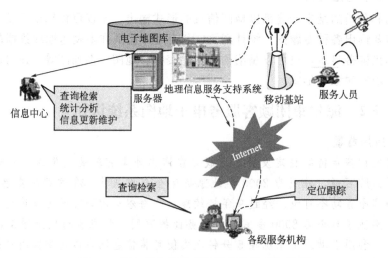

图6-9　海尔客户服务空间信息系统工作模式

二、GIS系统功能

1. 电子地图派工

在未引入GIS之前，海尔客户服务系统使用的是"人海＋人脑"的战术。接线员先记住各个城市网点的分布情况，然后根据用户电话提供的信息，将维修任务派送到自己认为最近的维修服务网点。整个过程需要几分钟甚至几十秒的时间。

引入GIS后，在接线员记录用户的信息后，系统能根据信息自动计算出离用户最近的维修网点，之后自动将服务单派送至该网点，维修工程师再上门服务。整个过程无需手工操作，每次处理的时间缩短到0.1秒以内，消除人为误差，大大提高了工作效率。

2. 电子地图测量服务距离，精确公平，利于服务成本控制

服务商的补贴是由维修点与用户点的距离决定的。该系统能精确计算出实际路径距离，而不需要再用纸质地图量出用户点至维修网点的大概距离。因为纸质地图本身存在较大的测量误差，同时也避免了维修商虚报的可能，达到合理计算成本的目的。

3. 服务人员准确定位

使用移动终端GPS定位功能，对外出维修人员进行定位，服务商可以合理调动维修力量，提高上门服务派工效率。

4. 售后服务信息专题分析

定期地将业务数据汇总，以专题图的方式直观地反映各个地区售后服务工作差异，是海尔高层领导决策的有力参考。

单元三　北斗导航技术概述

一、北斗卫星导航系统定义

北斗卫星导航系统（Compass Navigation Satellite System，CNSS）是中国自行研制开发的区域性有源三维卫星定位与通信系统，是除美国的GPS、俄罗斯的GLONASS之后第三个成熟的卫星导航系统。北斗卫星导航系统致力于向全球用户提供高质量的定位、导航和授时服务，其建设与发展则遵循开放性、自主性、兼容性、渐进性这四项原则。2011年4月10日4时47分，我国在西昌卫星发射中心用"长征三号甲"运载火箭，成功将第八颗北斗导航卫星送入太空预定转移轨道，如图6-10所示。

图6-10　第八颗北斗卫星成功发射

二、北斗卫星导航系统工作原理

北斗卫星导航系统的工作过程：首先由中心控制系统向卫星Ⅰ和卫星Ⅱ同时发送询问信

号,经卫星转发器向服务区内的用户广播。用户响应其中一颗卫星的询问信号,并同时向两颗卫星发送响应信号,经卫星转发回中心控制系统。中心控制系统接收并解调用户发来的信号,然后根据用户的申请服务内容进行相应的数据处理。对定位申请,中心控制系统测出两个时间延迟即从中心控制系统发出询问信号,经某一颗卫星转发到达用户,用户发出定位响应信号,经同一颗卫星转发回中心控制系统的延迟;和从中心控制发出询问信号,经上述同一卫星到达用户,用户发出响应信号,经另一颗卫星转发回中心控制系统的延迟。由于中心控制系统和两颗卫星的位置均是已知的,因此由上面两个延迟量可以算出用户到第一颗卫星的距离,以及用户到两颗卫星的距离之和,从而知道用户处于一个以第一颗卫星为球心的球面和以两颗卫星为焦点的椭球面之间的交线上。另外,中心控制系统从存储在计算机内的数字化地形图查寻到用户高程值,又可知道用户处于某一与地球基准椭球面平行的椭球面上。从而中心控制系统可最终计算出用户所在点的三维坐标,这个坐标经加密由出站信号发送给用户,如图 6-11 所示。

图 6-11 北斗卫星导航系统示意图

北斗卫星导航系统的相关参数如表 6-1 所示。

表 6-1 北斗卫星导航系统的相关参数

服务区域	全 球
短报文通信	一次可传送多达 1000 个汉字的信息
定位精度	水平 10 米、高程 10 米(95%)
测速精度	0.2 米每秒(95%)
授时精度	20 纳秒(95%)
服务可用性	优于 95%,在亚太地区,定位精度水平 5 米、高程 5 米(95%)

三、建设原则

北斗卫星导航系统的建设与发展,以应用推广和产业发展为根本目标,不仅要建成系统,更要建好系统,强调质量、安全、应用、效益,遵循以下建设原则。

(1)开放性 北斗卫星导航系统的建设、发展和应用将对全世界开放,为全球用户提供高质量的免费服务,积极与世界各国开展广泛而深入的交流与合作,促进各卫星导航系统间的兼容与互操作,推动卫星导航技术与产业的发展。

(2) 自主性　中国将自主建设和运行北斗卫星导航系统,北斗卫星导航系统可独立地为全球用户提供服务。

(3) 兼容性　在全球卫星导航系统国际委员会(ICG)和国际电联(ITU)框架下,北斗卫星导航系统与世界各卫星导航系统实现兼容与互操作,所有用户都能享受到卫星导航发展的成果。

(4) 渐进性　中国将积极稳妥地推进北斗卫星导航系统的建设与发展,不断提升服务质量,并实现各阶段的无缝衔接。

四、系统优劣势

1. 优势

① 和美国的 GPS、俄罗斯的 GLONASS 相比,增加了通信功能。

② 全天候快速定位,与 GPS 精度相当。

2. 劣势

① 北斗卫星导航系统属于有源定位系统,系统容量有限,定位终端比较复杂。

② 北斗卫星导航系统属于区域定位系统,目前只能为中国以及周边地区提供定位服务。

五、未来发展

正在建设的北斗卫星导航系统空间段将由 5 颗静止轨道卫星和 30 颗非静止轨道卫星组成,提供开放服务和授权服务。开放服务是在服务区免费提供定位、测速和授时服务,定位精度为 10 米,授时精度为 50 纳秒,测速精度为 0.2 米/秒。授权服务是向授权用户提供更安全的定位、测速、授时和通信服务以及系统完好性信息。随着"北斗一号"卫星导航定位系统的推广应用,中国正在着力研究开发下一代卫星导航定位系统。

中国将本着开放、独立、兼容、渐进的原则,发展自主的全球卫星导航系统,其"三步走"发展路线图为:第一步,从 2000 年到 2003 年,我国建成由 3 颗卫星组成的北斗卫星导航试验系统,成为世界上第三个拥有自主卫星导航系统的国家。第二步,建设北斗卫星导航系统,于 2012 年前形成我国及周边地区的覆盖能力。第三步,于 2020 年左右,北斗卫星导航系统将形成全球覆盖能力。

完全建成后的北斗卫星导航系统将是一个由 30 余颗卫星、地面段和各类用户终端构成的大型航天系统,技术复杂、规模庞大,其建设应用将实现我国航天从单星研制向组批生产、从保单星成功向组网成功、从以卫星为核心向以系统为核心、从面向行业用户向面向大众用户的历史性转型,开启我国航天事业的新征程,并将对维护我国国家安全、推动经济社会科技文化全面发展提供重要保障。

工作任务 3　北斗导航应用案例之森林防火指挥系统认知

森林是国家的重要资源和宝贵财富,具有调治生态、保持水土、改善环境的作用。森林火灾是对森林的巨大威胁,而针对森林防火的需求以北斗卫星导航定位系统为基础开发出的"北斗"森林防火指挥系统,可为森林防火提供定位、监控、调度、导航、报文通信和信息发布等服务。

监控:防火监控中心能实时监控到受控防火车辆、飞机、人员的位置、速度、方向以及行进状态,了解行进动态,避免信息盲区的出现。

调度：调度管理人员可以通过车辆、飞机、人员所处地域及状态、途径路线、火情大小等信息对车辆、飞机、人员进行实时的调配，对防火力量进行合理的配置。

导航：移动终端可以储存航路（路线）及航点，对车辆、飞机、人进行导航。同时监控调度中心可以下传航路，提供最新的路线信息，使防火人员和设备及时准确地到达火场。

报文通信：北斗的最大特点是实现了导航与通信集成，增强了导航能力和搜索救援能力，可实现用户信息共享和信息交换。北斗系统用户终端具有双向报文通信功能，用户可以一次传送1000个汉字的短报文信息。

信息发布：系统可以向各终端发布各种信息，包括调度指令、交通路况、天气情况、火情信息等。发送方式可以选择一对一、一对多等多种形式。同时，各终端也可以向中心回传各种实时的信息，提高指挥、搜救的准确性。在任何天气、地形条件下都能实现数据有效的双向传输，满足森林防火指挥调度突发性的需求。

多种网管接入，可利用现有各种无线通信，并可与常规电台、集群通信、GSM网络（全球移动通信系统）、PSTN（公共交换电话网络）和Internet实现信息的相互传输和采集，充分利用现有的森林防火通信资源。

工作任务 4　在 GIS 中进行配送中心选址和配送路径优化

一、任务目的

根据给定现实企业待配送点，在 GIS 进行坐标查询确定，采用重心法进行配送中心选址。

二、任务分析

该项目主要是通过知识点、实际模拟软件、GIS 系统的概念、功能、原理的学习，并掌握 GIS 实际的操作应用。以为上海地区所有家乐福超市配送中心选址为例，来理解掌握 GIS 系统在物流系统中的应用。

三、实施步骤

1. 以为上海地区所有家乐福超市配送中心选址为例，打开百度地图网页版，搜索栏输入"上海家乐福"。

2. 以第一页显示的 10 家网点为例，获取每一个网点的坐标，点击下方的"地图开放平台"，点击之后即可跳转到如图 6-12 所示的百度地图开放平台界面了，在该界面的最下方点击工具支持里的"坐标拾取器"（如图 6-12 所示），具体操作如下。

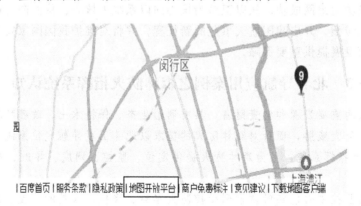

图 6-12　地图开放平台

图 6-13 坐标拾取器

3. 分别拾取 10 家网点的坐标。

4. 在 Excel 表中将 10 家网点坐标输入，采用重心法计算配送中心适宜的坐标，并在百度地图上进行确定（如避开河道、道路等）。

5. 配送中心选址确定后，采用百度地图上工具箱的"测距"功能对 10 家网点与配送中心之间的距离进行测距，采用节约里程法进行配送路径设计优化。

四、教师对小组工作进行检查和点评。

【综合案例分析】 白沙烟草物流 GIS 配送优化系统试行成功

白沙物流烟草 GIS 配送优化系统是基于集成了国际上发展成熟的网络数据库、WEB/GIS 中间件、GPS、GPRS 通信技术，采用金启元科技发展（北京）有限公司的地图引擎中间件（GS-GMS-Map Engine for Java）产品为核心开发技术平台，结合白沙物流的实际，开发设计的集烟草配送线路优化、烟草配送和烟草稽查车辆安全监控、烟草业务（访销、CRM 等）可视化分析、烟草电子地图查询为一体的物流 WEB/GIS 综合管理信息系统。该系统利用 WEB/GIS 强大的地理数据功能来完善物流分析，及时获取直观、可视化的第一手综合管理信息，即可直接合理调配人力、运力资源，求得最佳的送货路线，又能有效地为综合管理决策提供依据。系统中使用的 GPS 技术可以实时监控车辆的位置，根据道路交通状况向车辆发出实时调度指令，实现对车辆进行远程管理。

白沙烟草物流开始使用 GIS 线路优化系统后，将实现以下六大应用功能。

（1）烟草配送线路优化系统　选择订单日期和配送区域后自动完成订单数据的抽取，根据送货车辆的装载量、客户分布、配送订单、送货线路交通状况、司机对送货区域的熟悉程度等因素设定计算条件，系统进行送货线路的自动优化处理，形成最佳送货线路，保证送货成本及送货效率最佳。线路优化后，允许业务人员根据业务具体情况进行临时线路的合并和调整，以适应送货管理的实际需要。

（2）烟草综合地图查询　能够基于电子地图实现客户分布的模糊查询、行政区域查询和任意区域查询，查询结果实时地在电子地图上标注出来。通过使用图形操作工具，如放大、缩小、漫游、测距等，来具体查看每一客户的详细情况。

(3) 烟草业务地图数据远程维护 基于地图方式的烟草业务地图数据提供维护功能，还可以根据采集的新变化的道路等地理数据及时更新地图；对烟户点的增、删、改；对路段和客户数据综合初始化；对地图图层进行维护操作；对地图服务器系统的运行故障进行修复和负载均衡等。

(4) 烟草业务分析 实现选定区域、选定时间段的烟草订单访销区域的分布，进行复合条件查询；在选定时间段内的各种品牌香烟的销量统计和地理及烟草访销区域分布；配送车组送货区域的地图分布。在各种查询统计、分析现有客户分布规律的基础上，通过空间数据密度计算，挖掘潜在客户；通过对配送业务的互动分析，扩展配送业务（如第三方物流）。

(5) 烟草物流 GPS 车辆监控管理 通过对烟草送货车辆的导航跟踪，提高车辆运作效率，降低车辆管理费用，抵抗风险。其中，车辆跟踪功能是对任一车辆进行实时的动态跟踪监控，提供准确的车辆位置、运行状态、车组编号及当天的行车线路查询。报警功能是当司机在送货途中遇到被抢被盗或其他紧急情况时，按下车上的 GPS 报警装置向公司的信息中心报警。轨迹回放功能是根据所保存的数据，将车辆在某一历史时间段的实际行车过程重现于电子地图上，随时查看行车速度、行驶时间、位置信息等，为事后处理客户投诉、路上事故、被抢被盗提供有力证据。

(6) 烟草配送车辆信息维护 根据车组和烟草配送人员的变动及时在这一模块中进行车辆、司机、送货员信息的维护操作，包括添加车辆和对现有车辆信息的编辑。

白沙物流烟草配送 GIS 及线路优化系统的上线运行，标志着白沙烟草物流的信息化建设迈上了一个新的台阶，必将会在规范日常运作，提升公司形象，打造数字化的跨区域物流企业的进程中起到巨大作用。其实这种"多点配送路径优化应用系统"同样非常适用于国家专卖食盐配送、家电配送，易腐蚀食品（乳制品）、冷冻食品、高级时令果品蔬菜的多点配送，城市大面积工作配餐以及加油站油品（危险品）配送等。

项目七　物流管理信息系统

【技能目标】
1. 能够运用物流管理信息系统去处理物流活动中所遇到的问题；
2. 具备常用物流管理信息系统的操作能力；
3. 具备物流管理信息系统的开发项目管理能力。

【知识目标】
1. 重点掌握物流管理信息系统的定义、内容、特征；
2. 熟知几种典型的物流管理信息系统的应用；
3. 了解物流管理信息系统的几种开发方法。

【工作任务】
1. 物流管理信息系统应用调查；
2. WMS系统操作；
3. 物流管理信息系统开发项目管理。

【引导案例】　成都西南物流有限公司图书物流管理系统

成都西南物流有限公司面向社会全方位展开出版社的收货、储存、包装、发运和配送业务，图书物流管理系统整合了全国200多家出版社和60多家物流合作伙伴，对图书物流业务的仓储、运输全过程实现信息化管理以及对出版社、经销商和书店的数据交换。成都西南物流公司建立了客户服务中心和财务结算管理中心，为客户提供网上查询服务，邮件、手机短信服务，动态分配车辆，利用基础GPS/GIS，优化运输配送线路，并且启用条码设备，实行了全程单品管理。通过物流信息系统，客户从货物起运时就可以获得准确的货物到达时间、到达位置等信息，可以对在途货物进行全程监管。

单元一　物流管理信息系统概述

一、物流管理信息系统的定义

物流管理信息系统也称物流信息系统（Logistics Information System，LIS）。它是由人员、计算机硬件、软件、网络通信设备及其他办公设备组成的人机交互系统，其主要功能是进行物流信息的收集、存储、传输、加工整理、维护和输出，为物流管理者及其他组织管理人员提供战略、战术及运作决策的支持，以达到组织的战略竞优，提高物流运作的效率与效益。

物流管理信息系统是一个不断发展和不断完善的概念，它随着计算机技术、信息技术和物流管理的发展而发展。随着经济发展，国内物流业近几年也有了长足进步。确切地说，物流是国家经济的血脉,对经济建设起到了重大作用。国内的部分物流公司迅速崛起,业务能力越来越强,经验也有所积累。但与此同时带来的是管理难度加大,为了能得到进一步发展,必须做到为客户提供更完善的服务,增强业内的竞争力。在 21 世纪环境特点和全球市场竞争新特点的压力下,物流业的竞争之残酷是有目共睹的。

问题是,在传统的手工作业条件下,实践表明,出错的概率是非常高的,货损、货差的现象时有发生,对于客户来讲是灾难性的,客户对物流公司的印象也会因此大打折扣。出错是一个问题,还有就是员工辛苦加班做的都是无用功,在这样的情况下企业为提高作业效力不得不改革、创新,充分地运用物流管理信息系统。

二、物流管理信息系统的基本组成

1. 硬件

硬件包括计算机、网络通信设备等,是实现物流信息系统的物质基础,是保证系统运行的硬件平台。

2. 软件

软件主要有系统软件和物流信息管理软件两大类。系统软件主要用于系统的管理、维护、控制及网络服务等工作;物流信息管理软件是对物流活动各个环节产生的数据、信息进行处理。

3. 数据库

数据库将所有的信息、数据按照一定的数据模型进行组织、存储、使用、控制和维护管理,进行数据完整性、安全性、一致性的控制。

4. 人员

人员包括系统维护人员、系统管理人员、系统设计人员、系统分析人员、系统操作人员、数据准备人员及各层次管理机构的决策者等。

三、物流管理信息系统给企业带来的好处

据调查研究,在我国物流服务企业中,仅有 39% 的企业拥有物流信息系统,绝大多数物流服务企业尚不具备运用现代信息技术处理物流信息的能力。一方面,缺乏信息化管理的意识,没有超前的观念和技术创新的原动力,也没有全面地了解管理信息化给企业的发展带来的推动作用。另一方面,企业本身信息化程度也比较低,其内部物流功能整合和一体化也处于起步和探索过程中,企业对全方位物流服务的市场需求还比较少;企业竞争仍然停留在围绕企业在不同物流环节的服务需求这个初级水平上。

物流管理信息系统实现从物流决策、业务流程到客户服务的全程信息化,对物流进行科学管理。重视物流信息系统和物流管理的互动,既要根据自己的物流管理流程来选择适合的物流信息系统,也要通过物流信息系统来优化和再造自己的物流管理流程。选择合适的物流管理信息系统能给企业带来的好处有以下几点。

① 提高企业物流综合竞争力。

② 提高企业内部运作效率,能够从容处理各种复杂物流业务。

③ 通过与客户的实时信息共享,提高了客户服务质量。

④ 在对大量的客户业务数据进行统计分析的基础上,使向客户提供增值服务成为可能,并挖掘出巨大的销售潜力。

⑤ 加强总部对分支机构的管理以及与股东单位、合作伙伴、支持资源的信息沟通、业务合作,为管理层、决策层提供实时的统计分析数据,提高了对市场的反应速度和决策效率。

四、物流管理信息系统的内容

物流活动的内容包括订货管理、订货处理、库存管理、配送、运输、采购等环节，通过准确、实时的信息流的反馈作用，使每一项物流作业都按照物流要求得以实现。物流管理信息系统的内容可以分为以下几个方面。

1. 接受订货信息

接受订货信息是物流活动的基本信息，办理订货手续是整个交易活动的起点，所有的物流活动都是从接受订货信息开始的。为了高效率地满足客户的需求，就必须准确、实时地办理接受订货的各种手续。

2. 订货系统

订货系统是与接受订货系统、库存管理系统相连接的，当库存系统发出库存预警信息时，订货系统就会适时、适量地进行调整。

3. 收货系统

收货系统是根据收货预订信息，对收到的货物进行检验，核对订货单，确定货位存放等的收货管理系统。

4. 库存管理系统

库存管理系统是物流信息中心，对仓库内所保管的货物进行实际管理、货位管理和调整库存等。库存管理系统要做到尽可能地使库存成本降到最低，实现"零库存"。

5. 发货系统

发货系统是向仓库发出拣选指令或根据不同的配送方向进行分类的系统。发货系统考虑的问题是如何通过迅速、准确的发货安排，将商品在最短的时间内准确无误地送到客户手中。

五、物流管理信息系统的特征

随着经济、科技、市场竞争的全球化，物流管理信息系统逐步地向信息分类的集成化、信息采集的实时化、信息存储的大型化、信息传输的网络化、信息处理的智能化等方向发展。物流管理信息系统也表现出集成化、模块化、实时化、网络化和智能化的特征。

1. 集成化

集成化是指物流管理信息系统将业务逻辑上相互关联的部分连接在一起，为企业物流活动中的集成化信息处理工作提供基础，将在系统开发过程中的系统结构、数据库、设计等信息集成，避免出现"信息孤岛"现象。

2. 模块化

模块化是指根据物流信息处理的特点，把物流信息系统划分为若干个功能模块，分别针对模块进行作业，最终将模块整合，实现整体目标，这样可以达到对系统可扩展性、易维护性的要求。

3. 实时化

实时化可以借助条码技术、无限射频技术、EDI、GPS/GIS技术等现代物流技术，对物流活动进行准确实时的信息采集，并通过计算机网络与通信技术，实时地、准确地进行数据处理和传送物流信息，使整个物流活动中所参与的主体都能在第一时间内获得准确无误的信息。

4. 网络化

网络化是通过企业内部网 Intranet、互联网 Internet 将物流企业、供应商、客户等连接起来，在物流信息系统的管理下完成物流运作。

5. 智能化

智能化是物流实时化、信息化的一种高层次的应用。在确定库存水平、选择运输线路、控制成本、自动化分拣机的运行以及物流配送中心经营管理的决策等问题时,都可以借助专家系统、人工智能等相关技术加以解决。

工作任务1 物流管理信息系统应用调查

一、任务目的

选择物流企业进行调研,记录它们的规模和采用的物流管理信息系统。主要让学生了解物流企业是如何进行物流管理信息系统的运作、管理和维护的。

二、任务引入

1. 选择当地的3～4家物流企业进行走访,并记录它们的规模和采用的物流管理信息系统。
2. 分析现状,找出该公司采用物流管理信息系统存在的优缺点,并针对存在的问题提出解决方案。
3. 写出调查报告。

三、实施步骤

1. 确定调研的内容

主要围绕物流企业、企业的物流部门对物流信息管理系统的应用,分析所调查对象的现状及优缺点等。

2. 制订调查计划

围绕调查目标,明确调查主题,确定调查的对象、地点、时间、方式,并确定要搜集哪些相关资料。

3. 调查以小组为单位

根据班级情况,每组3～4人,设一名组长。带上调查工具,如笔记本和笔,条件允许的话,可以带上照相机和录音笔。

4. 调查前的知识准备

调查之前,进行相关资料的搜集并做好知识准备。

四、教师对小组调研结果进行检查和点评,检查标准如表7-1所示

表7-1 物流管理信息系统应用调查检查标准

考核项目	评分标准	分数	学生自评	小组互评	教师评价	小计
团队合作	是否默契	10				
活动参与	是否积极	10				
任务方案	是否正确、合理	10				
操作过程	调研企业的代表性	15				
操作过程	物流管理信息系统的代表性	20				
操作过程	内容翔实、可靠性	20				
任务完成情况	是否圆满完成	5				
方法使用	是否规范、标准	5				
操作纪律	是否能严格遵守	5				
总分		100				
教师签名:			年 月 日		得分	

单元二　典型的物流管理信息系统

一、仓储管理信息系统

为提高竞争力，企业必须不断努力超越用户的期望，改造现有业务与流程，通过科学的分析、规划、设计，根据不同企业各自的物流特点设计出合理的仓储规模、布局及配送方案。仓储管理的信息化是现代化仓库管理的趋势，市场迫切呼唤高性能的仓储管理信息系统（Warehouse Management System，WMS）。

（一）WMS 功能

WMS 由计算机控制仓库管理系统的目的是独立实现仓储管理各种功能，如收货、在正确的地点存货、存货管理、订单处理、分拣和配送控制。WMS 一般具有以下几个功能模块：基本信息管理、入库管理、在库管理、出库管理、结算管理、统计分析、系统维护。

(1) 基本信息管理　建立企业部门、员工、客户、仓库、货物及合同信息的管理。
(2) 入库管理　对入库货物接单、验收、上架管理等。
(3) 在库管理　信息处理、货位安排、物品堆码、苫垫、5S 管理、库内货物保管、转仓、盘点、流通加工、库存查询、ABC 价值分析等。
(4) 出库管理　对出库货物的先进先出的优化出库管理。
(5) 结算管理　单价的设定、核对应收应付账单、收/付款、核销及发票等的管理。
(6) 统计分析　提供出入库、盘点作业、转仓等信息的查询，提供各种财务分析报表。
(7) 系统维护　系统权限的设置。

（二）WMS 基本架构

WMS 架构主要体现为物理架构和软件系统架构。一般来说，WMS 采用 B/S 结构，能够通过因特网方便地实现分布联机处理，同时结合企业 SCM 模块，可以和贸易伙伴、贸易联盟轻松交流合作，创造更多的商机。

下面分别给出了 WMS 的物理架构和软件架构，如图 7-1、图 7-2 所示。

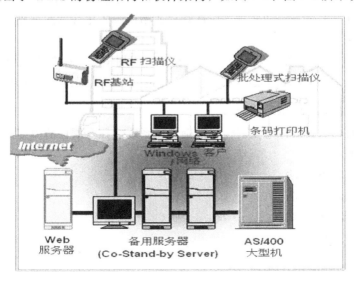

图 7-1　WMS 的物理架构

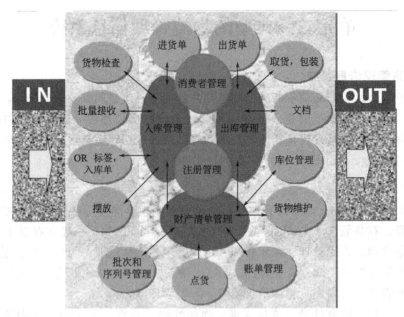

图 7-2　WMS 的软件架构

（三）WMS 支持技术

WMS 系统集成了信息技术、无线射频技术、条码技术、电子标签技术、Web 技术及计算机应用技术等将仓库管理、无线扫描、电子显示、Web 应用有机地组成一个完整的仓储管理系统，从而提高作业效率，实现信息资源充分利用，加快网络化进程。其中的关键技术主要有无线射频技术、条码、数据接口技术。以 RF 技术为基础的 WMS，无论是在确保企业实时采集动态的数据方面，还是在提高企业效率与投资回报率方面都具有很大的优势。电子标签即射频卡，又称为感应卡，是一种通过无线电波读取卡内信息的新型科技 IC 卡，它成功地解决了无源和免接触这一难题。

WMS 能否与企业的资源管理系统（ERP）等实现无缝连接，这成为评价其功能的重要因素，也是企业尤其是制造企业实施供应链管理或物流一体化管理的重要基础。而这个基础是通过接口技术来实现的。

WMS 关注的核心理念是高效的任务执行和流程规划策略，是建立在成熟的物流理念的基础之上的高性能的 WMS，高效的管理流程、先进的设备共同铸造了成功的仓储管理。

（四）WMS 信息收集

物流仓储信息的收集要注意及时性、准确性、系统性和全面性的原则。常用的信息收集方法主要有如下几种。

① 原始凭证信息收集法。
② 定期盘点信息收集法。
③ 不定期盘点信息收集法。

（五）WMS 的特点

WMS 的特点有如下几方面。
① WMS 可以满足物流企业使用，也可以满足 TPL（第三方物流）物流企业使用。

② 实现无纸化作业。所有的合作主体之间通过 WMS 都可以了解到各自的信息与资料。

③ 管理机制多样化。解决货物多批次、有效期、货物先进先出的管理。

④ 提高仓储作业的效率与存储设备利用率。实现了储位管理自动化、强化条码以及托盘等仓储作业的功能系统，使资源使用率达到最佳的状态。

⑤ 仓储管理信息系统利用标准化提高了作业流程的高效率并使出错率降到最低。

⑥ 仓储管理信息系统针对不同的客户提供个性化、多样化的服务，为客户做好存货管理。

⑦ 模块化设计方式。可以根据客户的不同需求灵活配置各模块。

⑧ 仓储管理信息系统支持多种数据库，如 SQL Server、Oracle 等。

二、物流运输管理信息系统

运输管理信息系统是物流管理信息系统的重要组成部分，如何有效地实现运输系统的利润最大化、服务最优化是长期困扰物流企业和企业物流部门的问题。

(一) 物流运输管理信息系统的目标

物流运输管理信息系统的目标是对运输过程中人、车、货、客户及费用核算进行有效的协调和管理，实现对各种资源的实时监控、协调及智能化管理，满足客户服务的信息需求。

(二) 物流运输管理信息系统模块

物流运输管理信息系统模块如图 7-3 所示。主要模块说明如下。

(1) 基本资料管理 包括对客户、车辆、货物、运输方式、地区、人员、合同及价格等信息的管理。

(2) 运单管理 运单的信息录入及确认。

(3) 车辆调度管理 对车辆、人员的调度、派车单、装车单等的管理。

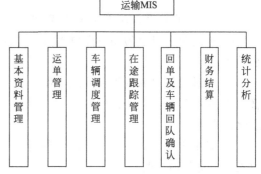

图 7-3 物流运输管理信息系统模块

(4) 在途跟踪管理 对在途车辆进行动态跟踪，时刻掌握车辆和货物所处的位置和状态。

(5) 回单及车辆回队确认 回单签收、车辆回队后的管理。

(6) 财务结算 应付款、应收款、票据、对账单等的管理。

(7) 统计分析 对本公司货物的吞吐量、所得利润、货损货差、应收款等可以自动统计查询，通过统计表分析企业可以了解公司的经营情况、服务质量、客户反应等信息，从而对有关的业务做出判断、决策。主要的统计表有订单统计、运输计划统计、装车统计、车辆跟踪统计、利润分析统计、货损货差统计和应收款统计。

物流运输管理信息系统功能实现以 Internet、GIS、GPS、Barcode、WAP 等先进技术为基础，全面跟踪车辆与货物的运输情况，客户可以随时了解车辆与货物的位置与状态，实现对车辆、货物的自动跟踪，进行状态监测和调度监控；也可以在任何时间用多种手段查询各地的路面信息、商业信息和管理资源信息。

(三) 物流运输管理信息系统的特点

物流运输管理信息系统的特点如下。

（1）优化作业流程、明确岗位责权　各个岗位的角色，如客服人员、调度人员、仓管人员、车辆管理人员、司机、财务结算人员等设立闭环式的作业流程。

（2）以调度为操作中心　以调度为中心，实现对每笔业务的动态跟踪和管理。

（3）对车辆的管理和分析　了解车辆使用状态，掌握和控制车辆的日常成本支出，有利于运输企业的良性运作。

（4）准确及时的财务结算　对每笔业务的应收/应付进行审查、核销、账单制作、发票、实际收付一体化结算。

（5）自定义报价功能　系统内所有的报表均提供自定义功能，通过授权可自动以报表格式导出，报表均提供自动导出功能，可以将报表导出为 Excel 文件和 Word 文件等。

三、订单管理信息系统

订单管理信息系统（Order Management System，OMS）是物流管理系统的一部分，通过对客户下达的订单进行管理及跟踪，动态掌握订单的进展和完成情况，提升物流过程中的作业效率，从而节省运作时间和作业成本，提高物流企业的市场竞争力。订单管理信息系统一般包括接单、订单录入、订单处理、拣货、配送、订单状态管理（包括取消、付款、发货等多种状态，以及订单出库和订单查询）等。

（一）订单管理信息系统的主要功能

① 通过统一订单为用户提供整合的一站式供应链服务，使用户的物流服务需求得到全程的满足。

② 通过对订单的管理和分配，使仓储管理和运输管理有机结合，稳定有效地实现物流管理中各个环节作用的充分发挥，使仓储、运输、订单成为一个有机整体，满足物流系统信息化的需求。

③ 订单管理是对商户下达的各种指令进行管理、查询、修改、打印等，同时将业务部门处理信息反馈至商户。

（二）企业订单管理过程

第一步：销售部通过电话、传真、E-mail 等方式接受客户询价，按客户要求的产品规格，给出报价单（产品规格、型号、销售价格等），客户根据报价情况决定是否购买，若购买则给出正式的销售订单，长期、固定的客户可以直接下单购买。

第二步：接到客户的正式销售订单后，生成采购订单，内容包括产品规格、型号、采购价格、交货时间、地点等，由采购部负责向供应商采购，并追踪采购订单的实现。

第三步：得到供应商的生产确认后，向客户发出销售订单确认，并确定正式交货期、交货地点、付款方式等。

第四步：得到供应商的发货确认，向客户发出发货通知，财务部门跟踪订单付款情况。

（三）订单管理信息系统业务流程

订单管理信息系统业务流程如图 7-4 所示。

订单管理信息系统一般有以下几种，销售订单管理是实现产品销售的起点，通过订单计划和跟踪完成销售过程的监控，提供相应的销售分析数据；采购订单管理是准确管理采购行为和供应商行为的有效工具，能确保收货单的正确管理、跟踪、接收和支付；维修订单管理；退货订单管理。

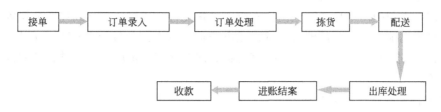

图 7-4　订单管理信息系统业务流程

四、电子订货系统

电子订货系统（Electronic Ordering System，EOS），企业间利用通信网络（VAN 或互联网）和终端设备以在线联结（ON-LINE）方式进行订货作业和订货信息交换的系统。EOS 按应用范围可分为企业内的 EOS（如连锁店经营中各个连锁分店与总部之间建立的 EOS），零售商与批发商之间的 EOS 以及零售商、批发商和生产商之间的 EOS。

（一）电子订货系统的组成

电子订货系统采用电子手段完成供应链上从零售商到供应商的产品交易过程，因此，一个 EOS 必须有：

（1）供应商　商品的制造者或供应者（生产商、批发商）。
（2）零售商　商品的销售者或需求者。
（3）网络　用于传输订货信息（订单、发货单、收货单、发票等）。
（4）计算机系统　用于产生和处理订货信息。

（二）电子订货系统的特点

① 商业企业内部计算机网络应用功能完善，能及时产生订货信息。
② POS 与 EOS 高度结合，能产生高质量的信息。
③ 满足零售商和供应商之间的信息传递。
④ 通过网络传输信息订货。
⑤ 信息传递及时、准确。
⑥ EOS 是许多零售商和供应商之间的整体运作系统，而不是单个零售店和单个供应商之间的系统。电子订货系统在零售商和供应商之间建立起了一条高速通道，使双方的信息及时得到沟通，使订货过程的周期大大缩短，既保障了商品的及时供应，又加速了资金的周转，实现了零库存战略。

（三）电子订货系统的构成内容

电子订货系统的构成内容包括订货系统、通信网络系统和接单电脑系统。就门店而言，只要配备了订货终端机和货价卡（或订货簿），再配上电话和数据机，就可以说是一套完整的电子订货配置。就供应商来说，凡能接收门店通过数据机的订货信息，并可利用终端机设备系统直接做订单处理，打印出出货单和拣货单，就可以说已具备电子订货系统的功能。但就整个社会而言，标准的电子订货系统绝不是"一对一"的格局，即并非单个的零售店与单个的供应商组成的系统，而是"多对多"的整体运作，即许多零售店和许多供货商组成的大系统的整体运作方式。根据电子订货系统的整体运作程序来划分，大致可以分为以下三种类型。

1. 连锁体系内部的网络型

连锁体系内部的网络型即连锁门店有电子订货配置,连锁总部(或连锁公司内部的配送中心)有接单电脑系统,并用即时、批次或电子信箱等方式传输订货信息。这是"多对一"(众多的门店对连锁总部)与"一对多"(连锁总部对众多的供应商)相结合的初级形式的电子订货系统。

2. 供应商对连锁门店的网络型

供应商对连锁门店的网络型的具体形式有以下两种:一种是直接的"多对多",即众多的不同连锁体系下属的门店对供应商,由供应商直接接单发货至门店;另一种是以各连锁体系内部的配送中心为中介的间接的"多对多",即连锁门店直接向供应商订货,并告知配送中心有关订货信息,供货商按商品类别向配送中心发货,并由配送中心按门店组配向门店送货,这可以说是中级形式的电子订货系统。

3. 众多零售系统共同利用的标准网络型

众多零售系统共同利用的标准网络型的特征是利用标准化的传票和社会配套的信息管理系统完成订货作业。其具体形式有以下两种:一是地区性社会配套的信息管理系统网络,即成立由众多的中小型零售商、批发商构成的区域性社会配套的信息管理系统营运公司和地区性的咨询处理公司,为本地区的零售业服务,支持本地区 EOS 的运行。二是专业性社会配套信息管理系统网络,即按商品的性质划分专业,如食品、饼干、医药品、运动用品、玩具、衣料等,从而形成各个不同专业的信息网络。这是高级形式的电子订货系统,必须以统一的商品代码、统一的企业代码、统一的传票和订货的规范标准的建立为前提条件。

(四)电子订货系统在物流管理中的作用

① 电子订货系统缩短了从接单到发货的时间,缩短了订货商品的交货期,降低了商品订单的出错率并节省人工费用。

② 有利于减少企业库存,提高企业库存管理效率。

③ 对于生产厂家和批发商来说,能准确判断畅销商品和滞销商品,有利于企业调整生产和销售计划。

④ 有利于提高企业物流管理信息系统的效率。

(五)电子订货系统的操作流程

① 在零售店的终端利用条码阅读器获取准备采购的商品条码,并在终端机上输入订货资料,利用电话线通过调制解调器传到批发商的计算机中。

② 批发商开出提货传票,并根据传票开出拣货单,实施拣货,然后根据送货传票进行商品发货。

③ 送货传票上的资料便成为零售商店的应付账款资料及批发商的应收账款资料,并接到应收账款的系统中。

④ 零售商对送到的货物进行检验后,就可以陈列出售了。

使用 EOS 时要注意订货业务作业的标准化,这是有效利用 EOS 的前提条件,商品代码一般采用国家统一规定的标准,这是应用 EOS 的基础条件;订货商品目录账册的做成和更新,订货商品目录账册的设计和运用是 EOS 成功运行的重要保证;计算机以及订货信息输入和输出终端设备的添置是应用 EOS 的基础条件;在应用过程中需要制订 EOS 应用手册并协调部门间、企业间的经营活动。

工作任务 2　WMS 系统操作

一、实训目的
掌握货物出、入库时 WMS 软件的处理和分仓过程。

二、实训内容
货物入仓、出库时，WMS 软件加以登记，并进行普通仓库中的货位分配。

三、实训条件
计算机（已安装"诺思 WMS"）、模拟超市。

四、实训步骤
（一）货物入库

1. 登录诺思仓储管理教学软件。
2. 学生以管理员的身份登录物流软件将此单业务接受并存入仓库。

第一步：客户、报价、合约的建立。

① 在客户管理的客户界面，添加客户。

客户名称：深圳诺思资讯科技有限公司

客户编号：CN061024064（自动产生）

② 添加客户合同。

客户：深圳诺思资讯科技有限公司

费用大类：仓租

散租：10 元人民币/平方米　　10 元人民币/立方米　　0.01 元人民币/千克

包租：15 元人民币/平方米　　15 元人民币/立方米　　0.15 元人民币/千克

管理：0.1（表示收取 10% 的管理费）

③ 合同审核。输入合同的有效时间范围：起始日期：2009 年 4 月 11 日—2011 年 4 月 11 日。

第二步：添加供应商、物料。

① 在客户管理中添加供应商，即供应商维护。

客户名称：深圳诺思资讯科技有限公司

供应商名称：深圳万德莱数码科技有限公司

供应商编号：PRO061024172（自动产生）

② 在客户管理中添加物料。

客户：深圳诺思资讯科技有限公司

供应商：深圳万德莱数码科技有限公司

物料编码：i060610249137（物料条码）

物料名称：液晶屏电话机（4 件箱）

规格型号：6922927840016

单位：箱

单价：280

币种：人民币

体积：0.04 立方米

毛重：2 千克

净重：1.8 千克

产地：深圳

国家：中国

第三步：添加仓库、仓位。

① 进入仓库管理，添加仓库。

仓库名称：普通仓库

仓库编码：W

仓库容积：25.6 立方米

仓库面积：15.4 平方米

② 添加库位。

仓库名称：普通仓库

仓库编码：W

仓位编号：W01001

仓位容积：0.05 立方米

……

第四步：货物入仓。

输入入库资料→资料审核

入库单资料如下。

客户：深圳诺思资讯科技有限公司

供应商：深圳万德莱数码科技有限公司

物料：液晶屏电话机

数量：4

资源调度

装卸作业

验货作业

组托作业

入库审核

（二）货物出库

① 登录诺思仓储管理教学软件。

② 学生以综合模拟的身份登录物流软件将该货物出库。

输入出库资料→资料审核

出库资料内容如下。

客户：深圳诺思资讯科技有限公司

收货单位：深圳诺思资讯科技有限公司

物料：液晶屏电话机

数量：4

资源调度

拣货作业：选择需要进行拣货的出库单，点击"拣货"按钮，进入货物拣选操作。拣货完毕，选择当前处理的作业单，点击"确定"按钮。

出库审核

五、实训组织运行要求

主要以学生自主训练和实践为主。

六、实训报告要求

1. 实训中出现了哪些问题?
2. 此实训的注意事项。

单元三　物流管理信息系统的开发方法

物流管理信息系统开发时,首先要选择适宜的开发方式、合理的结构模式,充分满足开发管理信息系统的基本条件,分析开发过程中可能会遇到的各种问题。其次要重视建立开发机构,开发人员分工明确,责任到人。开发管理信息系统具体方法有生命周期法、原型法、面向对象的开发方法和计算机辅助软件工程开发方法等。

一、生命周期法（System Development Life Cycle）

用结构化系统开发方法开发一个系统,将整个开发过程划分为首尾相连的五个阶段,即一个生命周期（Life Cycle）。生命周期法采用结构化的思想、系统工程的观点和工程化的方法进行管理信息系统的开发。

1. 生命周期开发阶段

生命周期开发方法,首先将整个系统的开发过程分为系统规划阶段、系统分析阶段、系统设计阶段、系统实施阶段、系统运行和维护阶段五个相对独立的开发阶段。其次,在系统规划、系统分析、系统设计各阶段,按照自上向下的原则,从最顶层的管理业务开始,直到最底层业务,以模块化的方法进行结构分解,如图7-5所示。

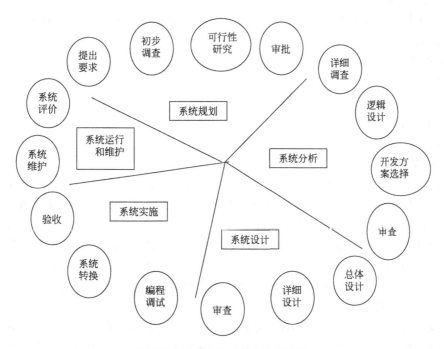

图 7-5　管理信息系统生命周期法

（1）系统规划阶段　决定组织是否存在问题,以及问题是否可以利用建设新系统或改造原有系统的方法加以解决。主要回答以下问题。

① 为什么需要一个新系统项目?

② 需要怎样去实现？

（2）**系统分析阶段** 分析现有系统存在的问题，定义解决方案所达到的目标，评价各种可能的选择方案。回答以下问题。

① 原有系统如何运行？

② 原有系统的优势、劣势、困难及问题有哪些？

③ 新系统或修改过的系统怎样解决这些问题？

④ 解决方案需要哪些用户需求信息支持？

⑤ 有哪些可行的替代方案？

⑥ 它们的费用和收益如何？

（3）**系统设计阶段** 进行总体结构设计、代码设计、数据库（文件）设计、输入/输出设计、模块结构与功能设计，根据总体设计，配置与安装部分设备，进行试验，最终给出设计方案。

系统设计阶段：通过逻辑设计和物理设计详细描述系统的解决方案。

（4）**系统实施阶段** 包括系统初始化、系统培训、系统转换。

（5）**系统运行和维护阶段** 进行系统的日常运行管理、评价、监理审计、修改、维护、局部调整，在出现不可调和的大问题时，进一步提出开发新系统的请求，老系统生命周期结束，新系统诞生，从而构成系统的一个生命周期。

① 不断维护系统，保证正常运行。

② 不断修改，满足新的需要。

③ 评价系统运行效果。

在每一阶段中，又包含若干步骤，这些步骤在该阶段可以不分先后，但仍有因果关系，总体上不能打乱。

2. 生命周期法的主要原则

① 用户参与原则。

② 工作阶段严格区分原则。

③ 自顶而下的原则。

④ 系统开发过程工程化，工作成果文档化、标准化原则。

3. 生命周期法的特点

自顶向下整体地进行分析与设计和自底向上逐步实施的系统开发过程，在系统规划、分析与设计时，从整体全局考虑，自顶向下地工作；在系统实施阶段则根据设计的要求，先编制一个个具体的功能模块，然后自底向上逐步实现整个系统。用户至上是影响成败的关键因素，在整个开发过程中，要面向用户，充分了解用户的需求与愿望。符合实际，具有客观性和科学化，即强调在设计系统之前，深入实际，详细地调查研究，努力弄清实际业务处理过程中的每一个细节，然后分析研究，制订出科学合理的目标系统设计方案。严格区分工作阶段，把整个开发过程划分为若干工作阶段，每一个阶段有明确的任务和目标，预期达到的工作成效，以便计划和控制进度，协调各方面的工作。前一阶段工作的成果是后一阶段工作的依据。充分预料可能发生的变化：环境变化、内部处理模式变化、用户需求发生变化等。其中，开发过程工程化，要求开发过程的每一步都要按工程标准规范化，工作文件或文档资料标准化。

4. 生命周期法的优缺点

① 强调了开发过程的整体性和全局性，在整体优化的前提下考虑具体的分析设计问题。

② 严格区分工作阶段，每一阶段及时总结、发现，并及时反馈和纠正，避免造成浪费和混乱。

③ 开发周期长，不能充分了解用户的需求和可能发生的变化，仅在开始几个阶段与用户沟通多。

生命周期法适用于大型系统、复杂系统。由于相当耗费资源，不灵活、限制变化，开发周期长，不适用于面向决策的应用和小型系统开发。

二、原型法（Prototyping）

20 世纪 80 年代初，人们提出了一种新的软件设计方法，即原型法。原型法的基本思想是：当人们要解决不甚了解的问题时，可以先为该问题建立一个实验模型，并根据模型的运行情况来研究有关特性以及存在的问题。原型是一个可以实际运行、反复修改、不断完善的系统。原型法将仿真的手段引入系统分析的初始阶段，首先根据系统分析人员对用户要求的理解，利用先进的开发工具，模拟出一个系统原型，其次就这个模型展开讨论，征求用户意见，与用户进行沟通，在使用中不断修改完善原型，逐步求精，直到用户满意为止。

1. 原型法的开发过程

确定系统的基本要求和功能；构造初始原型；运行、评价、修改原型；确定原型后处理。

原型法的工作流程图如图 7-6 所示。

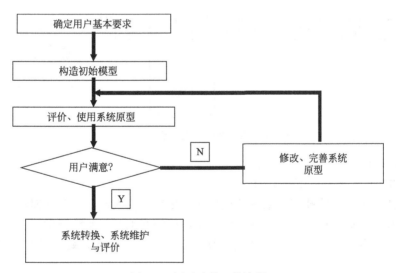

图 7-6 原型法的工作流程

2. 原型法的开发方法

方法一：直接开发可用系统。利用开发可用的原型，逐步向实际应用系统靠拢，直到用户满意为止，如图 7-7 所示。

这种开发方法的特点：原型将构成未来可运行的系统；开发周期相对较短；用户需求（系统定义）不规范；原型中存在一定的隐患；无法划分系统的开发与维护阶段。

方法二：利用原型确定系统的定义。利用开发的原型不断补充和确认用户需求，然后从可用的原型出发重新建立实际的系统。

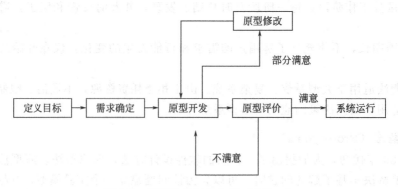

图 7-7 原型法的开发步骤（方法一）

其开发步骤如图 7-8 所示。在原型基础上重构可运行的系统。原型系统部分可重用，开发周期较前一种方法长，可以用来明确和规范用户需求，系统中将不存在因为多次修改而产生的隐患。

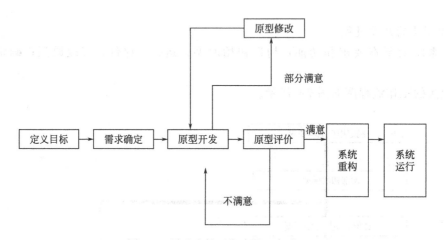

图 7-8 原型法的开发步骤（方法二）

3. 原型法的特点

原型法的特点主要有以下几方面。

① 原型法体现了从特殊到一般的认识规律，更容易为人们所普遍掌握和接受。

② 便于开发人员与用户之间相互交流，用户能较好地参与系统开发。

③ 原型法充分利用最新的软件开发工具，提高了开发效率，缩短了开发周期，降低了开发费用。

④ 采用原型法开发系统灵活，便于修改与扩充。

将模拟的手段引入系统分析的初始阶段，沟通了人们（用户和开发人员）的思想，缩短了用户和系统分析人员之间的距离，解决了结构化方法中最难以解决的一环。强调用户参与、描述、运行、沟通。所有问题的讨论都是围绕某一个确定的原型进行，彼此之间不存在误解和答非所问的可能性，为准确认识问题创造了条件；通过原型法，能够启发人们对原来想不起来或不易准确描述的问题有一个比较确切的描述；能够及早地暴露出系统实现后存在的问题，促使人们在系统实现之前就加以解决。充分利用最新的软件工具，摆脱了传统方法的局限，使系统开发的时间、费用大大地减少，效率、技术等方面都大大地提高。同时，强调软件工具的支持。

原型法适用于解决有不确定因素的问题，适用于对用户界面要求高的系统，也适用于决策支持方面的应用。不适用于拥有大量计算或控制功能的系统，也不适用于大型或复杂的系统，容易掩盖需求、分析、设计等方面的问题，结果不确定——随原型构造评价过程而定，整体考虑较少。

三、面向对象（Object Oriented）的开发方法

1. 面向对象的开发方法的产生背景

面向对象的开发方法是近 10 年来发展起来的基于问题对象的一种自底向上的系统开发方法。面向对象的思想首先出现在程序设计的语言中，产生了面向对象的程序设计方法（Object Oriented Programming，OOP）。面向对象技术已经成为近 20 年来计算机技术界和工业界研究的一大热点，特别是进入 20 世纪 80 年代后期，面向对象的设计方法已经大大地超出了程序设计语言的范围，它给软件工程、信息系统、工业设计与制造等领域都带来了深远的影响。

2. 面向对象的开发方法的基本思想

① 客观事物由对象组成。
② 对象由属性和方法组成。
③ 对象之间的联系通过消息传递机制来实现。
④ 对象具有继承性。
⑤ 对象具有封装性。

客观世界是由各种各样的对象组成的，每种对象都有各自的内部状态和运动规律，不同对象之间的相互作用和联系就构成了各种不同的系统。在设计和实现一个客观系统时，在满足需求的条件下，把系统设计成一些不可变的（相对固定）部分组成的最小集合（最好的设计）。这些不可变部分就是所谓的对象。

客观世界由各种"对象"（Object）组成。对象是客观世界中的任何事物在计算机程序中的抽象表示。对象是面向对象程序设计的基本元素。对象是事物状态和行为的数据抽象。对象由属性和方法组成。属性（Attribute）反映了对象的信息特征，如特点、值、状态等。而方法（Method）则是用来定义改变属性状态的各种操作。对象之间的联系主要是通过传递消息（Message）来实现的，而传递的方式是通过消息模式（Message Pattern）和方法所定义的操作过程来完成的。"消息"是对象间通信的手段，一个对象向其他对象发出的带有参数的信息，使接受信息的对象执行相应的操作，从而改变该对象的状态。"方法"是封装在对象内部的操作程序，一个对象发出消息，接收消息的对象激活相应的方法，便启动了该对象的某个操作程序，这就是对象的操作。

3. 面向对象的开发方法的开发过程

面向对象的开发方法由三部分组成，即面向对象的（需求）分析、面向对象的设计、面向对象的程序。

（1）系统调查和需求分析　对系统将要面临的具体管理问题以及用户对系统开发的需求进行调查研究，即先弄清要干什么这个问题。分析问题的性质和求解问题：在繁杂的问题域中抽象地识别出对象以及其行为、结构、属性、方法等。一般称为面向对象的分析，即 OOA。

（2）整理问题　对分析的结果做进一步的抽象、归类、整理，并最终以范式的形式将它们确定下来。一般称为面向对象的设计，即 OOD。

（3）程序实现　用面向对象的程序设计语言将上一步整理的范式直接映射（直接用程序设计语言来取代）为应用软件。一般称为面向对象的程序，即OOP。

四、计算机辅助软件工程开发方法（CASE）

CASE是一种自动化或半自动化的方法，能够全面支持除系统调查外的每一个开发步骤。严格地讲，CASE只是一种开发环境而不是一种开发方法。它是20世纪80年代末从计算机辅助编程工具、第四代语言（4GL）及绘图工具发展而来的。目前，CASE仍是一个发展中的概念，各种CASE软件也较多，没有统一的模式和标准。采用CASE工具进行系统开发，必须结合一种具体的开发方法，如结构化系统开发方法、面向对象的开发方法或原型化开发方法等，CASE方法只是为具体的开发方法提供了支持每一过程的专门工具。因而，CASE工具实际上是把原先由手工完成的开发过程转变为以自动化工具和支撑环境支持的自动化开发过程。

CASE方法解决系统开发问题的基本思想是：结合系统开发的各种具体方法，在完成对目标系统的规划和详细调查后，如果系统开发过程中的每一步都相对独立且彼此形成对应关系，则整个系统开发就可以应用专门的软件开发工具和集成开发环境来实现。

CASE开发方法的特点有如下几点。

① CASE加速了开发过程，简化了软件开发的管理和维护，解决了从客观对象到软件系统的映射问题，支持系统开发全过程。

② 作为一种辅助性的开发方法，其主要体现在帮助开发者方便、快捷地产生出系统开发过程中各类图表、程序和说明性文档，使开发人员从繁杂的分析设计图表和程序编写工作中解放出来。

③ CASE环境的使用，改变了系统开发中的思维方式、工作流程和实现途径。

④ CASE方法产生出统一的、标准化的文档资料，使软件的各部分能重复使用。

现在，CASE中集成了多种工具，这些工具既可以单独使用，也可以组合使用。

现将各种开发方法进行简单的比较，如表7-2所示。

表7-2　各种开发方法的比较

开发方法	内容
生命周期法	能全面支持整个系统开发过程,基于模块化设计思想,采用"自顶向下,逐步求精"的技术对系统进行划分。但在总体思路上比较保守,是以不变应万变来适应环境的变化
原型法	通过快速构造系统原型和对原型的不断修改、完善建立系统,强调开发人员与用户的交流,从动态的角度来看待系统变化,采用以变应变的思路
CASE方法	是一种除系统调查外全面支持系统开发过程的方法,同时也是一种自动化的系统开发方法
面向对象法	是一种围绕对象来进行系统分析和系统设计,然后用面向对象的工具建立系统的方法

工作任务3　物流管理信息系统开发项目管理

一、任务目的

通过对一个物流信息系统的结构化开发项目进行有效管理，完成对系统规划、系统分析、系统设计、系统实施、系统运行和维护等五个阶段项目进度跟踪，主要让学生理解系统结构化开发概念、方法和操作步骤以及在物流管理信息开发中的应用。

二、任务引入

① 模拟××物流企业，汇总本项目中可以使用的所有资源，包括人力、物力、财力等，

通过 Project 软件完成资源管理。

② 进行××物流企业××物流管理信息系统（如 WMS）开发的项目立项，完成系统规划、系统分析、系统设计、系统实施、系统运行和维护等五个阶段子项目分解及子任务的进一步分解。

③ 根据项目总进度要求，通过 Project 软件进行各个子项目进度的设置，并进行各子项目资源合理分配。

④ 能编制和有效管理项目合理预算。

⑤ 根据时间节点等进行项目实际进度的跟踪，以保证物流管理信息系统项目按预期进度保质保量进行，从而达到有效管理。

三、实施步骤

1. 进行××物流企业物流管理信息系统项目可用的资源管理

如该项目的资源为：

(1) 人力　系统分析师 2 位（40 元/小时，加班费 50 元/小时），系统设计师 2 位（40 元/小时，加班费 50 元/小时），系统编程人员 5 位（20 元/小时，加班费 30 元/小时），系统测试人员 1 位（20 元/小时，加班费 30 元/小时），系统实施顾问 2 位（40 元/小时，加班费 50 元/小时）。

(2) 物力　计算机 5 台，每台每次使用费用 200 元。

(3) 资金　300000 元。资金单位为 10000 元。

通过 Project 软件管理，如图 7-9 所示。

图 7-9　项目各任务及对应资源设置

2. 进行××物流企业××物流管理信息系统（如 WMS）开发的项目立项及任务分解

项目任务分解及资源分配如下。

① 规划阶段。

A. 目标分析：分析师 1 名，计算机 1 台（3 天）。

B. 资源分析：分析师 1 名，计算机 1 台（2 天）。

C. 可行性分析：分析规划师 2 名，计算机 2 台（3 天）。

D. 系统任务书：分析规划师 1 名，计算机 1 台，资金 10000 元（3 天）。

② 分析阶段。

A. 用户需求分析：分析师 2 名，计算机 2 台，资金 10000 元（5 天）。

B. 组织职能分析：分析师 2 名，计算机 2 台，资金 10000 元（3 天）。

C. 业务流程分析：分析师 2 名，计算机 2 台，资金 20000 元（10 天）。

D. 编写系统分析报告：分析师 2 名，计算机 2 台，资金 30000 元（3 天）。

③ 设计阶段。

A. 物流管理信息系统模型设计：设计师 2 名，计算机 2 台，资金 300000 元（15 天）。

B. 编写系统设计说明书：设计师 2 名，计算机 2 台，资金 300000 元（3 天）。

④ 实施阶段。

A. 购买硬件设备：资金 700000 元（5 天）。

B. 软件开发：编程人员 5 名，计算机 5 台，资金 500000 元（20 天）。

C. 软件测试：测试人员 1 名，计算机 15 台，资金 100000 元（3 天）。

D. 软件培训：实施顾问 2 名，计算机 2 台，资金 200000 元（3 天）。

E. 编写系统使用说明书：实施顾问 1 名，计算机 1 台，资金 100000 元（2 天）。

⑤ 验收维护阶段（3 天），提交验收报告。

⑥ 每周一例会，汇报上周工作进展情况。

通过 Project 软件管理，如图 7-10 所示。

		任务名称	工期	开始时间	完成时间	前置
0		物流管理信息系统开发项	84 工作日	2010年12月24日	2011年4月20日	
1		1 周一例会	81 工作日	2010年12月27日	2011年4月18日	
19	✓	2 规划阶段	9 工作日	2010年12月24日	2011年1月5日	
20	✓	2.1 目标分析	3 工作日	2010年12月24日	2010年12月28日	
21	✓	2.2 资源分析	2 工作日	2010年12月24日	2010年12月27日	20
22	✓	2.3 可行性分析	3 工作日	2010年12月29日	2010年12月31日	20,
23	✓	2.4 系统任务书	3 工作日	2011年1月3日	2011年1月5日	22,
24		3 分析阶段	21 工作日	2011年1月6日	2011年2月3日	19
25		3.1 用户需求分析	5 工作日	2011年1月6日	2011年1月12日	
26		3.2 组织职能分析	3 工作日	2011年1月13日	2011年1月17日	25
27		3.3 业务流程分析	10 工作日	2011年1月18日	2011年1月31日	25,
28		3.4 编写系统分析报	3 工作日	2011年2月1日	2011年2月3日	25,
29		4 设计阶段	18 工作日	2011年2月4日	2011年3月1日	19
30		4.1 物流管理信息系	15 工作日	2011年2月4日	2011年2月24日	
31		4.2 编写系统设计说	3 工作日	2011年2月25日	2011年3月1日	30
32		5 实施阶段	33 工作日	2011年3月2日	2011年4月15日	19
33		5.1 购买硬件设备	5 工作日	2011年3月2日	2011年3月8日	
34		5.2 软件开发	20 工作日	2011年3月9日	2011年4月5日	33
35		5.3 软件测试	3 工作日	2011年4月6日	2011年4月8日	33,
36		5.4 软件培训	3 工作日	2011年4月11日	2011年4月13日	33,
37		5.5 编写系统使用说	2 工作日	2011年4月14日	2011年4月15日	33,
38		6 验收维护阶段	3 工作日	2011年4月18日	2011年4月20日	19,

图 7-10 项目各任务甘特图

3. 能编制和有效管理项目合理预算，如图 7-11 所示。

预算报告 打印于 2011年2月26日
物流管理信息系统开发项目

标识号	任务名称	固定成本	固定成本累算	总成本	比较基准	差异	实际
34	软件开发	￥0.00	按比例	￥16,100.0(	￥0.00	￥16,100.0(	￥0.00
30	物流管理信息系统模型i	￥0.00	按比例	￥7,300.0(	￥0.00	￥7,300.0(	￥0.00
27	业务流程分析	￥0.00	按比例	￥4,900.0(	￥0.00	￥4,900.0(	￥0.00
25	用户需求分析	￥0.00	按比例	￥2,500.0(	￥0.00	￥2,500.0(	￥580.0(
22	可行性分析	￥0.00	按比例	￥1,540.0(	￥0.00	￥1,540.0(	￥1,540.0(
23	系统任务书	￥0.00	按比例	￥1,540.0(	￥0.00	￥1,540.0(	￥1,540.0(
26	组织职能分析	￥0.00	按比例	￥1,540.0(	￥0.00	￥1,540.0(	￥0.00
28	编写系统分析报告	￥0.00	按比例	￥1,540.0(	￥0.00	￥1,540.0(	￥0.00
31	编写系统设计说明书	￥0.00	按比例	￥1,540.0(	￥0.00	￥1,540.0(	￥0.00
36	软件培训	￥0.00	按比例	￥1,540.0(	￥0.00	￥1,540.0(	￥0.00
20	目标分析	￥0.00	按比例	￥820.0(	￥0.00	￥820.00	￥820.0(
21	资源分析	￥0.00	按比例	￥580.0(	￥0.00	￥580.00	￥580.0(
35	软件测试	￥0.00	按比例	￥580.0(	￥0.00	￥580.00	￥0.00
37	编写系统使用说明书	￥0.00	按比例	￥580.0(	￥0.00	￥580.00	￥0.00
33	购买硬件设备	￥0.00	按比例	￥0.00	￥0.00	￥0.00	￥0.00
38	验收维护阶段	￥0.00	按比例	￥0.00	￥0.00	￥0.00	￥0.00
		￥0.00		￥42,600.0(	￥0.00	￥42,600.0(	￥5,060.0(

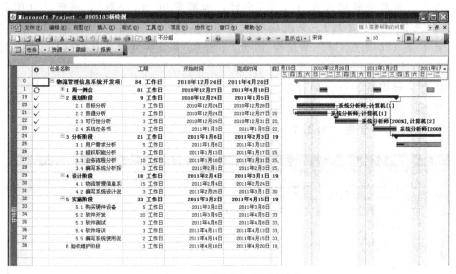

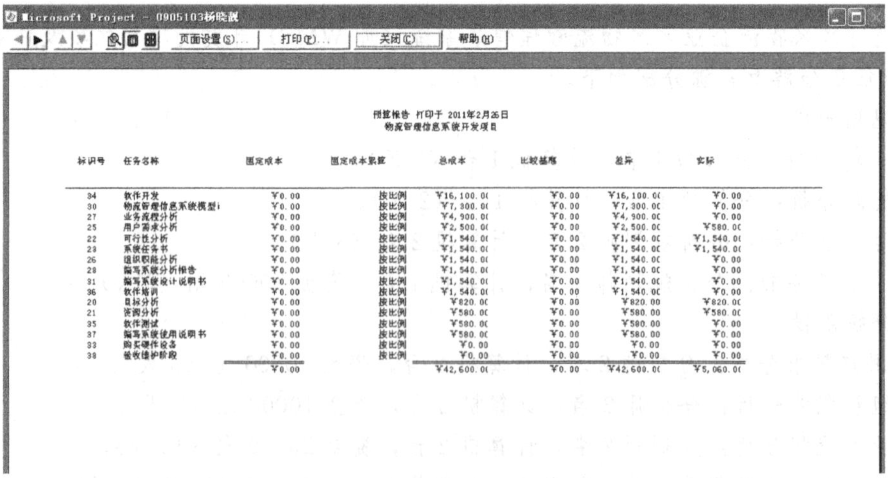

图 7-11 项目各任务预算实施表

4. 根据时间节点等进行项目实际进度的跟踪，以保证物流管理信息系统项目按预期进度保质保量进行，从而达到有效管理，如图 7-12、图 7-13 所示。

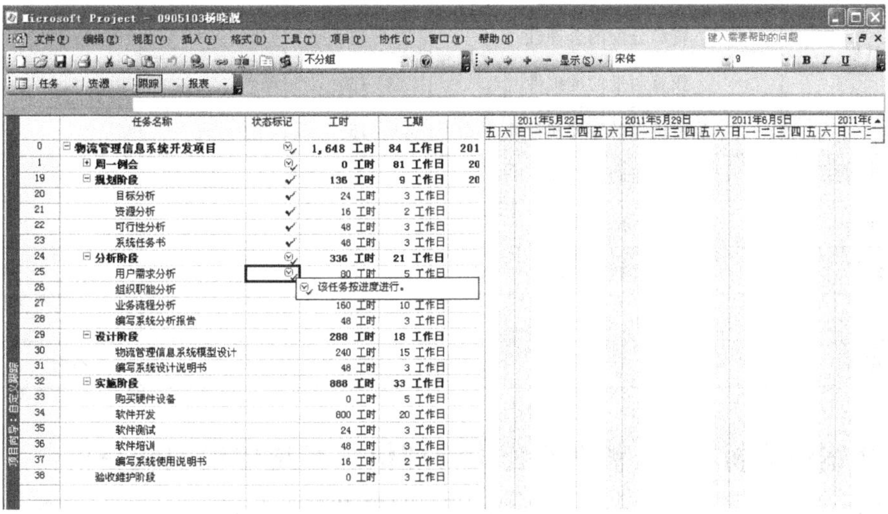

图 7-12　项目各任务进度实施表

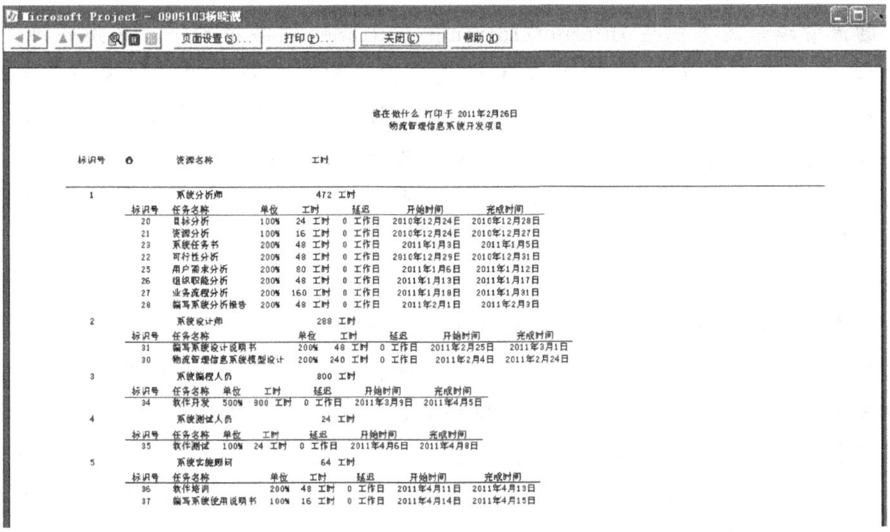

图 7-13　各项目进度管理信息记录

四、教师对个人调研和制作结果进行检查和点评，检查标准如表 7-3 所示

表 7-3　物流管理信息系统开发项目管理检查标准

考核项目	评分标准	分数	学生自评	教师评价	小计
常用 MIS 结构化开发方法	是否透彻理解掌握	10			
活动参与	是否积极	5			
任务方案	是否正确、合理	5			

续表

考核项目	评分标准	分数	学生自评	教师评价	小计
操作过程	物流 MIS 开发项目资源管理的准确性	20			
	资源分配的合理性	15			
	预算制度的准确性	15			
	项目进度的监控和管理	15			
任务完成情况	是否圆满完成	5			
方法使用	是否规范、标准	5			
操作纪律	是否能严格遵守	5			
总分		100			
教师签名：		年 月 日		得分	

【综合案例分析】 三家物流公司管理信息系统建设现状分析

通过对下面三家物流公司的资料分析我国物流管理信息系统建设现存的问题；分析我国企业物流管理信息建设现有的优势；对我国企业物流管理信息系统建设的进一步认识。

案例分析一：中海物流

中海物流管理信息系统在 Internet/Intranet/Extranet 网络结构下，采用标准浏览器/应用服务器/数据库服务器（B/S）三层应用模式，构成物流作业管理、物流企业管理、物流电子商务和客户服务管理等四大功能模块，以国际规范的物流信息管理模式，实现现代物流企业的业务流程管理、企业平台管理和数据交换管理。

中海物流管理信息系统的四大功能模块共由十八个子系统组成。物流作业管理系统由仓储管理、运输管理、配送管理、货代管理、报关管理、采购管理、数据交换管理、调度管理等子系统组成，实现了各个物流环节的信息集成，并通过 EDI 系统实现了物流供应链上下游企业、政府、海关的数据实时交换；物流企业管理系统由商务管理、合同管理、客户关系管理、结算管理、财务管理、办公管理、统计管理、决策支持等子系统组成，为提高物流企业内部管理水平提供了强大的、高效的支持平台；物流电子商务系统则通过 B2B 电子商务模式实现了企业与客户之间的网上下单、清单录入、远程实时查询等网上信息交换和服务功能；客户服务系统则通过客户服务中心的建立，加强和客户的沟通和联系，为客户提供"安全、优质、快捷、准确"的物流服务。

中海物流管理信息系统在技术上遵循 J2EE 规则，在流程上则总结了国内外先进物流企业业务流程，具有集成化设计、流程化管理、组件式开发、跨平台运行、多币种结算、多语言查询、基于 Internet 的数据交换等特点。

案例分析二：德邦物流

集业务流程管理、数据传输管理于一体的信息管理系统。

2008 年 2 月，德邦物流正式启用金蝶 EAS-BOS 基础上的 ERP 企业信息化管理平台。金蝶 EAS-ERP 物流信息系统完成了营业厅收货、货物归集、配载运输、送货上门的"门到门"式服务各个业务环节的信息化操作。信息化建设也正在与公司的线下优势协同，分布在全国 500 多个城市和地区的 600 多家营业网点的 ERP 终端系统通过 Internet 直接互联，实现物流信息的实时共享与传递。

集团财务管理，实现对德邦物流所有分、子公司的财务资源的集中管控，利用集中财务信息系统，满足了进一步拓展发展空间、降低成本、加快周转等精细化管理的要求。加强了财务政策的制定和贯彻执行，并统一了核算口径，向管理层汇报统一准确的财务信息，并让分散在各地的机构从日常的财务核算中解脱出来，能及时上报财务数据，加强了对集团财务进行管理和监管。

信息化道路还有很长的路要走。德邦物流将通过 IT 规划，实现在集团管控模式下的整体信息化规划，并使信息化规划符合集团战略发展的需求。公司下一阶段信息化重点会在电子商务平台、人力资源、智能分析、企业绩效管理等方面，并打造一个集成一体化的智能信息管理平台。

案例分析三：宝供物流

宝供物流借鉴国际先进物流基地的建设理念，为了满足客户所提出的及时准确了解物流信息的要求，北京英泰奈特科技有限公司于 1997 年年底开始为宝供公司开发了一套互联网物流管理信息系统，该信息系统为宝供带来新的营运模式。

该物流管理信息系统分为七大营运模块。

(1) 接单模块　可以接收互联网上包括 EDI 电子数据在内的电子单据，货主只要将托运或托管的货物的电子文档以 E-mail 方式发给物流服务公司，即可完成双方的交接单工作。2001 年，宝供与飞利浦实现了 EDI 电子数据对接，运作效率得到了大幅度提升。

(2) 发送模块　完美的配车功能和凑货功能，帮助管理人员完成发送前烦琐的准备工作。

(3) 运输过程控制模块　包括货物跟踪和甩货控制，可以实时反馈货物的在途运输情况，跟踪被甩货物的状况。

(4) 运输系统管理模块　针对承运人、承运工具的管理信息系统。

(5) 仓位管理模块　根据优化原则，自动安排每种进仓货物的存放位置，自动提示出仓时应到哪个仓位提货，并可以提供实时仓位图。

(6) 库存及出库管理模块　自动计算仓库中每种货品的库存量及存放位置，并按先进先出原则提货。

(7) 客户服务模块　为客户提供所有质量评估信息和与自己货物相关的所有信息，分为储运质量评估模块、统计报表模块、查询模块等。系统采用集中数据存储，各个分公司对于数据的保有权是有时效限制的。所有最终数据的维护均由公司的信息中心负责进行。

宝供物流公司采用这样的物流管理信息系统极大地提高了企业的运营效益。

案例分析结果

通过这节关于物流管理信息系统课程，我们明白物流管理信息系统的概念。物流管理信息系统是以计算机和网络通信设施为基础，以系统思想为主导建立起来的为了进行计划、操作和控制而为物流经理提供相关信息及为业务人员提供操作便利的人员、设备和过程相互作用的结构体，是一个以采集、处理和提供物流信息服务为目标的系统，存储、管理、控制物流信息，辅助使用者决策，达到预期目标。信息管理在现代物流管理中具有特别重要的作用，它贯穿于整个物流过程，将传统意义上的多式联运逐步发展为综合物流，即逐步从点到点的服务发展到流程到流程的服务，既提升了企业综合竞争力，又提高了企业服务水平。

物流管理信息系统也是把各种物流活动与某个一体化过程连接在一起的通道，实现业务处理、管理控制、决策分析以及制订战略四个功能层次。

物流信息管理的作用表现在以下方面。

① 使物流各环节的工作更加协调。

② 信息共享，提高效率。

③ 信息统一管理，减少冗余，避免信息的不一致。

④ 提供决策支持。

⑤ 与客户的信息共享、互动。

⑥ 提高服务质量，改善客户关系。

项目八　物流与电子商务

【技能目标】
1. 具有能够通过网络进行简单交易的能力；
2. 具有通过对当地企业的调查能分析出该企业所采用的哪种物流模式的能力。

【知识目标】
1. 掌握电子商务的概念，熟知电子商务的功能、分类；
2. 掌握电子商务与物流的关系；
3. 熟悉电子商务物流模式。

【工作任务】
1. 如何实现网上购物；
2. 电子商务与物流关系调研；
3. 物流企业电子商务应用调查；

【引导案例】　海尔网上定制冰箱

网上购物是电子商务应用最普通、发展最快、最成功的领域之一。网上消费者接入Internet就能在网上浏览虚拟商店里的各种商品，并选择、购买所需要的商品，应用各种支付与送货方式完成网上购物。

青岛用户徐先生是一位艺术家，家里的摆设非常富有艺术气息，徐先生一直想买一台冰箱，他想，要是有一台表面看起来像一件艺术品但又很实用的冰箱就好了。当他从网上看到"用户定制"模块后，随即设计了一款自己的冰箱。他的杰作很快得到了海尔的回音，并在一周内把货送到，获得了客户的好评。海尔就是通过电子商务网络实现了客户和商家之间的零距离沟通，促进了企业和客户的继续深化交流，这种交流全方位提升了企业的品牌价值。

单元一　电子商务概述

一、生活中的电子商务

随着因特网在全球的迅猛发展和广泛的应用，电子商务（Electronic Commerce）受到人们越来越多的关注，并渗透到人们生活中的各个角落，改变着社会经济的各个方面。21世纪是电子商务的时代，是现代社会发展的必然。我们将无选择地生活其中，并且要适应和习惯远距离的网上贸易、网上购物、网上支付、网上娱乐、网上服务和网上学习等活动。生活中常见的一些电子商务网站有网上订购音像制品、网上订花、网上订餐、网上订票、网上购物、网上批发等。

二、电子商务的概念

随着电子技术和互联网的发展,信息及市场的全球化信息技术作为一种最具价值的工具被引进商务贸易活动中。电子商务的飞速发展,借此东风,电子商务向物流行业提出了新的挑战。借助于互联网物流活动中的信息流、资金流、商务流可在瞬间实现。

对电子商务的概念,不同的组织给予了不同的阐述。

联合国经济与发展组织对于电子商务的定义是:电子商务是发生在开放网络上的涵盖企业之间、企业与消费者之间的商业贸易。

世界贸易组织对于电子商务的定义是:电子商务就是通过电信网络进行的生产、营销、和流通等活动,利用电子信息技术解决问题、降低成本、增加价值以及创造商业和贸易机会的商业活动,通过网络完成原材料的查询、采购、产品展示、订购销售、储存运输及资金支付等一系列的贸易活动。

HP公司提出电子商务、电子业务、电子消费和电子世界的概念。它对电子商务的定义是,通过电子化手段来完成商业贸易活动的一种方式,电子商务使我们能够以电子交易为手段完成物品和服务的交换来满足客户个性化、多样化的需求,是商家和客户联系的重要纽带,是为商家和客户建立的一个交易平台。

尽管以上所述的定义各有侧重,但是其对于电子商务本质的界定是一致的,只是各组织、各领域界定的范围和角度有所不同。总结起来,我们可以这样理解:电子商务就是在计算机网络的平台上,按照一定的标准开展的商务活动,当一个企业的主要业务通过企业的内部网络、企业外部网络以及互联网与企业的员工、客户、供应商、销售商以及合作伙伴直接连接时,其中发生的各种商务活动就是电子商务。

三、电子商务的功能

电子商务通过网络可以提供在网上的交易全过程,具有以下八大功能。

1. 宣传

电子商务可以使企业通过网络发布本企业的各种产品广告信息,这种网络广告的形式可以获得良好的网络广告效果,使企业的客户群体不断扩大并不断发展出潜在的客户群体。与其他广告形式相比较,网络广告的成本最低,而给客户带来的信息量最为丰富,给企业带来的效益也是最为可观的。

2. 咨询洽谈

电子商务使企业可以借助实时的视频会议、网上交谈、非实时的电子邮件等了解市场信息和商品信息,进行洽谈交易。

3. 网上订购

电子商务使企业可以在网站上实现在线订购的流程。

4. 网上支付

网上支付是完成电子商务整个流程的重要环节。当买卖双方通过网络对某一件产品或某一种服务达成买卖关系后,双方可以采用网上银行账号实现网上支付,实现快速的、无纸化的资金流传输。

5. 服务传递

电子商务通过服务传递系统将客户所订购的物品尽快送到客户手中,并让客户及时支付费用。对于有形的产品,服务传递系统可以通过网络对本地和异地的仓库进行商品调配,并通过第三方物流企业来实现商品的传送；而对于无形的产品，如软件、电子读物、信息等要从电子数据库中通过网络直接传输到客户端。

6. 意见征询

企业通过网络收集客户对商品和销售服务的反馈意见，使企业获得改进产品、发现潜在市场的商业机会。

7. 交易管理

电子商务可以控制企业交易过程中的人、财、物等各方面，对企业和企业、企业和客户及企业内部各方面进行管理、协调、控制，使得整个交易活动高效率地完成。

8. 信息管理

信息是现代企业占领市场的最为重要的资源，为了使整个交易活动高效率地顺畅完成，实时的信息流是关键之关键。

四、电子商务的特点

电子商务是通过营造一个虚拟的交流环境，使得交易双方消除时空障碍，进一步增加贸易机会、改善服务质量、降低成本。电子商务具有以下几个特点。

1. 交易虚拟化

电子商务是通过互联网进行贸易的一项商务活动，由于买卖双方从贸易的洽谈、合同的签订到资金的支付全过程都不需要面对面地进行，双方的交易不受时间、空间、地域的限制，为买卖双发提供全过程、全天候的优质服务。

2. 交易低成本化

电子商务使买卖双方交易的成本大大降低。首先，网络上的远距离传输信息的成本相对于信件、传真、电话的成本要低得多；其次，买卖双方可以直接在网络上进行沟通、洽谈，不需要中介的介入，减少了交易中的中间环节，使整个交易过程更加顺畅和低成本；最后，电子商务运用使企业实现了无纸化贸易、无纸化办公，可以减少传统贸易过程中近90%的文件处理费用。

3. 交易高效化

传统的贸易交易方式流程烦琐、环节过多、耽误太多时间而得到的效益却很低，电子商务则完全改变了传统的贸易方式。在电子设备的辅助下借助国内、国际互联网络平台在极短的时间内完成交易活动，提高了工作效率，降低了交易成本。

4. 交易透明化

电子商务可以使买卖双方的交易全过程在网络上进行，因此，网络上的信息传输可以保证相互之间的核对，能够在一定程度上防止伪造信息的传递。

五、电子商务的分类

（一）B2B=Business to Business

商家（泛指企业）对商家的电子商务，即企业与企业之间通过互联网进行产品、服务及信息的交换。通俗的说法是指进行电子商务交易的供需双方都是商家（或企业、公司），他们使用了Internet的技术或各种商务网络平台，完成商务交易的过程。这些过程包括：发布供求信息，订货及确认订货，支付过程及票据的签发、传送和接收，确定配送方案并监控配送过程等。有时写作B to B，但为了简便，干脆用其谐音B2B（2即two）。

B2B的典型是中国供应商、阿里巴巴、中国制造网、敦煌网、慧聪网、赢商网等。

B2B 按服务对象可分为外贸 B2B 及内贸 B2B, 按行业性质可分为综合 B2B 和垂直 B2B。

(二) B2C=Business to Customer

B2C 模式是我国最早产生的电子商务模式, 以 8848 网上商城正式运营为标志。B2C 即企业通过互联网为消费者提供一个新型的购物环境——网上商店, 消费者通过网络在网上购物、在网上支付。由于这种模式节省了客户和企业的时间和空间, 大大提高了交易效率, 节省了宝贵的时间。B2C 的典型有当当网、淘宝网和京东网等。

(三) C2C=Consumer to Consumer

C2C 同 B2B、B2C 一样, 都是电子商务的模式之一。不同的是, C2C 是用户对用户的模式, C2C 商务平台就是通过为买卖双方提供一个在线交易平台, 使卖方可以主动提供商品上网拍卖, 而买方可以自行选择商品进行竞价。C2C 的典型是百度 C2C、淘宝网等。

(四) B2M=Business to Manager

B2M 相对于 B2B、B2C、C2C 的电子商务模式而言, 是一种全新的电子商务模式。而这种电子商务相对于以上三种有着本质的不同, 其根本的区别在于目标客户群的性质不同, 前三者的目标客户群都是作为一种消费者的身份出现, 而 B2M 所针对的客户群是该企业或者该产品的销售者或者为其工作者, 而不是最终消费者。

B2M 与传统电子商务相比有了巨大的改进, 除了面对的用户群体有着本质的区别外, B2M 具有一个更大的优势: 电子商务的线下发展。传统电子商务的特点是商品或者服务的买家和卖家都只能是网民, 而 B2M 模式能将网络上的商品和服务信息完全地走到线下, 企业发布信息, 经理人获得商业信息, 并且将商品或者服务提供给所有的人, 不论是线上还是线下。其实 B2M 本质上是一种代理模式。

(五) M2C=Manager to Consumer

M2C 是针对 B2M 的电子商务模式而出现的延伸概念。B2M 环节中, 企业通过网络平台发布该企业的产品或者服务, 职业经理人通过网络获取该企业的产品或者服务信息, 并且为该企业提供产品销售或者企业服务, 企业通过经理人的服务达到销售产品或者获得服务的目的。而在 M2C 环节中, 经理人将面对 Consumer, 即最终消费者。

M2C 是 B2M 的延伸, 也是 B2M 这种新型电子商务模式中不可缺少的一个后续发展环节。经理人最终还是要将产品销售给最终消费者, 而这里面也有很大一部分是要通过电子商务的形式, 类似于 C2C, 但又不完全一样。C2C 是传统的盈利模式, 赚取的基本就是商品进出价的差价。而 M2C 的盈利模式则丰富、灵活得多, 既可以是差价, 也可以是佣金, 而且 M2C 的物流管理模式也可以比 C2C 更多样, 如零库存; 现金流方面也较传统的 C2C 更有优势。

因特网上的电子商务有三个方面: 信息服务、交易和支付。主要内容包括: 电子商情广告; 电子选购和交易、电子交易凭证的交换; 电子支付与结算以及售后的网上服务等。主要交易类型有企业与个人的交易 (B2C 方式) 和企业之间的交易 (B2B 方式) 两种。参与电子商务的实体有四类: 顾客 (个人消费者或企业集团)、商户 (包括销售商、制造商、储运商)、银行 (包括发卡行、收单行) 及认证中心。

从贸易活动的角度分析, 电子商务可以在多个环节实现, 由此也可以将电子商务分为两个层次, 较低层次的电子商务如电子商情、电子贸易、电子合同等; 最完整的也是最高级的电子商务应该是利用 Internet 网络能够进行全部的贸易活动，即在网上将信息流、商流、资金流和部分的物流完整地实现，也就是说，你可以从寻找客户开始，到洽谈、订货、在线付（收）款、开具电子发票一直到电子报关、电子纳税等通过 Internet 一气呵成。

要实现完整的电子商务还会涉及很多方面，除了买家、卖家外，还要有银行或金融机构、政府机构、认证机构、配送中心等机构的加入才行。由于参与电子商务中的各方在物理上是互不谋面的，因此整个电子商务过程并不是物理世界商务活动的翻版，网上银行、在线电子支付等条件和数据加密、电子签名等技术在电子商务中发挥着重要的不可或缺的作用。

六、电子支付及安全管理

（一）电子支付

电子支付（E-Payment），也称数字化支付（Digital Payment），指的是电子交易的当事人，包括消费者、商家和金融机构，使用安全电子支付手段通过网络进行的货币支付或资金流转。

1. 电子支付的特征

电子支付具有以下特征。

① 电子支付是采用先进的技术通过数字流转来完成信息传输的，其各种支付方式都是通过数字化的方式进行款项支付的；而传统的支付方式则是通过现金的流转、票据的转让及银行的汇兑等物理实体来完成款项支付的。

② 电子支付的工作环境是基于一个开放的系统平台（Internet）；而传统的支付则是在较为封闭的系统中运作。

③ 电子支付使用的是最先进的通信手段，而传统支付使用的则是传统的通信媒介；电子支付对软、硬件设施的要求很高，一般要求有联网的微机、相关的软件及其他一些配套设施，而传统支付则没有这么高的要求。

④ 电子支付具有方便、快捷、高效、经济的优势。

2. 电子支付的流程

① 选定所要购买的物品，输入订货单。

② 在线商店做出应答。

③ 消费者选择付款方式，确认订单，签发付款指令。

④ 在 SET(Secure Electronic Transaction，安全电子交易协议) 中，消费者必须对订单和付款指令进行数字签名。

⑤ 在线商店接受订单后，向消费者所在银行请求支付认可。

⑥ 在线商店发送订单确认信息给消费者。

⑦ 在线商店发送货物，或提供服务。

（二）电子支付安全防范

在电子商务过程中，买卖双方是通过网络来联系的，不论远隔千山万水，还是近在咫尺，建立交易双方的安全和信任关系都存在一定的困难。

1. 交易过程中存在的问题

交易过程中存在的问题有如下几个方面。

（1）卖方面临的问题　卖方面临的问题如下。

① 中央系统安全性被破坏。
② 竞争对手检索商品递送状况。
③ 被他人假冒而损害公司的信誉。
④ 买方提交订单后不付款。
⑤ 获取他人的机密数据。
(2) 买方面临的问题　买方面临的问题如下。
① 付款后不能收到商品。
② 机密性丧失。
③ 卖方拒绝提供服务。
(3) 信息传输问题　信息传输问题有如下几个方面。
① 冒名偷窃。
② 篡改数据。
③ 信息丢失。
④ 信息传递过程中的破坏。
⑤ 虚假信息。
(4) 信用问题　信用问题有如下几个方面。
① 来自买方的信用问题。
② 来自卖方的信用风险。
③ 买卖双方都存在抵赖的情况。

由于电子商务是在开放的网络上进行的商务活动，订货信息、谈判信息、机密的商务往来文件、支付信息等大量商务信息在计算机系统中存放、传输和处理。计算机诈骗、计算机病毒等造成的商务信息被窃、篡改和破坏，以及机器失效、程序错误、误操作、传输错误等导致的信息失误或失效，都严重地危害着电子商务系统的安全。

2. 电子商务安全管理

电子商务安全管理关键是要落实到制度上。这些制度包括保密制度、网络系统的日常维护制度、数据备份制度、病毒防范制度等。

(1) 保密制度　信息的安全级别一般分为三级。

① 绝密级。此部分网址、密码不在因特网上公开，只限高层管理人员掌握，如公司经营状况报告、订货（出货）价格、公司发展规划等。

② 机密级。此部分只限公司中层管理人员以上使用，如公司日常管理情况、会议通知等。

③ 秘密级。此部分在因特网上公开，供消费者浏览，但必须设置保护程序，防止黑客侵入，如公司简介、新产品介绍及订货方式等。

(2) 网络系统的日常维护制度　网管人员必须建立系统档案；网络设备，一般都有相应的网管软件，可以做到对网络拓扑结构的自动识别、显示和管理，网络系统节点配置与管理系统故障诊断等，还可以进行网络系统调优、负载平衡等；对于内部线路，应尽可能采用结构化布线。

(3) 数据备份制度　对于重要数据，应定期、完整、真实、准确地转储到不可更改的介质上，并要求集中和异地保存，保存期限至少2年，保证系统发生故障时能够快速恢复。重要数据的存储应采用只读式数据记录设备，备份的数据必须指定专人负责保管；数据保管员必须对备份数据进行规范的登记管理，备份数据保管地点应有防火、防热、防潮、防尘、防磁、防盗设施等。

（4）病毒防范制度　病毒防范制度有以下几项。

① 给计算机安装防病毒软件。

② 不打开陌生电子邮件。

③ 认真执行病毒定期清理制度。

④ 控制权限。

⑤ 高度警惕网络陷阱。

（5）应急措施　在计算机灾难事件发生时，利用应急计划辅助软件和应急设施排除灾难和故障，保障计算机继续运行。目前运用的数据恢复技术主要是瞬时复制技术、远程磁盘镜像技术和数据库恢复技术。

七、电子商务的发展及其对社会的影响

1. 电子商务的发展

把电子商务的发展分为两个阶段，即始于 20 世纪 80 年代中期的 EDI 电子商务和始于 90 年代初期的 Internet 电子商务。现在所讲的电子商务主要是指在网络环境下，特别是在因特网上所进行的商务活动。

2018 年，中国电子商务交易规模为 31.63 万亿元，其中网上零售额超过 9 万亿元，同比增长 23.9%，实物商品网上零售额超过 7 万亿元，占社会消费品零售总额的比重已达 18.4%；电子商务服务业营业收入规模达 3.52 万亿元；快递业务量超 507 亿件，电子商务相关就业人员达 4700 万人；继续保持世界最大网络零售市场地位。电子商务市场结构继续优化，市场分布更加均衡，行业发展质量继续提升。2018 年，中国 B2C 零售额占全国网络零售额的比重为 62.8%，较 2017 年上升 4.4 个百分点；东部、中部、西部、东北地区网络零售额占全国网络零售额的比重分别为 83.1%、9.0%、6.4% 和 1.6%，其中，东部地区占比较 2017 年下降 0.7 个百分点，其他区域占比均有所上升；全国农村网络零售额达 1.37 万亿元。电子商务企业技术、模式创新继续深化，大数据、物联网、人工智能、区块链等新技术在电商产业链中应用更为深入，驱动电子商务服务质量和服务体验持续提升，电子商务服务传统产业转型升级能力进一步增强。

为推动我国电子商务的发展，要做到以下几方面：开展对电子商务的深层次研究，积极探讨我国电子商务发展的政策方针；加快我国通信基础设施和有关电子商务标准化建设；解决好电子商务的安全、法律、税收和电子支付等问题；引导消费者转变消费的思想和观念，调动人们参与电子商务的热情；加强对电子商务实际应用系统的推广，积极引导企业上网交易。

2. 电子商务对社会的影响

（1）电子商务对社会经济的影响　促使全球经济的发展，促使知识经济的发展，促使新兴行业的产生。

（2）电子商务对政府的影响　政府的政策导向、政府机构的业务转型、政府机构在安全认证中的权威作用。

（3）电子商务对企业的影响　电子商务改变了企业的经营方式、管理模式、结算支付方式。

（4）电子商务对个人的影响　生活方面、工作方面、学习方面。

电子商务典型实例：戴尔股份有限公司（www.dell.com）

一、戴尔股份有限公司概况

戴尔股份有限公司是世界上最成功地采用网络直销的计算机公司，其主页如图 8-1、图 8-2 所示。

图 8-1　戴尔股份有限公司网站的英文主页
（https：//www.dell.com/en-us）

图 8-2　戴尔股份有限公司网站的中文主页
（https：//www.dell.com/zh-cn）

二、戴尔股份有限公司网站的主页结构与特点

除了全面的营销功能和服务功能外，戴尔股份有限公司还在网上提供了生产活动中的两个重要的职能——生产设计和产品客户化。从戴尔股份有限公司网站的主页结构中可以体现这些具体的应用，如图 8-3 所示。戴尔股份有限公司提供了一种特殊的网上用户计算机设计网页，如图 8-4 所示。

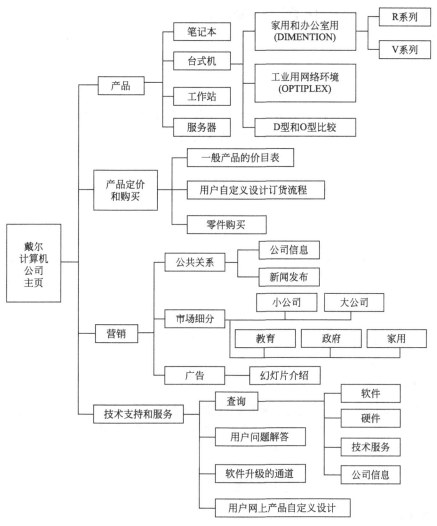

图 8-3 戴尔股份有限公司网站的主页结构

图 8-4 戴尔股份有限公司网站用户产品自定义设计网页
(https://www.dell.com/zh-cn/shop/deals/popular-desktop-deals)

三、戴尔股份有限公司的经营销售活动策略

戴尔股份有限公司的经营销售活动策略有以下几个方面。

① 产品策略。

② 定价策略。

③ 促销策略。

戴尔股份有限公司提供广泛的增值服务，包括安装支持和系统管理等服务，并在技术方面为客户提供指导服务（戴尔股份有限公司网站的技术服务网页如图 8-5 所示）。

图 8-5　戴尔股份有限公司网站的技术服务网页

(https://www.dell.com/support/home/cn/zh/cndhs1?app=products&~ch=mn)

工作任务 1　如何实现网上购物

一、实训的目的

本次实训，要求学生了解网上购物的整个过程和在线零售的魅力，以淘宝网为例，掌握网上购物的途径和方法，学会填写各种订单、送货单，选择付款方式并支付、选择合适的配送方式，体验网上购物的乐趣。

二、实训内容

1. 了解网上购物的全过程。进入网站—用户注册—浏览、选择商品—加入购物车—结账—结算和送货上门。

2. 到淘宝网站注册成为会员。

3. 在淘宝网站上购买几本关于物流信息技术的图书。

4. 学会订货单、送货单、付款单等单据的填写。

5. 查看服务承诺。

三、操作步骤

1. 进入网站，输入"淘宝"进行搜索。

2. 选择并进入"淘宝"网站后，在快速查找文本输入框中输入"物流信息技术"。

3. 单击"搜索"后屏幕出现搜索结果。

4. 选中并查询无误后单击"购买"按钮，即您所选的物品加入了购物车。

5. 学会查看购物车的情况,在这里已加入了《物流信息技术》一书。

6. 选完所有的商品后单击"结算"按钮,此时将会弹出一个订货单信息表,您可以查看并对此进行核对,若不正确则可以直接修改。在订货单信息表中有所购买货物清单、收货人信息、包装样式选择、送货方式选择、付款方式选择等内容。

7. 填完以上各项内容之后,若选择建设银行进行网上支付,就会出现"建设银行网上支付中心"的页面。

8. 用户填完支付卡号和密码完成电子支付后,即完成了电子交易过程。

9. 也可以选择其他的支付方式,如汇款、其他的电子货币、货到付款等。

四、实训的要求

要求每个学生注册成为会员,购买所需要的商品,掌握电子商务交易的基本流程,并回答购买商品时其付款方式有哪几种,全国范围内进行配送的方式有哪几种。

单元二 电子商务与物流的关系

电子商务是 20 世纪信息化、网络化的产物,它改变了人们的生活和传统的商务活动方式,同时,电子商务也改变着传统的物流方式,物流与电子商务之间有着相互影响、相互制约的密切关系。

电子商务=网上信息传递+网上交易+网上结算+配送。一个完整的商务活动,必须通过信息流、商流、货币流、物流等 4 个流动过程有机构成。电子商务的特殊性就在于,信息流、商流、货币流可以在互联网上实现,这就是人们概括的"鼠标",电子商务的另一半是不可能在网上实现的(最多可以用网络来优化),就是商品空间价值,人们概括的"车轮",即物流。所以,电子商务等于"鼠标"加"车轮",这是对上述公式一个通俗的解释。

一、电子商务对物流发展的影响

物流和电子商务之间是相互影响、相互促进的。电子商务的产生对物流行业有着巨大的影响,主要表现在以下几个方面。

1. 电子商务对物流理念的影响

电子商务作为一种新型的商务活动,为物流创造了一个虚拟性的运动空间。在这种虚拟化的过程中,企业和客户就可以通过各种组合方式寻求物流的合理化,使得商品实体的物流达到效率最高、距离最短、成本最低、时间最少的目标。

电子商务对物流理念的影响有以下几个方面。

① 物流系统中的信息是整个供应链运作的基础。网络是平台,电子商务是手段,供应链是主体,信息对供应链的一体化起着控制以及指导作用。

② 市场的竞争将不仅是表现在企业拥有的物资资源多少,而还表现在它能够调动、协调、整合多少的社会资源来增强自己的市场核心竞争力。

③ 物流系统是由供给推动变为需求拉动,当物流系统内的所有方面都得到网络技术的支持时,产品对客户的可得性将极大地提高。

2. 电子商务对客户服务的影响

① 要求客户咨询服务的平台能够保证企业与客户之间的即时互动。

② 要求客户服务的个性化。只有在企业对客户需求的响应实现了某种程度的个性化对

称的时候，企业才能获得更多的商机。

3. 电子商务促进物流服务空间的拓展

（1）低成本服务　发展电子商务就是为了寻求能够降低成本的物流方案。可以考虑以下方案：采用第三方物流服务商；电子商务经营者之间、电子商务经营者同普通商务经营者联合，采用物流共同化计划。

（2）便利性服务　一切能够简化手续、简化服务的操作都是增值服务，电子商务能够更好地满足客户个性化、多样化的需求。

（3）快速反应服务　快速反应已经成为物流发展的动力之一。电子商务的优势之一就是能够大大简化业务流程，降低企业运作成本，而电子商务下企业低成本优势的建立及保持必须以可靠与高效的物流运作为保证。

二、物流在电子商务中的地位与作用

1. 物流是电子商务十分重要的组成部分

电子商务中的任何一笔交易，都包含着信息流、物流、资金流、物流。在电子商务环境之下，物流显然需要经过物理方式传输，但由于一系列机械化、自动化工具的应用，以及准确、及时的物流信息对于物流过程的控制，企业就能够加快产品物流的流动速度，提高准确率，并能够有效地减少库存，缩短生产周期。

2. 物流是实现电子商务活动的有力保障

首先，物流保障生产。对于任何商务活动而言，先有商品才会有物流活动的产生，而生产的顺利进行需要各种物流活动的支撑。其次，在电子商务环境下，消费者通过网上购买商品，完成商品所有权的交割并支付资金，这就是商流和资金流，但电子商务的活动并没有结束。最后，只有商品和服务及时通过物流真正转移到消费者手中，商务活动才算真正结束。

3. 物流是电子商务的支撑点

用"成也物流，败也物流"来形容电子商务和物流的关系再恰当不过了。电子商务是信息传递的保证，然而物流是执行保证。没有物流，电子商务也只不过是一张空头支票。

三、我国电子商务物流的现状与对策

（一）我国电子商务物流的现状

我国的电子商务物流是从传统的计划经济体制下商品流通转化过来的，经过20余年的改革开放，取得了很多成果，越来越多的企业开始重视物流并投身于物流产业。更有分析指出，中国物流产业具有19000亿的市场潜力。最近的统计结果显示，目前全国从事物流的企业、研究机构、物流行业社团总数已近73万家。但由于起步晚，与发达国家相比，在基础设施、经营管理、理论研究等方面，整体上还比较落后，物流运作成本仍很高，远不能适应电子商务对物流的要求，其发展过程还存在着一些问题。

1. 物流运输和保管技术还很不成熟

目前，我国专业化的配送中心还不多，加上历史形成条块分割体制，"大而全""小而全""自成体系"等传统观念，许多电子商务企业的货物运输还是由企业自己在做。由于其对运输环境不熟悉，运输手段单一，运输式运营，导致迂回运输、对流运输经常发生，再加上企业的运输部门积极性不高，效率低下，结果导致运输成本巨大。另外，由于我国资源配置和地区经济发展不平衡，东南、西北地区的物流量存在很大区别。在物流量大的地方，拥挤、堵塞现象接连不断，结果既导致了运输费用、存取费用和商品破损率的增加，又延迟了

交货时间，影响了企业的形象，削弱了企业物流水平。

2. 物流服务尚未起到战略性的作用

诚然，对所有的顾客或是商品提供最基本的服务是应该的，而且是必须的。然而，如果把有限的物流服务平均配给所有的顾客或是商品，则是一种失败的做法。如目前我国许多企业用同一水平的物流服务来对待不同的顾客，或是在所有的商品上实现无差异的物流服务，因而使物流服务失去了战略性作用。以顾客为例，顾客有关键顾客和一般顾客之分。所谓关键顾客，是指给企业带来绝大部分销售利润的顾客群体。如果在一定的成本条件下，所有的顾客都享受同一水平的服务，则势必会挫伤一部分关键顾客的积极性，最终可能会导致失去这部分关键顾客，从而削弱了物流服务所带来的效果。

3. 物流服务信息化程度的问题

我国的物流信息化从20世纪70年代起步，80年代进行铺垫，90年代中后期进入发展阶段，近年来虽然有很大的提高和进步，但总体来看，信息技术应用和普及程度仍然处于较低水平，发展也十分不平衡。

(1) 物流信息化水平低　目前，信息技术在物流领域的应用不仅比较少，而且应用层次也比较低。信息化水平低已经成为制约我国物流企业发展的瓶颈。

(2) 物流信息化专业人才缺乏　虽然近年来各种软件飞速发展，但是至今一直没有找到一个非常适合中国企业的第三方物流软件。这主要是因为熟悉计算机的人不懂物流，懂物流的人又不熟悉计算机，软件开发者很难将流程表达出来，以至于中国物流信息化尚处于一个艰难的摸索阶段。不管是制定企业战略的决策层，还是实施企业战略的中低端人员，在推进物流信息化的过程中都显得能力不足：决策层对信息化的需求缺乏明确的总体设计、规划思路和策略，中低端人员在具体实施的过程中缺乏成熟有效的方法理论指导，技术或物流信息化的推进也因此步履维艰。

(3) 物流信息标准化工作滞后　随着经济全球化进程的加快，物流标准化工作涉及的领域越来越广泛。目前，我国物流标准化体系的建设还很不完善，物流信息标准的制定和修改跟不上经济发展的需要。商品信息标准不统一，企业间就很难实现信息的交换和共享。

(4) 物流基础信息和公共服务平台发展缓慢　目前，我国物流基础信息和公共服务平台的建设与应用尚不如意。据调查，GPS、GIS技术服务在大型企业的应用比例为23%，在大型物流企业的应用比例仅有12.5%，在中小企业基本上是空白，基础研究技术服务应用比例过少，整个行业的整合就相对困难。

(5) 物流软件供应商竞争加剧，盈利模式尚未成熟　物流软件是近年来新崛起的一个热点，所以从事物流软件开发的企业不胜枚举，多则易杂。

(二) 我国电子商务物流的发展对策

1. 把现代物流产业作为我国国民经济的主要产业

在世界上一些发达国家和地区，物流业已成为国民经济支柱产业。为了推动物流产业的发展，各国都在不断地整合物流资源，不断提高这个产业的整体能力。目前我国物流资源丰富，问题是如何把自己的物流资源整合成新兴的物流产业。笔者认为，要把现代物流产业作为高新技术和实用技术改造传统产业，重新整合各种存量资源，合理设计增量资源，从而使其成为具有高科技含量和高附加值，在国民经济运行中创造新生利润源泉的重要新兴产业。这就要明确物流产业在国民经济中的主要地位，制定支持整个产业发展的财政、金融、税收、吸引外资等政策，继续加大对物流基础设施、关键技术和生产关键准备的投资力度，加快县域物流资源整合和发展的进度，使之成为新的经济增长点和"第三利润源泉"。具体措施有国家政策支持、把物流产业上升到国家战略层次、加速市场开放等。

2. 降低运输成本

运输成本是影响生产企业物流成本的重要因素。降低运输成本，对降低生产企业物流成本具有重要意义。主要措施有：

（1）简化运输系统，减少中间环节　进行合理的运输网络的优化　一般来说，企业不可能改变现有的公路网、铁路网及海运线等，但可以在现有资源的基础上进行合理的运输网络优化以降低运输的成本。

（2）选择最佳运输手段　最佳运输手段有以下几种。

① 拼装整车运输。拼装整车运输也称"零担拼整车中转分运"，主要是用于商业、供销等部门的杂货运输。即物流企业在组织铁路货物运输当中，由同一发货人将不同品种发往同一到站、同一收货人的零担托运货物，由物流企业自己装配在一个车皮内，以整车运输的方式托运到目的地；或把同一方向不同站的零担货物集中组配在一个车皮内，运到一个适当车站，然后再中转分运。

② 实施托盘化运输。托盘化运输是指利用托盘作为单元载货运输的一种方法，其关键在于全程托盘化之后，可以把前述各项功能连接起来，托盘可以相互连续使用。由此可见，如果托盘不通用，就不可能实现一贯托盘化。

③ 实施集装箱运输。安全、快捷、低价本身就是集装箱运输相对于传统运输方式的主要特点。采用集装箱方式运输，货物装卸费的下降是生产力发展的必然趋势，也是集装箱运输市场能得以迅速扩展的根本性原因。集装箱运输也是单元化运输的一种形式，集装箱主要是用于大宗货物的长途运输。

（3）选择合理的运输方式，选择合适的运输工具　在交通运输事业日益发展，各种运输工具并存的情况下，必须注意选择运输工具和运输路线。运输工具主要是火车、汽车、船、飞机、管道等，相应的运输的方式也有铁路、公路、水路、航空和管道运输五种。运输工具的选择，直接关系到运输成本的大小，并且还要考虑各种运输条件的优劣，如运输距离、运输速度、运输能力等，因此，企业要根据运输货物的自身特点以及时间安排，通过比较分析，选择合理的运输工具。同时，积极改进车辆的装卸技术和装卸方法，增加装卸量，运输更多的货物，提高运输生产效率。

（4）开展国际多式联运　国际多式联运是一种高效的运输组织方式，它集中了各种运输方式的特点，扬长避短，融会一体，组成连贯运输，达到简化货运环节，加速货运周转，减少货损货差，降低运输成本，实现合理运输的目的，具有传统单一运输方式无可比拟的优越性。

（5）开展配载运输　配载运输充分考虑了重量和容积因素，实现运输工具装载的货物重量最大，空间利用最大，是提高运输工具实载率的一种运输方式。

（6）开展集中运输

① 自发集运。集运最基本的形式是将一个市场区域中到达不同客户的小批量运输结合起来，即自发集运。

② 共同配送。共同配送是指为提高物流效率，对某一地区的用户进行配送时，由许多家配送企业联合在一起进行的配送。

（7）优化运输路线，降低运输事故损失　不合理运输如重复运输、迂回运输的存在，造成了运力浪费，增加了不必要的运输成本。而优化运输路线可减少不合理运输，降低运输成本，还可减少运输事故发生，从而降低损失。优化运输路线的方法有以下几种：线性规划法、图表分析作业法、表上作业法、节约里程法。

3. 提高保管技术水平，降低库存费用

（1）对储存货物和设施进行 ABC 库存分类管理　通过 ABC 分析，分别找出各种货物的合理库存量和保存方法，实施重点管理，降低成本。

（2）追求经济规模，适度集中库存　利用储存规模优势，以适度集中储存取代分散的小规模库存，追求规模效益。

（3）加速总的周转，提高单位产出　通过采用单元集装储存，建立快速分拣系统等方法，提升仓库的吞吐能力，加速资金的周转速度，使储存成本下降等。将静态储存变为动态储存，加快货物周转速度，实现合理化储存。

（4）采用有效的"先进先出"管理方式　对同种类物品采用"先进先出"管理方式，保证储存期不至于过长。

（5）提高储存密度，减少劳动消耗　通过采取高垛、密集型货架、窄巷道式货架等方法，合理布局，减少土地占用，提高单位存储面积利用率，以降低成本。

（6）采用有效的储存定位系统　有效的储存定位系统能大大节约寻找、存放、取出的时间，节约物化劳动及活劳动，而且能防止出现差错，便于清点及实行订货点等管理方式，如"四号定位"法、"订货点"法、"电子计算机定位系统"等方法。

（7）采用有效的监测清点方式　通过先进的识别、监控系统，及时掌握储存情况，实现管理的现代化。

监测清点的有效方式主要有："五五化"堆码，是我国手工管理中采用的一种科学方法，储存物堆垛时，以"五"为基本计数单位，五五成行、五五成堆后，大大加快了人工点数的速度，且差错少；光电识别系统，在货位上设置光电识别装置，该装置对被存物扫描，并将准确数目自动显示出来，这种方式不需人工清点就能准确掌握库存的实有数量；计算机监控系统，用计算机指示存放，可以防止存取时出现差错，结合条形码认寻技术，还可以了解所有货物的准确情况。

（8）采用现代储存保管技术　采用各种先进科技手段，改善保管条件和保护货物质量，可采用的保管技术有气幕隔潮、气调储存和塑料薄膜封闭等。利用现代先进的保管技术是储存合理化的重要手段。

（9）采用集装箱、集装袋、托盘等储运一体化方式　采用集装箱等储运一体化方式后，有利于实现供应链管理，节省多余的出、入库等储存作业，因而对改变传统储存作业有很重要的意义，是储存合理化的一种有效方式。

4. 按顾客或商品的重要性层次提供有等级的物流服务

在成本的制约下，物流服务也是一种有限的经营资源，因此合理分配物流服务至关重要。可以采用 ABC 分析法确定物流服务的分配方案，用科学的方法保证顾客的最基本需要得到满足。物流服务的分配也可以按照所经营的商品来进行，也就是说，一般商品的物流服务应有所区别。对于产品发展前景较好的明星产品，要积极采用较高的物流服务政策来推动产品销售；对于一般的产品，保持现有的服务水准来延长收益；对于问题型产品，则要根据产品分析的结果采取收缩性的物流服务；而对于处于衰退期或淘汰期的产品，则可以停止物流服务，撤出相应的市场。

5. 构建物流信息系统产业

物流信息系统包括物流系统软件、硬件及系统管理等，是计算机系统技术和通信技术在物流过程中的组合。信息网络技术是现代物流的生命线，通过信息传输与客户、制造商、供应商实现资源共享，对物流各环节进行实时跟踪、有效控制与全程管理。建议组织强有力的科研队伍进行技术攻关，加强物流信息传递标准化、实时化的研究，并尽快形成操作程序和管理文本。借鉴国际上成熟的物流技术标准和服务标准，加快研究制定我国相应的标准。它的作用主要体现在：

① 物流信息系统可以实现信息流动的准确性和及时性；
② 物流信息系统实现了物流各环节的有效沟通，能够通过信息共享提高运作效率；
③ 物流信息系统的实施有助于企业的正确决策；
④ 物流信息系统能够实现提高企业服务水平、赢得客户信赖，达到不断降低物流成本的目的。

6. 加强电子商务物流管理理论的研究和人才培养

目前国内已有不少部门和大专院校设立了专门的电子商务及物流研究机构或科研项目，但这些工作大都是分散的、独立的。物流业是一个系统工程，只有在统一协调、科学规划的指导下，各有关部门分别按照系统发展的要求开展技术、经济和管理等专业化的研究，才能使我国物流业发展走向健康轨道。政府部门要组织有关科研教育单位的专业力量，分别对企业物流、社会物流的技术、经济、管理等问题开展系统的研究。以这些大专院校为基地，加大物流管理技术的普及、宣传和教育，同时要采取多种形式，把学校培养和在职培训结合起来，把长期培养和短期培训结合起来，抓紧为国家和企业积极培训具有跨学科综合能力的专业人才。另外，还要积极借鉴国外先进的物流理念和物流技术，加强国际交流和合作，定期举办国际性的物流研讨会，促进我国电子商务环境下物流业的发展。

工作任务 2　电子商务与物流关系调研

一、任务目的

选择物流企业或企业物流部门进行调研，记录它们物流活动中所应用的电子商务技术。主要让学生了解物流活动与电子商务之间的关系。

二、任务引入

1. 选择当地的几家企业进行走访，并记录它们物流活动中所应用的电子商务技术。
2. 撰写电子商务与物流关系调查报告，完成调研目标和内容。

三、实施步骤

1. 确定调研的内容

主要围绕物流企业、企业的物流部门对电子商务的应用进行。

2. 制订调查计划

围绕调查目标，明确调查主题，确定调查的对象、地点、时间、方式，并确定要搜集哪些相关资料。

3. 调查以小组为单位

根据班级情况，每组 3~4 人，设一名组长。带上调查工具，如笔记本和笔；条件允许的话，可以带上照相机和录音笔。

4. 做好调查前的知识准备

调查之前，进行相关资料的搜集并做好知识准备。

四、教师对小组调研结果进行检查和点评，检查标准如表8-1所示

表 8-1　电子商务与物流关系调研检查标准

考核项目	评分标准	分数	学生自评	小组互评	教师评价	小计
团队合作	是否默契	10				
活动参与	是否积极	10				
任务方案	是否正确、合理	10				
操作过程	调研企业的代表性	15				
	物流与电子商务关系分析	20				
	内容翔实、可靠性	20				
任务完成情况	是否圆满完成	5				
方法使用	是否规范、标准	5				
操作纪律	是否能严格遵守	5				
总分		100				
教师签名：		年　月　日			得分	

单元三　电子商务物流模式

电子商务物流模式，是指电子商务企业从一定的物流管理理念出发，以市场为导向、以满足顾客要求为宗旨，获取系统总效益最优化的适应现代社会经济发展的模式，从而构建相应的物流管理系统，形成有目的的物流网络，采用某种适合形式的物流解决方案。常见的电子商务物流模式有以下几种。

一、自营物流

企业自身经营物流，称为自营物流。自营物流出现在电子商务刚刚萌芽的时期，那时的电子商务企业规模不大，从事电子商务的企业多选用自营物流的方式。企业自营物流模式意味着电子商务企业自行组建物流配送系统，经营管理企业的整个物流运作过程。在这种方式下，企业也会向仓储企业购买仓储服务，向运输企业购买运输服务，但是这些服务都只限于一次或一系列分散的物流功能，而且是临时性的纯市场交易的服务，物流公司并不按照企业独特的业务流程提供独特的服务。如果企业有很高的顾客服务需求标准，物流成本占总成本的比重较大，而企业自身的物流管理能力较强时，企业一般不应采用外购物流，而应采用自营方式。

我国物流公司大多是由传统的储运公司转变而来的，还不能满足电子商务的物流需求，因此，很多企业借助于其开展电子商务的经验也开展物流业务，即电子商务企业自身经营物流。目前，在我国，采取自营模式的电子商务企业主要有两类：第一类是资金实力雄厚且业务规模较大的电子商务公司，电子商务在我国兴起的时候，国内第三方物流的服务水平远不能满足电子商务公司的要求。第二类是传统的大型制造企业或批发企业经营的电子商务网站，由于其自身在长期的传统商务中已经建立起初具规模的营销网络和物流配送体系，在开展电子商务时只需将其加以改进、完善，可满足电子商务条件下对物流配送的要求。

选用自营物流，可以使企业对物流环节有较强的控制能力，易于与其他环节密切配合，全力专门地服务于本企业的运营管理，使企业的供应链更好地保持协调、简洁与

稳定。此外，自营物流能够保证供货的准确和及时，保证对顾客服务的质量，维护了企业和顾客间的长期关系。但自营物流所需的投入非常大，建成后对规模的要求很高，大规模才能降低成本，否则将会长期处于不盈利的境地，而且投资成本较大、时间较长，对于企业柔性有不利影响。另外，自建庞大的物流体系，需要占用大量的流动资金。更重要的是，自营物流需要企业具有较强的物流管理能力，建成之后需要工作人员具有专业化的物流管理能力。

二、物流联盟

物流联盟是制造业、销售企业、物流企业基于正式的相互协议而建立的一种物流合作关系，参加联盟的企业汇集、交换或统一物流资源以谋取共同利益；同时，合作企业仍保持各自的独立性。物流联盟为了达到比单独从事物流活动取得更好的效果，在企业间形成了相互信任、共担风险、共享收益的物流伙伴关系。企业间不完全采取导致自身利益最大化的行为，也不完全采取导致共同利益最大化的行为，只是在物流方面通过契约形成优势互补、要素双向或多向流动的中间组织。

联盟是动态的，只要合同结束，双方又变成追求自身利益最大化的单独个体。选择物流联盟伙伴时，要注意物流服务提供商的种类及其经营策略。一般可以根据物流企业服务的范围大小和物流功能的整合程度这两个标准，确定物流企业的类型。物流服务的范围主要是指业务服务区域的广度、运送方式的多样性、保管和流通加工等附加服务的广度。物流功能的整合程度是指企业自身所拥有的提供物流服务所必要的物流功能的多少，必要的物流功能是指包括基本的运输功能在内的经营管理、集配、配送、流通加工、信息、企划、战术、战略等各种功能。

一般来说，组成物流联盟的企业之间具有很强的依赖性，物流联盟的各个组成企业明确自身在整个物流联盟中的优势及扮演的角色，内部的对抗和冲突减少，分工明晰，使供应商把注意力集中在为客户提供指定的服务上，最终提高了企业的竞争能力和竞争效率，满足了企业跨地区、全方位物流服务的要求。

三、第三方物流

第三方物流（Third-Party Logistics，3PL 或 TPL）是指独立于买卖之外的专业化物流公司，长期以合同或契约的形式承接供应链上相邻组织委托的部分或全部物流功能，因地制宜地为特定企业提供个性化的全方位物流解决方案，实现特定企业的产品或劳务快捷地向市场移动，在信息共享的基础上，实现优势互补，从而降低物流成本，提高经济效益。它是由相对于"第一方"发货人和"第二方"收货人而言的第三方专业企业来承担企业物流活动的一种物流形态。

第三方物流公司通过与第一方或第二方的合作来提供其专业化的物流服务，它不拥有商品，不参与商品买卖，而是为顾客提供以合同约束、以结盟为基础的、系列化、个性化、信息化的物流代理服务。服务内容包括设计物流系统、EDI能力、报表管理、货物集运、选择承运人、货代人、海关代理、信息管理、仓储、咨询、运费支付和谈判等。第三方物流企业一般都是具有一定规模的物流设施设备（库房、站台、车辆等）及专业经验、技能的批发、储运或其他物流业务经营企业。第三方物流是物流专业化的重要形式，它的发展程序体现了一个国家物流产业发展的整体水平。

第三方物流是一个新兴的领域，企业采用第三方物流模式对于提高企业经营效率具有重要作用。其一，企业将自己的非核心业务外包给从事该业务的专业公司去做；其二，第三方物流企业作为专门从事物流工作的企业,有经验丰富的专门从事物流运作的专家,有利于确保企业的专业化生产,降低费用,提高企业的物流水平。

目前,第三方物流的发展十分迅速,有几方面是值得我们关注的:第一,物流业务的范围不断扩大。一方面,商业机构和各大公司面对日趋激烈的竞争,不得不将主要精力放在核心业务上,将运输、仓储等相关业务环节交由更专业的物流企业进行操作,以求节约和高效;另一方面,物流企业为提高服务质量,也在不断拓宽业务范围,提供配套服务。第二,很多成功的物流企业根据第一方、第二方的谈判条款,分析比较自理的操作成本和代理费用,灵活运用自理和代理两种方式,提供客户定制的物流服务。第三,物流产业的发展潜力巨大,具有广阔的发展前景。

四、第四方物流

第四方物流主要是指由咨询公司提供的物流咨询服务,但咨询公司并不就等于第四方物流公司。目前,第四方物流在我国还停留在仅是"概念化"的第四方物流公司,南方的一些物流公司、咨询公司甚至软件公司纷纷宣称自己的公司就是从事"第四方物流"服务的公司。这些公司将没有车队、没有仓库当成一种时髦;号称拥有信息技术,其实却缺乏供应链设计能力,只是将第四方物流当作一种商业炒作模式。第四方物流公司应物流公司的要求为其提供物流系统的分析和诊断,或提供物流系统优化和设计方案等。所以第四方物流公司以其知识、智力、信息和经验为资本,为物流客户提供一整套的物流系统咨询服务。它从事物流咨询服务就必须具备良好的物流行业背景和相关经验,但并不需要从事具体的物流活动,更不用建设物流基础设施,只是为整个供应链提供整合方案。第四方物流的关键在于为顾客提供最佳的增值服务,即迅速、高效、低成本和个性化服务等。

第四方物流有众多的优势。第一,它对整个供应链及物流系统进行整合规划。第三方物流的优势在于具有运输、储存、包装、装卸、配送、流通加工等实际的物流业务操作能力,在综合技能、集成技术、战略规划、区域及全球拓展能力等方面存在明显的局限性,特别是缺乏对整个供应链及物流系统进行整合规划的能力。而第四方物流的核心竞争力就在于具有对整个供应链及物流系统进行整合规划的能力,也是降低客户企业物流成本的根本所在。第二,它具有对供应链服务商进行资源整合的优势。第四方物流作为有领导力量的物流服务提供商,可以通过其影响整个供应链的能力,整合最优秀的第三方物流服务商、管理咨询服务商、信息技术服务商和电子商务服务商等,为客户企业提供个性化、多样化的供应链解决方案,为其创造超额价值。第三,它具有信息及服务网络优势。第四方物流公司的运作主要依靠信息与网络,其强大的信息技术支持能力和广泛的服务网络覆盖支持能力是客户企业开拓国内外市场、降低物流成本所极为看重的,也是取得客户的信赖,获得大额长期订单的优势所在。第四,具有人才优势。第四方物流公司拥有大量高素质、国际化的物流和供应链管理专业人才和团队,可以为客户企业提供全面的、卓越的供应链管理与运作,提供个性化、多样化的供应链解决方案,在解决物流实际业务的同时实施与公司战略相适应的物流发展战略。

发展第四方物流可以减少物流资本投入、降低资金占用。通过第四方物流,企业可以大大减少在物流设施(如仓库、配送中心、车队、物流服务网点等)方面的资本投入,降低资金占用,加快资金周转速度,减少投资风险,降低库存管理及仓储成本。第四方物流公司通过其卓越的供应链管理和运作能力可以实现供应链"零库存"的目标,为供应链上的所有企业降低仓储成本。同时,第四方物流大大提高了客户企业的库存管理水平,从而降低了库存管理成本。发展第四方物流还可以改善物流服务质量，提升企业形象。

五、物流一体化

物流一体化是指以物流系统为核心，由生产企业、物流企业、销售企业直至消费者的供应链整体化和系统化。它是在第三方物流的基础上发展起来的新的物流模式。

20 世纪 90 年代，西方发达国家如美、法、德等国提出物流一体化现代理论，并应用和指导其物流发展，取得了明显效果。在这种模式下，物流企业通过与生产企业建立广泛的代理或买断关系，使产品在有效的供应链内迅速移动，使参与各方的企业都能获益，使整个社会获得明显的经济效益。这种模式还表现为用户之间广泛交流供应信息，从而起到调剂余缺、合理利用、共享资源的作用。在电子商务时代，这是一种完整意义上的物流配送模式，它是物流业发展的高级和成熟的阶段。

物流一体化的发展可进一步分为三个层次：物流自身一体化、微观物流一体化和宏观物流一体化。物流自身一体化是指物流系统的观念逐渐确立，运输、仓储和其他物流要素趋向完备，子系统协调运作，系统化发展。微观物流一体化是指市场主体企业将物流提高到企业战略的地位，并且出现了以物流战略作为纽带的企业联盟。宏观物流一体化是指物流业发展到这样的水平：物流业占国民总产值一定的比例，处于社会经济生活的主导地位，它使跨国公司从内部职能专业化和国际分工程度的提高中获得规模经济效益。

物流一体化是物流产业化的发展形式，它必须以第三方物流充分发育和完善为基础。物流一体化的实质是一个物流管理的问题，即专业化物流管理人员和技术人员充分利用专业化物流设备、设施，利用专业化物流运作的管理经验，以求取得整体最优的效果。同时，物流一体化的趋势为第三方物流的发展提供了良好的发展环境和巨大的市场需求。

工作任务 3　物流企业电子商务应用调查

一、任务目的

选择物流企业或企业物流进行调研，记录它们的规模和电子商务应用。主要让学生了解企业采用电子商务状况。

二、任务引入

1. 选择当地的几家企业进行走访，并记录它们的规模和采用电子商务的状况分析。
2. 撰写物流企业电子商务应用调查报告，完成调研目标和内容。

三、实施步骤

1. 确定调研的内容

主要围绕物流企业、企业的物流部门对电子商务的应用进行。

2. 制订调查计划

围绕调查目标，明确调查主题，确定调查的对象、地点、时间、方式，并确定要搜集哪些相关资料。

3. 调查以小组为单位：根据班级情况，每组 3~4 人，设一名组长。带上调查工具，如笔记本和笔；条件允许的话，可以带上照相机和录音笔。

4. 做好调查前的知识准备

调查之前，进行相关资料的搜集并做好知识准备。

四、教师对小组调研结果进行检查和点评，检查标准如表 8-2 所示

表 8-2　物流企业电子商务应用调查检查标准

考核项目	评分标准	分数	学生自评	小组互评	教师评价	小计
团队合作	是否默契	10				
活动参与	是否积极	10				
任务方案	是否正确、合理	10				
操作过程	调研企业的代表性	15				
	电子商务应用分析	20				
	内容翔实、可靠性	20				
任务完成情况	是否圆满完成	5				
方法使用	是否规范、标准	5				
操作纪律	是否能严格遵守	5				
总分		100				
教师签名：		年　月　日			得分	

【综合案例分析】　戴尔的网上直销电子商务化物流

电子商务已风靡全球，有些公司利用它已取得很好的成效，在此方面可以首推戴尔（Dell）公司。该公司在商用桌面 PC 市场上已成为第一大供应商，其销售额每年以 40% 的增长率递增，是该行业平均增长率的两倍。

Dell 是通过国际互联网和企业内部网进行销售的。在日常的经营中，Dell 仅保持两个星期的库存（行业标准超过 60 天），其存货一年可周转 30 次以上。基于这些数字，Dell 的毛利率和资本回报率也是相当高的，分别是 21% 和 106%。这些都是 Dell 实施电子商务化物流后取得的效果。它的电子商务化物流运作的流程具体如下。

1. 订单处理

Dell 要接受消费者的订单，消费者可以拨打 800 免费电话，也可以通过 Dell 的网上商店进行订货。Dell 会先检查订单项目是否填写齐全，然后检查订单的付款条件，并按付款条件将订单分类。采用信用卡支付方式的订单将被优先满足，采用其他付款方式的订单则要等到付款确认，只有确认款项支付完成的订单才会立即自动发出。零部件的订货将转入生产数据库中，订单也随即转到生产部门进行下一步作业。用户订货后，可以对产品的生产过程、发货日期甚至运输公司的发货情况等进行跟踪。

2. 预生产

Dell 在正式开始生产之前，需要等待零部件的到货，这就叫作预生产。预生产的时间因消费者所订的系统不同而不同，主要取决于供应商的仓库中是否有现成的零部件。

电子商务化物流给 Dell 带来的好处。

使用电子商务化物流后，Dell 一方面可以先拿到用户的预付款和运费，另一方面，Dell 是在物流公司将货运到后才与其结算运费。也就是说，Dell 既占压着用户的流动资金，又占压着物流公司的流动资金；Dell 的竞争对手一般保持着几个月的库存，但 Dell 的按单生产没有库存风险，使其具有只保持几天库存的水平，这些因素使 Dell 的年均利润率超过对手 50%。

但无论何种销售方式，必须对用户有好处，Dell 的电子商务型直销方式对用户的价值包括：一是可以满足个性化的用户需求；二是 Dell 精简的生产、销售、物流过程可以省去一些中间成本，因此价格较低；三是用户可以享受到完善的售后服务，包括物流、配送服务等。

电子商务化物流给 Dell 带来的隐患。

决定 Dell 直销系统成功关键之一是要建立一个覆盖面较大、反应迅速、成本适合的物流网络和系统。如果 Dell 按照承诺将所有的订货都直接从工厂送货上门，就会带来两个问题。

1. 物流成本过高

如果用户分布的区域很广，订货量又少，则这种系统因库存降低减少的库存费用将无法弥补因送货不经济导致的运输及其他相关成本上升。因此在某些重要的销售市场设立区域配送中心是必要的，但这可能会使库存成本上升，而交货期缩短。

2. 交货期过长

在传统的销售渠道下，用户面对的是现货；在 Dell 的销售方式下，用户面对的是期货。用户看在名牌企业的份上还可能这样去等待，但这并不是消费者期望的事情。像 Dell 这样依赖准确的需求预测、电话订货或网上订货，然后再组织生产和配送的模式，实际上蕴藏着较大的市场、生产及物流风险，不是很容易办到的。

因此，电子商务需要增值性物流服务。

如果将电子商务的物流需求仅仅理解为门到门运输、免费送货上门的话，那就错了。因为电子商务需要的不是普通的运输和仓储服务，它需要的是物流服务，除了传统的物流服务外，电子商务还需要增值性的物流服务。增值性的物流服务包括以下几层含义和内容。

1. 延伸服务

物流能够在新经济的今天发展得如此迅猛，是因为它的核心是成本的降低，但它的额外服务更令企业界赞不绝口。因此物流服务向上可以延伸到市场调查与预测、采购及订单处理；向下可以延伸到配送、物流咨询、物流方案的选择与规划、库存控制决策建议、货款回收与结算、教育与培训、物流系统设计与规划方案的制作等。

2. 降低成本，即发掘第三利润源泉的服务

电子商务发展的前期，物流成本居高不下，有些企业可能会因为根本承受不了这种高成本而退出电子商务领域，或者是选择性地将电子商务的物流服务外包出去，这是很自然的事情。发展电子商务，一开始就应该寻找能够降低物流成本的物流方案。企业可以考虑的方案包括：采用第三方物流；电子商务经营者之间或电子商务经营者与普通商务经营者联合，采取物流共同化计划；同时，具有一定销售量的电子商务企业，可以采用比较适用但投资比较少的物流技术和设施设备，或推行物流管理技术，如运筹学中的管理技术、单品管理技术、条码技术和其他信息技术等，提高物流的效率和效益，降低物流成本。

综上可知，Dell 给我们开创了电子商务化物流的先河。如何实现电子商务化物流已是目前企业所面临的问题，而能否提供电子商务化物流增值服务现在已成为衡量一个企业物流是否真正具有竞争力的标准。

项目九 走进智慧物流

【技能目标】
1. 具有将传感技术应用在物流领域的能力；
2. 具有对企业物联网技术的应用进行分类及分析的能力；
3. 具有对物流企业开展电子商务应用数据挖掘的调查分析能力；
4. 具有应用虚拟现实技术优化物流业务活动的能力。

【知识目标】
1. 掌握传感技术的原理和分类以及新兴传感器的应用；
2. 掌握大数据及大数据分析的定义、步骤；
3. 掌握数据挖掘的定义、方法；
4. 了解物联网体系架构的三层模型；
5. 了解虚拟现实技术的原理及应用。

【工作任务】
1. 企业传感技术应用的调研；
2. 企业物联网技术应用的调研；
3. 物流企业大数据挖掘应用的调查；
4. TARA 3D 虚拟现实物流中心仿真实训。

【引导案例】 京东无人仓

2017年10月，京东建成了全球首个全流程无人仓（如图9-1所示），在国内电商中，京东的分拣和发货速度首屈一指。京东官方已建成全球首个全流程无人仓，从入库、存储到包装、分拣，真真正正实现了全流程、全系统的智能化和无人化。

该无人仓坐落在上海市嘉定区的仓储楼群，属于上海"亚洲一号"整体规划中的第三期项目，建筑面积40000平方米，物流中心主体由收货、存储、订单拣选、包装四个作业系统组成，存储系统由8组穿梭车立库系统组成，可同时存储商品6万箱。

图9-1 京东全流程无人仓

在京东无人仓的整个流程中，从货物入库到码垛、供包、分拣，再到集包转运，应用了多种不同功能和特性的机器人，而这些机器人不仅能够依据系统指令处理订单，还可以完成自动避让、路径优化等工作。

在货物入库，打包等环节，京东无人仓配备了 3 种不同型号的六轴机械臂，应用在入库装箱、混合码垛、拣货、分拣机器人供包 4 个场景下（分别如图 9-2、图 9-3、图 9-4、图 9-5 所示）。

图 9-2　自动入库运输机：可实现托盘货物的自动出、入库

图 9-3　堆垛机（欧洲进口）：实现托盘货物的自动存货、取货和补货，运行速度达 180 米/分钟

图 9-4　立体仓库拣货区：实现自动补货，拣选货物后自动输送

图 9-5　自动分拣机（欧洲进口）：自动供包，分拣处理能力超过 20000 件/小时，分拣准确率超过 99.99%

另外，在分拣场内，京东引进了 3 种不同型号的智能搬运机器人执行任务；在 5 个场景内，京东分别使用了 2D 视觉识别、3D 视觉识别以及由视觉技术与红外测距组成的 2.5D 视觉技术，为这些智能机器人安装了"眼睛"，实现了机器与环境的主动交互。

京东无人仓正式运营后，其日处理订单的能力超过 20 万单。

值得一提的是，京东物流在无人仓的规划中融入了低碳节能的理念，其在系统中应用了包装材料的算法推荐，可以实现全自动体积适应性包装，以缓解人工打包中出现的"小商品大包装"或者"大商品小包装"造成包装过度或者纸箱破损的情况。

此前,京东于2014年建成投产的上海"亚洲一号",其仓库管理、控制、分拣和配送信息系统等均由京东开发并拥有自主知识产权,整个系统由京东总集成,90%以上的操作已实现自动化,代表了国内智慧物流领域最高水平。

经过三年的实践与应用,上海"亚洲一号"已经成为京东物流在华东区的中流砥柱,有效缓解了"6·18""双11"订单量暴涨带来的压力。无论是订单处理能力,还是自动化设备的综合匹配能力,都处于行业领先水平。

自建物流是京东的核心竞争力之一,上海"亚洲一号"更是京东的旗舰工程和"秘密武器"。

问题:

(1) 举几个生活中见到的智能化物流案例。

(2) 根据本案例及日常生活中见到的智能化物流案例,说明智能化物流对这些物流行业起到什么样的作用,与传统人工方式相比有哪些变化。

单元一　传感技术

传感技术(Sensor Technology)同计算机技术与通信一起被称为信息技术的三大支柱。从物联网角度看,传感技术是衡量一个国家信息化程度的重要标志。传感技术是关于从自然信源获取信息,并对之进行处理(变换)和识别的一门多学科交叉的现代科学与工程技术,它涉及传感器(又称换能器)、信息处理和识别的规划设计、开发、制/建造、测试、应用及评价改进等活动。

一、传感技术的含义

传感技术就是传感器的技术,可以感知周围环境或者特殊物质,如气体感知、光线感知、温湿度感知、人体感知等,把模拟信号转化成数字信号,给中央处理器处理,最终形成气体浓度参数、光线强度参数、范围内是否有人探测、温度和湿度数据等,显示出来。

获取信息靠各类传感器,它们有各种物理量、化学量或生物量的传感器。按照信息论的凸性定理,传感器的功能与品质决定了传感系统获取自然信息的信息量和信息质量,是高品质感技术系统的关键。信息处理包括信号的预处理、后置处理、特征提取与选择等。识别的主要任务是对经过处理的信息进行辨识与分类。它利用被识别(或诊断)对象与特征信息间的关联关系模型对输入的特征信息集进行辨识、比较、分类和判断。因此,传感技术是遵循信息论和系统论的。它包含了众多的技术,被众多的产业广泛采用。它也是现代科学技术发展的基础条件,应该受到足够的重视。

为了提高制造企业的生产率(或降低运行时间)和产品质量、降低产品成本,工业界对传感技术的基本要求是能可靠地应用于现场,完成规定的功能。

二、传感技术原理及分类

传感技术是物联网的基础技术之一,处于物联网构架的感知层。而传感器是一种能把特定的被测信号,按一定规律转换成某种可用信号输出的器件或装置,以满足信息的传输、处理、记录、显示和控制等要求。它处于研究对象与检测系统的接口位置,是感知、获取与检测信息的窗口,它提供互联网系统赖以进行决策和处理所必需的原始数据。传感器按被测量可分为如下几类,如表9-1所示。

表 9-1　按被测量分类的传感器

按被测量分类			
	物理量传感器	力学量	压力传感器、力传感器、力矩传感器、速度传感器、加速度传感器、流量传感器、位移传感器、位置传感器、尺度传感器、密度传感器、黏度传感器、硬度传感器、浊度传感器
		热学量	温度传感器、热流传感器、热导率传感器
		光学量	可见光传感器、红外光传感器、紫外光传感器、照度传感器、色度传感器、图像传感器、亮度传感器
		磁学量	磁场强度传感器、磁通传感器
		电学量	电流传感器、电压传感器、电场强度传感器
		声学量	声压传感器、噪声传感器、超声波传感器、声表面波传感器
		射线	x 射线传感器、β 射线传感器、γ 射线传感器、辐射剂量传感器
	化学量传感器		离子传感器、气体传感器、湿度传感器
	生理量传感器	生物量	体压传感器、脉搏传感器、心音传感器、体温传感器、血流传感器、呼吸传感器、血容量传感器、体电图传感器
		生化量	酶式传感器、免疫血型传感器、微生物型传感器、血气传感器、血液电解质

以下是常见的几种传感器。

（一）温度传感器

按敏感元件与被测介质接触与否，可分为接触式温度传感器和非接触式温度传感器；按材料及电子元件特性，可分为热电阻温度传感器和热电偶温度传感器。

（二）湿度传感器

电阻湿度传感器：敏感元件为湿敏电阻，其主要材质一般为电介质、半导体、有机物及多高子聚合物。

电容湿度传感器：敏感元件为湿敏电容，主要材料一般为高分子聚合物、金属氧化物。这些材料对水分子有较强的吸附能力，吸附水分的多少随着环境湿度的变化而变化。

（三）超声波传感器

利用超声波的特性研制而成，超声波是一种振动频率高于声波的机械波，频率高、波长短、绕射现象小，特别是方向性好，能够成为射线而定向传播，对液体、固体的穿透力很大。

（四）微加速度传感器

微加速度传感器是继微压力传感器之后第二个进入市场的微机械传感器。其主要类型有压阻式、电容式、力平衡式和谐振式。其中最具吸引力的是力平衡加速度计，其典型产品是 Kuehnel 等人在 1994 年报道的 AGXL50 型。

国内在微加速度传感器的研制方面也做了大量的工作，如西安电子科技大学研制的压阻式微加速度传感器和清华大学微电子所开发的谐振式微加速度传感器。后者采用电阻热激励、压阻电桥检测的方式，其敏感结构为高度对称的 4 角支撑质量块形式，在质量块 4 边与支撑框架之间制作了 4 个谐振梁用于信号检测。微加速度传感器实物如图 9-6 所示。

（五）微气体传感器

根据制作材料的不同，微气敏传感器分为硅基气敏传感器和硅微气敏传感器。其中前者以硅为衬底，敏感层为非硅材料，是当前微气敏传感器的主流。微气体传感器可满足人们对气敏传感器集成化、智能化、多功能化等要求。例如：许多气敏传感器的敏感性能和工作温度密切相关，因而要同时制作加热元件和温度探测元件，以监测和控制温度。微机电系统（Micro-Electro Mechanical System，MEMS）技术很容易将气敏元件和温度探测元件制作在一起，保证气体传感器优良性能的发挥。微气体传感器实物如图9-7所示。

图9-6 微加速度传感器

图9-7 微气体传感器

三、物联网传感技术应用与发展

（一）传感器在物联网中的战略意义

传感器是物联网的重要组成部分之一，是物联网系统中关键组成部分。传感器性能决定物联网性能。传感器技术的升级换代将加快网络的升级换代。传感器承载着"信息源头"的重要作用，是工业化和信息化"两化深度融合"的关键。因此，我们说各种类型的传感器是物联网的基础和重要感知器件，是物联网发展的最根本所在。传感器在物联网中的战略意义包括如下几个方面。

① 传感器是物联网的重要组成部分之一。
② 传感器的性能决定物联网性能。
③ 传感器升级推动网络升级。
④ 传感器是物联网发展的瓶颈。
⑤ 传感器产业化决定物联网市场应用前景。

在大力发展物联网的同时，如不发展我国传感器技术，则大量国外传感器将进入国内，传感器市场将被国外占有，不仅经济损失巨大，国家安全也无法保障。

（二）新兴传感器MEMS

MEMS利用传统的半导体工艺和材料，集微传感器、微执行器、微机械机构、信号处理和控制电路、高性能电子集成器件、接口、通信和电源等于一体的微型器件或系统，具有小体积、低成本、集成化等特点，实物如图9-8所示。

在人工智能、大数据以及物联网的进一步发展之下，数据的收集显得尤为重要，而与收集数据息息相关的传感器市场将更加广阔。尤其是物联网的发展，传感器产品需求大幅增加，重心也逐渐转向技术含量较高的MEMS传感器领域。

图9-8 MEMS传感器

MEMS工作原理（如图9-9所示）：通常由敏感元件和传输元件组成，能把诸如力、光、声、温度、化学及其他被测量物理量通过传感器转换为模拟信号，并通过微系统通信完成数字信号和模拟信号的相互转换，并通过传输元件（执行器）输出成运动、能量、信息或其他。

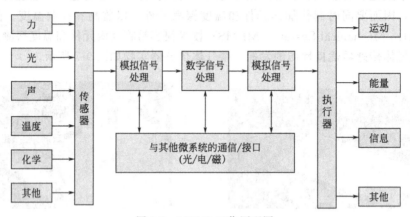

图9-9　MEMS工作原理图

数据来源：互联网，北京欧立信信息咨询中心

（三）MEMS传感器的应用领域

除了智能手机，MEMS传感器将会在AR/VR、可穿戴等消费电子、智能驾驶、智能工厂、智慧物流、智能家居、环境监测、智慧医疗等物联网领域广泛应用。

1. MEMS传感器可穿戴设备应用

以小米手环为例，就用到了ADI（Analog Devices，Inc.，亚德诺半导体技术有限公司）的MEMS加速度和心率传感器来实现运动和心率监测。Apple Watch内部除了MEMS加速度计、陀螺仪、MEMS麦克风，还有脉搏传感器。

2. MEMS传感器在VR中的应用

VR（Virtual Reality，虚拟现实技术）设备需要足够精确地测定头部转动的速度、角度和距离，采用MEMS加速度计、陀螺仪和磁力计来进行测定是重要的解决方案之一，几乎成为VR设备的标配。Oculus Rift、HTC Vive、PlayStation VR都采用了MEMS加速度计和陀螺仪，未来VR设备也可能会使用MEMS眼球追踪技术（如图9-10所示，头戴式VR设备）。

3. MEMS传感器在无人机上的应用

在无人机飞行姿态控制技术上，也应用了MEMS传感器技术。结合加速度计和陀螺仪，可以算出角度变化，并确定位置和飞行姿态。MEMS传感器能在各种恶劣条件下正常工作，同时获得

图9-10　头戴式VR设备

高精度的输出。MEMS加速度计和陀螺仪在无人机上的应用可谓大放异彩（如图9-11所示）。

图 9-11 装有 MEMS 的无人机

4. MEMS 传感器在车联网的应用

车联网是物联网发展的重大领域，智能汽车是车联网的核心，正处于高速发展中。在智能汽车时代，主动安全技术成为备受关注的新兴领域，需要改进现有的主动安全系统，比如侧翻（Rollover）与稳定性控制（Electonic Stability Control，ESC），这就需要 MEMS 加速度传感器和角速度传感器来感测车身姿态。

语音将成为人与智能汽车的重要交互方式，MEMS 麦克风将迎来发展新机遇。MEMS 传感器在汽车领域还有很多应用，包括安全气囊（应用于正面防撞气囊的高 g 值加速度计和用于侧面气囊的压力传感器）、汽车发动机（应用于检测进气量的进气歧管绝对压力传感器和流量传感器）等。

（四）自动驾驶应用

自动驾驶技术的兴起，进一步推动了 MEMS 传感器进入汽车。虽然 GPS 接收器可以计算自身位置和速度，但在 GPS 信号较差的地方（地下车库、隧道）和信号受到干扰的时候，汽车的导航会受到影响，这对自动驾驶来说是致命的缺陷。利用 MEMS 陀螺仪和加速度计获取速度和位置（角速度和角位置），车辆任何细微的动作和倾斜姿态都被转化为数字信号，通过总线传递给行车电脑。即便在最快的车速状态下，MEMS 的精度和反应速度也能够适应，这得益于硅体微加工、晶片键合等技术的发展，精度已经上升到 0.01（如图 9-12 所示）。

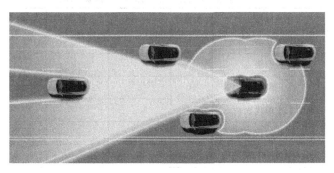

图 9-12 自动驾驶

（五）工业应用

MEMS 让传感器小型化、智能化，MEMS 传感器将在智慧工业时代大有可为。MEMS 温度、湿度传感器可用于环境条件的监测，MEMS 加速度计可以用来监测工业设备的振动和旋转速度，高精度的 MEMS 加速度计和陀螺仪可以为工业机器人的导航和转动提供精确的位置信息。

工作任务 1 企业传感技术应用的调研

一、任务目的

通过对现实传感器技术的应用进行实地调研的形式来进行的,可以通过调查走访企业,结合网上信息搜集的形式来进行。主要让学生了解传感技术原理和应用并掌握相关技术在企业中的应用情况,为以后的物流信息系统的学习打下基础。

二、任务引入

1. 请在现实中调研传感技术在企业智慧物流中涉及的各种应用情况。

2. 请至少对三个企业进行调研。

3. 通过调研对企业的传感技术应用进行对比,分析出应用的现状、发展领域及发展趋势。

4. 撰写企业传感技术应用调查报告,完成调研的目标和内容。

三、实施步骤

1. 确定调研的内容

主要围绕企业物联网传感技术的实际应用及作用;常用的几种传感技术;当地的传感技术应用的现状、发展领域和趋势等展开。

2. 制订调查计划

围绕调查目标,明确调查主题,确定调查的对象、地点、时间、方式,并确定要搜集哪些相关资料。

3. 调查以小组为单位

根据班级情况,每组3~4人,设一名组长。带上调查工具,如笔记本和笔;条件允许的话,可以带上照相机和录音笔。

4. 做好调查前的知识准备

调查之前,进行相关资料的搜集并做好知识准备。

四、教师对小组调研结果进行检查和点评,检查标准如表 9-2 所示

表 9-2 企业传感技术应用的调研检查标准

考核项目	评分标准	分数	学生自评	小组互评	教师评价	小计
团队合作	是否默契	10				
活动参与	是否积极	10				
任务方案	是否正确、合理	10				
操作过程	调研企业的代表性	15				
	传感技术的代表性	20				
	内容翔实、可靠性	20				
任务完成情况	是否圆满完成	5				
方法使用	是否规范、标准	5				
操作纪律	是否能严格遵守	5				
总分		100				
教师签名:			年 月 日		得分	

单元二　物联网技术

一、物联网技术的定义

(一) 物联网

物联网 (Internet of Things, IOT) 又叫"传感网",指的是利用射频识别等各种信息传感设备,把所有物品的信息与互联网实时连接起来,实现智能化管理与识别。物联网为每一个物品分配标识,通过射频识别装置、红外感应器、全球定位系统、激光扫描器等获取物品标识中的信息,从而达到对物品进行识别和供应链实时跟踪的目的。

物联网由三个要素组成,一是传感设备,即以二维码、射频标签和传感器来识别"物",国内以低频 RFID 为主;二是传输网络,即通过现有的互联网、广电网络、通信网络或未来的下一代网络 (Next Generation Network, NGN),实现数据的传输与计算,如中国移动积极推进的 M2M (Machine-To-Machine) 业务;三是处理终端,指输入、输出的控制终端,手机、电脑、通信基站以及其他移动终端。

因此,我们可以给物联网下一个定义,物联网是指通过各种信息传感器、射频识别技术、全球定位系统、红外感应器、激光扫描器等各种装置与技术,实时采集任何需要监控、连接、互动的物体或过程,采集其声、光、热、电、力学、化学、生物、位置等各种需要的信息,通过各类可能的网络接入,实现物与物、物与人的泛在连接,实现对物品和过程的智能化感知、识别和管理。物联网是一个基于互联网、传统电信网等的信息承载体,它让所有能够被独立寻址的普通物理对象形成互联互通的网络。

(二) 物联网技术

通过射频识别 (Radio Frequency Identification, RFID)、红外感应器、全球定位系统、激光扫描器等信息传感设备,按约定的协议,将任何物品与互联网相连接,进行信息交换和通信,以实现智能化识别、定位、追踪、监控和管理的一种网络技术。

物联网技术的核心和基础仍然是互联网技术,是在互联网技术基础上的延伸和扩展的一种网络技术,其用户端延伸和扩展到任何物品和物品之间,进行信息交换和通信。

二、物联网体系架构

物联网典型体系架构分为三层,自下而上分别是感知层、网络层和应用层 (如图 9-13 所示)。感知层实现物联网全面感知的核心能力,是物联网中关键技术、标准化、产业化方面亟须突破的部分,关键在于具备更精确、更全面的感知能力,并解决低功耗、小型化和低成本问题。网络层主要以广泛覆盖的移动通信网络作为基础设施,是物联网中标准化程度最高、产业化能力最强、最成熟的部分,关键在于为物联网应用特征进行优化改造,形成系统感知的网络。应用层提供丰富的应用,将物联网技术与行业信息化需求相结合,实现广泛智能化的应用解决方案,关键在于行业融合、信息资源的开发利用、低成本高质量的解决方案、信息安全的保障及有效商业模式的开发。

三、物联网关键技术

物联网是典型的交叉学科,它所涉及的关键技术包括感知技术、网络通信技术、数据融合与智能技术、纳米技术等。

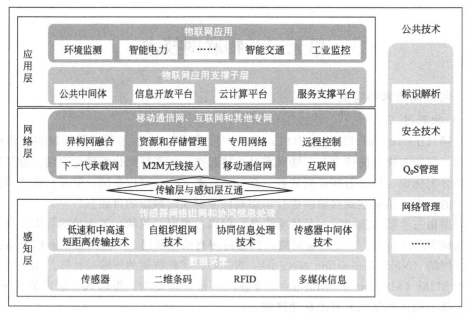

图 9-13 物联网典型体系架构

（一）感知技术

感知技术也可以称为信息采集技术，它是实现物联网的基础。目前，信息采集主要采用电子标签、传感器和 RFID 等方式完成。在感知技术中，电子标签用于对采集的信息进行标准化标识，数据采集和设备控制通过射频识别读写器、二维码识读器等实现。其中传感器技术也是计算机应用中的关键技术。大家都知道，到目前为止绝大部分计算机处理的是数字信号。自从有计算机以来就需要传感器把模拟信号转换成数字信号计算机才能处理。

（二）网络通信技术

在物联网的机器到机器、人到机器和机器到人的信息传输中，有多种通信技术可供选择，它们主要分为有线（如 DSL、PON 等）和无线（如 CDMA、GPRS、IEEE 802.11a/b/g WLAN 等）两大类技术，这些技术均已相对成熟。在物联网的实现中，格外重要的是无线传感网技术。

1. M2M

M2M 即机器对机器通信，M2M 重点在于机器对机器的无线通信，存在以下三种方式：机器对机器、机器对移动电话（如用户远程监视）、移动电话对机器（如用户远程控制）。在 M2M 中，GSM/GPRS/UMTS 是主要的远距离连接技术，其近距离连接技术主要有 802.11b/g、蓝牙、ZigBee、RFID 和 UWB（Ultra Wideband，超宽带）。此外，还有一些其他技术，如 XML 和 CORBA（Common Object Request Broker Architecture），以及基于 GPS、无线终端和网络的位置服务技术。

2. 无线传感网

传感网的定义为随机分布的集成有传感器、数据处理单元和通信单元的微小节点，通过自组织的方式构成的无线网络。传感网借助于节点中内置的传感器测量周边环境中的热、红外、声呐、雷达和地震波信号，从而探测包括温度、湿度、噪声、光强度、压力、土壤成分、移动物体的速度和方向等物质现象。无线传感网是集分布式信息采集、传输和处理技术于一体的网络信息系统，以其低成本、微型化、低功耗和灵活的组网方式、铺设方式以及适合移动目标等特点受到广泛重视。目前,面向物联网的传感网主要涉及以下几项技术:测试及网络化测控技术、智能化传感网节点技术、传感网组织结构及底层协议、对传感网自身的检测与自组织、传感网安全。

(三) 数据融合与智能技术

物联网是由大量传感网节点构成的,在信息感知的过程中,采用各个节点单独传输数据到汇聚节点的方法是不可行的。因为网络存在大量冗余信息,会浪费大量的通信带宽和宝贵的能量资源。此外,还会降低信息的收集效率,影响信息采集的及时性,所以需要采用数据融合与智能技术进行处理。

所谓数据融合是指将多种数据或信息进行处理,组合出高效且符合用户需求的数据的过程。海量信息智能分析与控制是指依托先进的软件工程技术,对物联网的各种信息进行海量存储与快速处理,并将处理结果实时反馈给物联网的各种"控制"部件。

智能技术是为了有效地达到某种预期的目的,利用知识分析后所采用的各种方法和手段。通过在物体中植入智能系统,可以使得物体具备一定的智能性,能够主动或被动地实现与用户的沟通,这也是物联网的关键技术之一。

根据物联网的内涵可知,要真正实现物联网需要感知、传输、控制及智能等多项技术。物联网的研究将带动整个产业链或者说推动产业链的共同发展。信息感知技术、网络通信技术、数据融合与智能技术、云计算等技术的研究与应用,将直接影响物联网的发展与应用,只有综合研究解决了这些关键技术问题,物联网才能得到快速推广,造福于人类社会,实现智慧地球的美好愿望。

(四) 纳米技术

纳米技术是研究尺寸在 0.1~100nm 的物质组成体系的运动规律和相互作用以及可能实际应用中的技术。目前,纳米技术在物联网技术中的应用主要体现在 RFID 设备、感应器设备的微小化设计、加工材料和微纳米加工技术上。

四、物联网支撑技术

感知技术、网络通信技术、数据融合与智能技术、纳米技术等作为物联网的关键技术,其本身也需要底层技术作为支撑。主要的底层支撑技术包括嵌入式系统、微机电系统、软件和算法、电源和能量储存、新材料技术等。

(一) 微机电系统

微电机系统技术可实现对传感器、执行器、处理器、通信模块、电源系统等多种功能的器件的高度集成,是支撑传感器节点微型化、智能化的重要技术。

(二) 嵌入式系统技术

嵌入式系统技术是综合了计算机软硬件、传感器技术、集成电路技术、电子应用技术为一体的复杂技术。经过几十年的演变,以嵌入式系统为特征的智能终端产品随处可见,小到人们身边的 MP3,大到航天航空的卫星系统。嵌入式系统正在改变着人们的生活,推动着工业生产以及国防工业的发展。如果把物联网用人体做一个简单比喻,传感器相当于人的眼睛、鼻子、皮肤等感官,网络就是神经系统用来传递信息的,嵌入式系统则是人的大脑,在接收到信息后要进行分类处理。这个例子很形象地描述了传感器、嵌入式系统在物联网中的位置与作用。

(三) 软件和算法技术

软件和算法技术是实现物联网功能、决定物联网行为的主要技术，重点包括各种物联网计算系统的感知信息处理、交互与优化软件与算法、物联网计算系统体系结构与软件平台研发等。

(四) 电源和能量储存技术

能量储存技术是物联网关键支撑技术之一，包括电池技术、能量储存、能量捕获、恶劣情况下的发电、能量循环、新能源等技术。

(五) 新材料技术

新材料技术主要是指应用于传感器的敏感元件实现的技术。传感器敏感材料包括湿敏材料、气敏材料、热敏材料、压敏材料、光敏材料等。新敏感材料的应用可以使传感器的灵敏度、尺寸、精度、稳定性等特性获得改善。

五、物联网技术的应用示例

(一) RFID 与物流仓储管理系统

以简单 RFID 系统为基础，结合已有的网络技术、数据库技术、中间件技术等，构筑一个由大量联网的阅读器和无数移动的标签组成的，比 Internet 更为庞大的"物联网"成为 RFID 技术发展的趋势。

物流仓储管理系统利用 RFID 来捕获信息，通过无线数据通信等技术将其与开放的网络系统相连，对供应链中各环节的信息进行自动识别与实时跟踪，从而将庞大的物流系统建成一个高度智能、覆盖仓库上所有物品之间甚至于物品和人之间的实物互联网。

基于 RFID 的物联网将在全球物流仓储范围内从根本上改变对物品生产、运输、仓储等各环节流动监控的管理水平。一个带有电子标签的产品，电子标签中有这个产品的唯一编码，当这个带有标签的产品通过一个读写器时，这个产品的信息就会通过互联网传输到指定的计算机内，这是一个全自动的产品流动监测网络。通过物流仓储管理系统，带有电子标签的物品都可以随时随地按需被标识、追踪和监控，从而达到信息的实时共享，便于统筹管理，进而可以更好地促进企业生产能力的提升。

(二) 物联网技术在物流仓储管理中的应用

1. 采购环节

在采购环节中，企业可以通过 RFID 技术实现及时采购和快速反应采购。管理部门通过 RFID 技术能够实时地了解到整个供应链的供应状态，从而更好地把握库存信息、供应和生产需求信息等，及时对采购计划进行制订和管理，并及时生成有效的采购订单。通过应用 RFID 技术，可以在准确的时间购入准确的物资，不会造成库存的积压，也不会因为缺少物资影响生产计划，从而实现"简单购买"向"合理采购"转变，即在合适的时间，选择合适的产品，以合适的价格，按合适的质量，并通过合适的供应商获得。

企业以通过物联网技术集成的信息资源为前提，可以实现采购内部业务和外部运作的信息化，实现采购管理的无纸化，提高信息传递的速度，加快生产决策的反应速度，并且最终达到工作流的统一，即以采购单为源头，对供应商确认订单、发货、到货、检验、入库等采购订单流转的各个环节进行准确的跟踪，并可进行多种采购流程选择，如订单直接入库，或经过到货质检环节后检验入库等，同时在整个过程中，可以实现对采购存货的计划状态、订单在途状态、到货待检状态等环节的监控和管理。通过对采购过程中资金流、物流和信息流的统一控制，可以达到采购过程总成本和总效率的最优匹配。

2．生产环节

传统企业物流系统的起点在入库或出库，但在基于 RFID 的物流系统中，所有的物资在生产过程中应该已经开始实现 RFID 标签（Tag）。由于在一般的商品物流中，大部分的 RFID 标签都以不干胶标签的形式使用，只需要在物品包装上贴 RFID 标签就可以。

在企业物资生产环节中最重要的是 RFID 标签的信息录入，可分为 4 个步骤完成。

① 描述相对应的物品信息，包括生产部门、完成时间、生产各工序以及责任人、使用期限、使用目标部门、项目编号、安全级别等，RFID 标签全面的信息录入将成为物流系统追踪的有力支持。

② 在数据库中将物品的相关信息录入相对应的 RFID 标签项中。

③ 将物品与相对应的信息编辑整理，得到物品的原始信息和数据库，这是整个物流系统中的第一步，也是 RFID 开始介入的第一个环节，需要绝对保证这个环节中的信息和 RFID 标签的准确性与安全性。

④ 完成信息录入后，使用阅读器进行信息确认，检查 RFID 标签相对应的信息是否和物品信息一致。同时进行数据录入，显示每一件物品的 RFID 标签信息录入的完成时间和经手人。为保证 RFID 标签的唯一性，可将相同产品的信息进行排序编码，方便对相同物品的清查。

3．入库环节

传统物流系统的入库有三个基本要素是要严格控制的：经手人员、物品、记录。这个过程需要耗费大量的人力、时间，并且一般需要多层多次检查才能确保准确性。在 RFID 的入库系统中，通过 RFID 的信息交换系统，这 3 个环节能够得到高效、准确的控制。在 RFID 的入库系统中，通过入库通道处的阅读器（Reader），识别物品的 RFID 标签，并在数据库中找到相应物品的信息并自动输入 RFID 的库存管理系统中。系统记录入库信息并进行核实，若合格则录入库存信息，如有错误则提示错误信息，发出警报信号，自动禁止入库。在 RFID 的库存信息系统中，通过功能扩展，可直接指引叉车、堆垛机设备上的射频终端，选择空货位并找出最佳途径，抵达空位。阅读器确认货物就位后，随即更新库存信息。物品入库完毕后，可以通过 RFID 系统打印机打印入库清单，责任人进行确认。

4．在库管理环节

物品入库后还需要利用 RFID 系统进行库存检查和管理，这个环节包括通过阅读器对分类的物品进行定期的盘查，分析物品库存变化情况；物品出现移位时，通过阅读器自动采集货物的 RFID 标签，并在数据库中找到相对应的信息，并将信息自动录入库存管理系统中，记录物品的品名、数量、位置等信息，核查是否出现异常情况，在 RFID 系统的帮助下，大量减少传统库存管理中的人工工作量，实现了物品安全、高效的库存管理。由于 RFID 实现数据录入的自动化，盘点时无需人工检查或扫描条码，可以减少大量的人力、物力，使盘点更加快速和准确。利用 RFID 技术进行库存控制，能够实时准确地掌握库存信息，从中了解每种产品的需求模式并及时进行补货，改变低效率的运作情况，同时提升库存管理能力，降低平均库存水平，通过动态实时的库存控制有效降低库存成本。

5．出库管理环节

在 RFID 的出库系统管理中，管理系统按物品的出库订单要求，自动确定提货区及最优提货路径。经扫描货物和货位的 RFID 标签，确认出库物品，同时更新库存。当物品到达出库口通道时，阅读器将自动读取 RFID 标签，并在数据库中调出相对应的信息，与订单信息进行对比，若正确即可出库，货物的库存量相应减除；若出现异常，仓储管理系统出现提示信息,方便工作人员进行处理。

6. 堆场管理环节

物品在出库到货物堆场后需要定期进行检查,而传统的检查办法耗费大量的人力和时间。在 RFID 系统帮助下,堆场寻物的检查便捷很多。使用特高频(Ultra High Frequency,UHF)的高频射频系统可对方圆 10 米的 RFID 标签进行自动识别,RFID 系统的阅读器首先对同批物品的 RFID 标签进行识别,同时调出数据库相对应的标签信息;然后将这些信息与数据库的进行对比,查看堆场中的各类物品是否存在异常。

六、安全问题

在物联网中,射频识别技术是一种很重要的技术。在射频识别系统中,标签有可能预先被嵌入任何物品中,如人们的日常生活物品中,但由于该物品(如衣物)的拥有者不一定能够觉察该物品预先已嵌入有电子标签以及自身可能不受控制地被扫描、定位和追踪,人们在观念上似乎还不是很能接受自己周围的生活物品甚至包括自己时刻都处于一种被监控的状态,这势必会使个人的隐私受到侵犯。因此,如何确保标签物的拥有者个人隐私不受侵犯便成为射频识别技术以至于物联网推广的关键问题。而且,这不仅仅是一个技术问题,还涉及政治和法律问题。

不仅仅是个人信息安全,如今企业之间、国家之间合作都相当普遍,一旦网络遭到攻击,后果将更不堪设想。在使用物联网的过程中做到信息化和安全化的平衡至关重要。

工作任务 2　企业物联网技术应用的调研

一、任务目的

通过对目前物联网技术的应用进行实地调研的形式来进行,可以通过调查走访企业,结合网上信息搜集的形式来进行。主要让学生了解物联网技术的几个关键技术并掌握相关技术在企业中的具体应用情况,为以后物流信息系统的学习打下基础。

二、任务引入

1. 请在现实中调研物联网技术在企业智慧物流中涉及的各种应用情况。
2. 请完成对三个企业的调研。
3. 通过调研对企业的应用进行对比,分析出应用的现状、发展领域及未来的发展趋势。
4. 撰写企业物联网技术应用的调查报告,完成调研的目标和内容。

三、实施步骤

1. 确定调研的内容

主要围绕企业物联网技术的实际应用及作用;对当前的物联网技术应用的现状、发展领域和趋势等展开。

2. 制订调查计划

围绕调查目标,明确调查主题,确定调查的对象、地点、时间、方式,并确定要搜集哪些相关资料。

3. 调查以小组为单位

根据班级情况,每组 3~4 人,设一名组长。带上调查工具,如笔记本和笔;条件允许的话,可以带上照相机和录音笔。

4. 做好调查之前的知识准备

调查之前,进行相关资料的搜集并做好知识准备。

四、教师对小组调研结果进行检查和点评，检查标准如表 9-3 所示

表 9-3　企业物联网技术应用的调研检查标准

考核项目	评分标准	分数	学生自评	小组互评	教师评价	小计
团队合作	是否默契	10				
活动参与	是否积极	10				
任务方案	是否正确、合理	10				
操作过程	调研企业的代表性	15				
	物联网技术的代表性	20				
	内容翔实、可靠性	20				
任务完成情况	是否圆满完成	5				
方法使用	是否规范、标准	5				
操作纪律	是否能严格遵守	5				
	总分	100				
教师签名：			年　　月　　日		得分	

单元三　大数据分析与挖掘技术

一、大数据及大数据分析的定义

大数据应用广泛，在众多领域中发挥了重要作用，对人们的生活与工业生产造成了较大影响。数据的增长是必然的发展趋势，利用统计学的相关知识可以发现数据量的增长速度将达到 50%/年。有效利用大数据能够改善人们生活质量，推动社会发展。

（一）大数据的定义

对于"大数据"（Big data），研究机构 Gartner 给出了这样的定义："大数据"是需要新处理模式才能具有更强的决策力、洞察发现力和流程优化能力来适应海量、高增长率和多样化的信息资产。大数据的 5V 特点（IBM 提出）：Volume（大量）、Velocity（高速）、Variety（多样）、Value（价值）、Veracity（真实性）。

麦肯锡全球研究所给出的定义是：一种规模大到在获取、存储、管理、分析方面大大超出了传统数据库软件工具能力范围的数据集合，具有海量的数据规模、快速的数据流转、多样的数据类型和价值密度低四大特征。

大数据技术的战略意义不在于掌握庞大的数据信息，而在于对这些含有意义的数据进行专业化处理。换言之，如果把大数据比作一种产业，那么这种产业实现盈利的关键，在于提高对数据的"加工能力"，通过"加工"实现数据的"增值"。

大数据最小的基本单位是 bit，按顺序给出所有单位：bit、Byte、KB、MB、GB、TB、PB、EB、ZB、YB、BB、NB、DB。

（二）大数据分析

大数据分析是指对规模巨大的数据进行分析。大数据分析需要特殊的技术，以有效地处理大量的容忍时间内的数据。适用于大数据分析的技术，包括大规模并行处理（MPP）数据库、数据挖掘、分布式文件系统、分布式数据库、云计算平台、互联网和可扩展的存储

系统。

随着云时代的来临,大数据也受到越来越多的关注。分析师团队认为,大数据通常用来形容一个公司创造的大量非结构化数据和半结构化数据,这些数据在下载到关系型数据库用于分析时会花费过多时间和金钱。大数据分析常和云计算联系到一起,因为实时的大型数据集分析需要像 MapReduce 一样的框架来向数十、数百甚至数千的电脑分配工作。

从技术上看,大数据分析与云计算的关系就像一枚硬币的正反面一样密不可分。大数据必然无法用单台的计算机进行处理,必须采用分布式架构。它的特色在于对海量数据进行分布式数据挖掘。但它必须依托云计算的分布式处理、分布式数据库和云存储、虚拟化技术。

二、大数据分析的基本方面

大数据作为时下最火热的 IT 行业的词汇,随之而来的数据仓库、数据安全、数据分析、数据挖掘等围绕大数据的商业价值的利用逐渐成为行业人士争相追捧的利润焦点。随着大数据时代的来临,大数据分析也应运而生。大数据分析有六个基本方面。

1. 可视化分析(Analytic Visualizations)

不管是对数据分析专家还是普通用户,数据可视化都是数据分析工具最基本的要求。可视化可以直观的展示数据,让数据自己说话,让观众听到结果。

2. 数据挖掘算法(Data Mining Algorithms)

可视化是给人看的,数据挖掘就是给机器看的。集群、分割、孤立点分析还有其他的算法让我们深入数据内部,挖掘价值。这些算法不仅要处理大数据的量,也要处理大数据的速度。

3. 预测性分析能力(Predictive Analytic Capabilities)

数据挖掘可以让分析员更好地理解数据,而预测性分析可以让分析员根据可视化分析和数据挖掘的结果做出一些预测性的判断。

4. 语义引擎(Semantic Engines)

我们知道由于非结构化数据的多样性带来了数据分析的新的挑战,我们需要一系列的工具去解析、提取、分析数据。语义引擎需要被设计成能够从"文档"中智能提取信息。

5. 数据质量和数据管理(Data Quality and Master Data Management)

数据质量和数据管理是一些管理方面的最佳实践。通过标准化的流程和工具对数据进行处理可以保证一个预先定义好的高质量的分析结果。

6. 数据存储,数据仓库

数据仓库是为了便于多维分析和多角度展示数据,按特定模式进行存储所建立起来的关系型数据库。在商业智能系统的设计中,数据仓库的构建是关键,是商业智能系统的基础,承担对业务系统数据整合的任务,为商业智能系统提供数据抽取、转换和加载(ETL),并按主题对数据进行查询和访问,为联机数据分析和数据挖掘提供数据平台。

三、大数据分析的流程

大数据分析数据时代理念的三大转变:要全体不要抽样,要效率不要绝对精确,要相关不要因果。具体的大数据处理方法其实有很多,但是根据长时间的实践,我们总结了一个基本的大数据处理流程。整个处理流程可以概括为四步,分别是采集、导入和预处理、统计和分析以及挖掘。

1. 采集

大数据的采集是指利用多个数据库来接收来自客户端的数据,并且用户可以通过这些数据库来进行简单的查询和处理工作。比如，电商会使用传统的关系型数据库 MySQL 和 Oracle 等来存储每一笔事务数据，除此之外，Redis 和 MongoDB 这样的 NoSQL 数据库也常用于数据的采集。

在大数据的采集过程中，其主要特点和挑战是并发数高，因为同时有可能会有成千上万的用户来进行访问和操作，如火车票售票网站和淘宝，它们并发的访问量在峰值时达到上百万，所以需要在采集端部署大量数据库才能支撑。并且如何在这些数据库之间进行负载均衡和分片的确是需要深入思考和设计的。

2. 导入和预处理

虽然采集端本身会有很多数据库，但是如果要对这些海量数据进行有效的分析，还是应该将这些来自前端的数据导入一个集中的大型分布式数据库，或者分布式存储集群，并且可以在导入的基础上做一些简单的清洗和预处理工作。也有一些用户会在导入时使用来自 Twitter 的 Storm 来对数据进行流式计算，来满足部分业务的实时计算需求。导入与预处理过程的特点和挑战主要是导入的数据量大，每秒钟的导入量经常会达到百兆，甚至千兆级别。

3. 统计和分析

大数据的统计和分析主要利用分布式数据库或者分布式计算集群来对存储于其内的海量数据进行普通的分析和分类汇总等，以满足大多数常见的分析需求，在这方面，一些实时性需求会用到 EMC 的 GreenPlum、Oracle 的 Exadata，以及基于 MySQL 的列式存储 Info-Bright 等，而一些批处理，或者基于半结构化数据的需求可以使用 Hadoop。统计与分析这部分的主要特点和挑战是分析涉及的数据量大，其对系统资源，特别是 I/O 会有极大的占用。

4. 挖掘

与前面统计和分析过程不同的是，数据挖掘一般没有什么预先设定好的主题，主要是在现有数据上面进行基于各种算法的计算，从而起到预测的效果，从而满足一些高级别数据分析的需求。比较典型的算法有用于聚类的 K-Means、用于统计学习的 SVM 和用于分类的 Naive Bayes，主要使用的工具有 Hadoop 的 Mahout 等。该过程的特点和挑战主要是用于挖掘的算法很复杂，并且计算涉及的数据量和计算量都很大，而且常用数据挖掘算法都以单线程为主。

四、数据挖掘技术

数据挖掘又译为资料探勘、数据采矿。它是数据库知识发现（Knowledge-Discovery in Databases，KDD）中的一个步骤。数据挖掘一般是指从大量的数据中通过算法搜索隐藏于其中信息的过程。数据挖掘通常与计算机科学有关，并通过统计、在线分析处理、情报检索、机器学习、专家系统（依靠过去的经验法则）和模式识别等诸多方法来实现上述目标。

"数据海量、信息缺乏"是相当多企业在数据大集中之后面临的尴尬问题，由此而诞生的数据挖掘技术其实就是用以处理这一尴尬问题的技术。数据挖掘实际上是相对比较新型的一门学科，在几十年的发展过程中，已经不可同日而语。其实数据挖掘技术的本质就是人工智能技术，而数据挖掘技术的利用相对应的就是人工智能技术的开发与应用，也就是说，数据挖掘其实是依赖技术的提升来实现数据的整体创新的技术，所以数据挖掘技术实际上是非常具有信息价值的，它能够帮助决策者更快地得到重要信息并做出决策，提高效率和准确率，是非常重要的知识凭证，能够在一定程度上提高当下企业的整体竞争力。

数据挖掘对技术有着较高的要求，需要改进、创新原有数据。通常情况下，目标数据不可能直接得到，经常隐藏在大量模糊的数据库中，所以操作者需要具备一定的挖掘潜力，对相关信息进行分析，从而挖掘出目标数据。数据挖掘在许多领域中都得到了应用，对于商业领域，管理者在制定决策时需要对参考信息进行分析，因此，需要在各类信息中发现隐藏的信息价值与信息规律，进而提高决策的准确性。

五、数据挖掘的方法

（一）分类（Classification）

分类就是找出一个类别的概念描述，它代表了这类数据的整体信息，即该类的内涵描述，并用这种描述来构造模型，一般用规则或决策树模式表示。分类是利用训练数据集通过一定的算法而求得分类规则。分类可被用于规则描述和预测。

例子：

信用卡申请者，分类为低、中、高风险。

故障诊断：

中国宝钢集团与上海天律信息技术有限公司合作，采用数据挖掘技术对钢材生产的全流程进行质量监控和分析，构建故障地图，实时分析产品出现瑕疵的原因，有效提高了产品的优良率。

注意：类的个数是确定的，预先定义好的。

（二）估值（Estimation）

估计与分类类似，不同之处在于，分类描述的是离散型变量的输出，而估值处理连续值的输出；分类的类别是确定数目的，估值的量是不确定的。

例子：

根据购买模式，估计一个家庭的孩子个数。

根据购买模式，估计一个家庭的收入。

估计 real estate 的价值。

一般来说，估值可以作为分类的前一步工作。给定一些输入数据，通过估值，得到未知的连续变量的值，然后，根据预先设定的阈值，进行分类。例如，银行对家庭贷款业务，运用估值，给各个客户记分（0～1）。然后，根据阈值，将贷款级别分类。

（三）预测（Prediction）

通常，预测是利用历史数据找出变化规律，建立模型，并由此模型对未来数据的种类及特征进行预测。预测关心的是精度和不确定性，通常用预测方差来度量。从这种意义上说，预言其实没有必要分为一个单独的类。预言其目的是对未来未知变量的预测，这种预测是需要时间来验证的，即必须经过一定时间后，才知道预言的准确性是多少。

（四）相关性分组或关联规则（Affinity Grouping or Association Rules）

两个或两个以上变量的取值之间存在某种规律性，就称为关联。数据关联是数据库中存在的一类重要的、可被发现的知识。关联分为简单关联、时序关联和因果关联。关联分析的目的是找出数据库中隐藏的关联网。一般用支持度和可信度两个阈值来度量关联规则的相关性，还不断引入兴趣度、相关性等参数，使得所挖掘的规则更符合需求。这种数据分析方法通常是带着某种目的性进行的，因此比较适用于对数据精准度要求相对较高的信息管理工作。

例子：

超市中客户在购买 A 的同时，经常会购买 B，即 A=>B（关联规则），经典案例为沃尔玛公司的"尿布+啤酒"的模式。

客户在购买 A 后，隔一段时间，会购买 B（序列分析）。

（五）聚类（Clustering）

聚类是把数据按照相似性归纳成若干类别，同一类中的数据彼此相似，不同类中的数据相异。聚类分析可以建立宏观的概念，发现数据的分布模式，以及可能的数据属性之间的相互关系。

例子：

一些特定症状的聚集可能预示了一个特定的疾病。

租借影视碟片类型不相似的客户聚集，可能暗示成员属于不同的亚文化群。

聚集通常作为数据挖掘的第一步。例如，"哪一种类的促销对客户响应最好？"对于这一类问题，首先对整个客户做聚集，将客户分组在各自的聚集里，然后对每个不同的聚集，回答问题，可能效果更好。

（六）描述和可视化（Description and Visualization）

描述和可视化是对数据挖掘结果的表示方式。一般只是指数据可视化工具，包含报表工具和商业智能分析产品（BI）的统称。譬如通过 Yonghong Z-Suite 等工具进行数据的展现、分析、钻取，将数据挖掘的分析结果更形象、深刻地展现出来。

六、数据挖掘在物流信息系统中的作用

（一）数据挖掘推动物流数据资源的有效运用

物流信息是物流企业的不可多得的财富，面对庞大的物流数据资源，倘若无法对它们开展有效运用，实则是一种极大的浪费。现有物流信息的有效挖掘，是现阶段众多物流企业所一致关注的问题，针对原始数据资源，依托反复不断的筛选，最后将它们转化为有价值、能够为物流企业所用的知识，是大数据时代下物流企业对物流信息开展挖掘研究的核心目标。通过对数据挖掘技术的科学合理应用，可有助于物流企业迅速找出问题的关键，在很大程度上能降低物流企业运营成本，并且还可有效降低风险事故，促进物流企业收获更可观的经济收益。

（二）数据挖掘推动物流企业朝知识化方向发展

信息技术的不断进步，为数据挖掘技术发展创造了有利契机，数据挖掘技术的推广得到了广大物流企业的一致推崇，对庞大物流信息的挖掘与应用可通过如下步骤达成。

① 从物流企业实际情况及企业所拥有的基础设施出发，第一步对各式各样零零散散的物流信息开展采集整理，同时利用云技术满足对庞大信息数据存储的需求。

② 物流企业经由数据存储构建数据源，结合物流企业现阶段发展状况对数据源开展初步筛选，再利用聚类分析法对各项数据开展预处理。

③ 经聚类分析处理后，数据会被划分成不同种类的数据模块分别存储于"云"中，物流企业可结合不同部门的实际需求，再从"云"中筛选出相关部门所需的数据模块，用以进一步开展专项研究，最终将数据转化成知识，一方面增强企业今后发展的可预测性，另一方面为企业制定决策方针提供有力的数据依据。

举例来说，倘若 A 物流企业的营业部接收到一份加班车数据报表通知，结合报表可知，

调度中心在当班次安排了两辆加班车，车型分别为4.5米厢式货车和5.5米厢式货车，同时表中显示存在爆仓25方货，如此一来，物流企业可结合发件扫描记录调出当日加班车对应载货重量、营业部提供的发车时间记录报表等数据，对本次加班车安排合理与否开展有效分析。通过大体计算得出本次两辆加班车总计花费约800元，倘若调度中心改换一辆7.6米厢式货车取代原本的两辆车，便可满足货物载重需求，并且可使运费降低至一半。上述案例即为一个简单的数据挖掘过程，经由对物流企业营业部提供的原始数据开展有效分析，然后得出可能引发不良结果的原因，再借助数据分析开展评定，进一步得出科学的优化方案。

（三）数据挖掘推动信息共享

数据挖掘技术在诸多领域得到广泛推广，在构建物流企业科学健全的信息共享机制方面，同样可起到十分重要的作用。物流企业可对现有信息数据展开分析，得出物流信息的流通规律。就好比物流企业可结合物流信息流向在何处易发生拥堵，在何处十分畅通，寻找到一个规律，然后对该部分盲点予以逐步完善，使物流企业在信息流通方面实现全面畅通。值得一提的是，物流企业要明确认识到沟通交流在推动企业有序发展中所能起到的有效作用，唯有构建起尽可能透明公开的信息共享机制，企业员工方可第一时间获取有效指令，切实提高工作效率。

总而言之，物流行业是国民经济中必不可少的一部分，是推动产业结构调整、提高国民经济竞争力的有力支撑。强化物流信息挖掘与应用，是推动物流产业有序健康发展的重要需求。鉴于此，相关人员务必要不断钻研研究、总结经验，清楚认识大数据时代下的物流行业发展现状，全面分析物流管理系统中的物流信息挖掘，结合物流企业实际情况，充分发挥"数据挖掘推动物流数据资源的有效运用""数据挖掘推动物流企业朝知识化方向发展""数据挖掘推动信息共享"等有效作用，积极促进物流行业的有序健康发展。

工作任务3　物流企业大数据挖掘应用的调查

一、任务目的

对现实企业中物流企业执行电子商务时进行数据挖掘的案例调研，可以通过调查走访企业，结合网上信息搜集的形式来进行。主要让学生理解大数据分析、数据挖掘等概念以及掌握相关技术在企业中的应用情况。

二、任务引入

1. 选择2~3家企业进行走访，并记录它们的规模和利用数据挖掘技术优化企业进行电子商务的流程。
2. 调研常用的数据挖掘技术流程。
3. 从调研材料分析物流企业执行电子商务时进行数据挖掘的现状、原因和解决方法。
4. 撰写大数据时代物流信息的挖掘调查报告，完成调研的目标和内容。

三、实施步骤

1. 确定调研的内容

主要围绕现代物流企业中应用数据挖掘的挑战；常用的解决方法；目前应用数据挖掘工作任务和流程等展开。

2. 制订调查计划

围绕调查目标，明确调查主题，确定调查的对象、地点、时间、方式，并确定要搜集哪些相关资料。

3. 调查以小组为单位

根据班级情况,每组 3~4 人,设一名组长。带上调查工具,如笔记本和笔;条件允许的话,可以带上照相机和录音笔。

4. 做好调查前的知识准备

调查之前,进行相关资料的搜集并做好知识准备。

四、教师对小组调研结果进行检查和点评,检查标准如表 9-4 所示

表 9-4 物流企业大数据挖掘应用的调查检查标准

考核项目	评分标准	分数	学生自评	小组互评	教师评价	小计
团队合作	是否默契	10				
活动参与	是否积极	10				
任务方案	是否正确、合理	10				
操作过程	调研企业的代表性	15				
	数据挖掘案例的代表性	20				
	内容翔实、可靠性	20				
任务完成情况	是否圆满完成	5				
方法使用	是否规范、标准	5				
操作纪律	是否能严格遵守	5				
	总分	100				
教师签名:			年 月 日		得分	

单元四　VR 技术

VR 是 Virtual Reality 的缩写,中文的意思就是虚拟现实,虚拟现实技术是一种能够创建和体验虚拟世界的计算机仿真技术,它利用计算机生成一种交互式的三维动态视景,其实体行为的仿真系统能够使用户沉浸到该环境中。

一、VR 基本特征

1992 年,美国国家科学基金资助的交互式系统项目工作组的报告中对 VR 进行了较系统的论述,并确定和建议了未来虚拟现实环境领域的研究方向。可以认为,虚拟现实技术综合了计算机图形技术、计算机仿真技术、传感器技术、显示技术等多种科学技术,它在多维信息空间上创建一个虚拟信息环境,能使用户具有身临其境的沉浸感,具有与环境完善的交互作用能力,并有助于启发构思。所以说,沉浸性(Immersion)、交互性(Interactivity)和构想性(Imagination),即虚拟现实的三个基本特征,又称为"3I"特性。虚拟技术的核心是建模与仿真。

二、VR 的主要核心技术

传统的信息处理环境一直是人"适应"计算机,而我们的目标或理念是要逐步使计算机"适应"人,使我们能够通过视觉、听觉、触觉、嗅觉,以及形体、手势或口令,参与到信息处理的环境中去,从而取得身临其境的体验。这种信息处理系统已不再是建立在单维的数字化空间上,而是建立在一个多维的信息空间中。虚拟现实技术就是支撑这个多维信息空间的关键技术。

(一)实时三维计算机图形

相比较而言,利用计算机模型产生图形、图像并不是太难的事情。如果有足够准确的模型,又有足够的时间,我们就可以生成不同光照条件下各种物体的精确图像,但是这里的关键是实时。例如,在飞行模拟系统中,图像的刷新相当重要,同时对图像质量的要求也很高,再加上非常复杂的虚拟环境,问题就变得相当困难。

(二)虚拟场景显示技术

人看周围的世界时,由于两只眼睛的位置不同,得到的图像略有不同,这些图像在脑子里融合起来,就形成了一个关于周围世界的整体景象,这个景象中包括了距离远近的信息。当然,距离信息也可以通过其他方法获得,如眼睛焦距的远近、物体大小的比较等。

在VR系统中,双目立体视觉起了很大作用。用户的两只眼睛看到的不同图像是分别产生的,显示在不同的显示器上。有的系统采用单个显示器,但用户戴上特殊的眼镜(如图9-14所示)后,一只眼睛只能看到奇数帧图像,另一只眼睛只能看到偶数帧图像,奇数、偶数帧之间的不同也就是视差,就产生了立体感。

图 9-14 VR 眼镜

用户(头、眼)的跟踪:在人造环境中,每个物体相对于系统的坐标系都有一个位置与姿态,而用户也是如此。用户看到的景象是由用户的位置和头(眼)的方向来确定的。

(三)头部追踪技术

在传统的计算机图形技术中,视场的改变是通过鼠标或键盘来实现的,用户的视觉系统和运动感知系统是分离的,而利用头部跟踪来改变图像的视角,用户的视觉系统和运动感知系统之间就可以联系起来,感觉更逼真。

此外,用户不仅可以通过双目立体视觉去认识环境,而且可以通过头部的运动去观察环境,这样当我们在现实世界中移动时,虚拟现实世界中的我们也就能同样地移动。

当我们向左看,头部追踪技术能够识别这一动作,这时硬件就会即时渲染出左边的场景,这样,我们往左看就能看到左边的场景,往右看则能看到右边的场景,而不会发生场景跟着我们移动的意外情况。

(四)眼球追踪技术

上述的几种关键硬件技术应用比较普遍,如手机通过陀螺仪模拟头部追踪等,但眼球追踪在 VR 领域中还算是比较稀有的技术。

眼球追踪技术是通过追踪我们的瞳孔实现的算法，能够根据我们注视的景物来变换景深，从而带来更出色的沉浸体验。

比如，伸出一根手指举在眼前，当我们注视着它时，手指前方的景物便会变得模糊，而当我们注视背景时，手指又会变得模糊，这正是景深不同带来的变化。眼球追踪技术能够知道我们在看哪里，从而模拟景深的变化，让体验更加出色。

提起 VR 领域最重要的技术，眼球追踪技术绝对值得被从业者密切关注。Oculus 创始人帕尔默·拉奇就称其为"VR 的心脏"，因为它对于人眼位置的检测，能够为当前所处视角提供最佳的 3D 效果，使 VR 呈现出的图像更自然，延迟更小，这都能大大增加可玩性。

同时，由于眼球追踪技术可以获知人眼的真实注视点，从而得到虚拟物体上视点位置的景深，所以，眼球追踪技术被大部分 VR 从业者认为将成为解决虚拟现实头盔眩晕病问题的一个重要技术突破。

（五）声音技术

人能够很好地判定声源的方向。在水平方向上，我们靠声音的相位差及强度的差别来确定声音的方向，因为声音到达两只耳朵的时间或距离有所不同。

常见的立体声效果就是靠左右耳听到在不同位置录制的不同声音来实现的，所以会有一种方向感。现实生活里，当头部转动时，听到的声音的方向就会改变。但目前在 VR 系统中，声音的方向与用户头部的运动无关。

（六）感觉反馈技术

在一个 VR 系统中，用户可以看到一个虚拟的杯子。你可以设法去抓住它，但是你的手没有真正接触杯子的感觉，并有可能穿过虚拟杯子的"表面"，而这在现实生活中是不可能的。解决这一问题的常用装置是在手套内层安装一些可以振动的触点来模拟触觉。

三、VR 在行业中的应用

VR 已不仅仅被应用于计算机图像领域，它已涉及更广的领域，如电视会议、网络技术和分布计算技术，并向分布式虚拟现实发展。虚拟现实技术已成为新产品设计开发的重要手段。其中，协同工作虚拟现实是 VR 技术新的研究和应用的热点，它引入了新的技术问题，包括人的因素和网络、数据库技术等。如人的因素，已需要考虑多个参与者在一个共享的空间中如何相互交互，虚拟空间中的虚拟对象在多名参与者的共同作用下的行为等。

（1）地产漫游　在虚拟现实系统中自由行走、任意观看，冲击力强，能使客户获得身临其境的真实感受，加快了合同签约的速度。

（2）虚拟样板间　用于商业项目长期招商、招租，用于各类评比活动。一次性投入，可以应用在项目报批、建设、销售、招商招租等各个环节，并可以永久使用。

（3）多专业协调　多类型车辆行驶路线与其他布置、净空高度，如道路桥梁仿真。

（4）网上看房　租售阶段用户通过互联网身临其境地了解项目的周边环境、空间布置、室内设计。

（5）场馆仿真　提前展示真实场馆风貌、辅助审批设计、规避设计投资风险。

（6）教育　虚拟现实技术在教育领域的应用主要集中在支持学习环境创设、支持技能实训、支持语言学习、支持特殊儿童教育四个方面。虚拟现实技术在教育领域应用的潜力源于其在激发学习动机、增强学习体验、创设心理沉浸感、实现情境学习和知识迁移等方面的优势。

虚拟现实技术目前涉及的领域越来越多。现实难以实现的场景均可以在 VR 中实现。例如，2019 年于上海举办的"致敬达·芬奇"全球光影艺术展，其中"致敬达·芬奇"互动区设置了 VR 眼镜体验区（图 9-15），通过 VR 眼镜，参观者可以立体观看达·芬奇的几项体积庞大的发明创造，以及机械装置的工作原理。参观者戴上 VR 眼镜走进装甲车，观看其内部的结构，还可以在轮船上航行，欣赏翱翔的飞行器，感受巨人伟大的创造力和思想力。

图 9-15 "致敬达·芬奇"光影艺术展上的 VR 眼镜体验区

四、VR 物流仿真实验室应用

虚拟现实作为一种全新的人机交互手段，已经被逐渐应用到各行各业中。在物流专业的教学中，通过对物流虚拟仿真实验室的应用，学生可以对物流工程项目、信息传送反馈软环境，以及供应链流程，进行三维虚拟现实环境模拟仿真，在数据和文字层面以上获得更直接的视觉认识，极大地激发学习热情。在建模和解析的过程中，学生可以全方位地应用数据库相关知识、物流供应链知识，并提高处理真实案例的综合能力。

传统的物流教学主要有以下一些缺陷。

① 实习硬件设施投入成本高，维护困难。
② 缺少亲身实践的机会。
③ 学生体会不到工作中安全措施的必要性。
④ 内容多以文字、视频、图片的形式表现，学生提不起兴趣。
⑤ 基础设施老旧，亟待更新（如图 9-16 所示）。

图 9-16 逐渐老旧的设备

⑥ 教学内容滞后，跟不上社会新技术。

知感 VR 物流实训系统通过虚拟仿真，将真实的物流场地、流程、物品、突发事件模拟出来，以任务的形式将仓储、配送、运输、电商、装备、驾驶等物流教学中常见的课题可视化展示，并让学生参与其中，就能弥补以上的一些缺陷。

1. 虚拟仓储运营

通过知感沉浸式 CAVE、VR 头盔等设备，学生不再需要到外面的真实仓储中心实习，而是直接在校园内就能以多人沉浸式体验的方式在虚拟仓储中心漫游，了解仓储中心的运营流程，掌握仓储中心的运转体系（如图 9-17 所示）。这种方式解决了学校实习基地匮乏、实习风险偏高的困扰，是新的仓储中心实习方式。在 VR 世界中，学生还可以以异地多人协同的方式合作，打破空间的限制，在虚拟场景中进行手递手的演练。

图 9-17 知感 VR 物流实训——还原现代仓储中心运营状况

仓储中心的功能复杂，布局紧凑，只通过图纸学生很难理解各功能区之间的联系与设计原理。通过感知全息桌等全息展示设备，学生可以直接在空中以上帝视角俯瞰一个飘在空中的物流中心全息影像，并通过手柄实时改变各功能区的位置，验证仓储中心布局设计的合理性。

2. 虚拟配送、干线、电商运输物流

在物流的配送、干线、电商等环节中，难免会遇到分货、拣货等工作。传统的教学方式对这部分的教学只能停留在书本，不能让学生亲身体验分拣货物的流程。通过感知先进的混合现实（MR）交互技术，学生可以直接在真实世界中透射出虚拟的货架和货物的影像，并且徒手演示货物整理、货物分类、货物摆放等操作，加深对各个步骤的印象，如图 9-18 所示。

图 9-18 感知 VR 物流实训系统——展示的现实的物流配送流程

3. 虚拟物流装备仿真

尽管学校常常购置大量物流中涉及的装备、器材，但是受限于资金等问题，并不能将装备体系配置完全。随着时间的推移，已经购置的设备也会逐渐落后、老化，学校还要付出高昂的维护成本。

通过3D建模等方式，可以将前沿的、多种类的机械载具、物流器材、物流装备进行还原，并通过虚拟现实桌面等器材进行全息展示。这种方式不仅降低了学校购置器材的成本，还能随时更新换代，保证装备体系的前沿性，可谓一举两得。学生通过全息物流装备认知，能大大开阔眼界，也会逐渐对本专业提起兴趣，为将来的工作打好基础。

4. 载具多机交互模拟

尽管在实习过程中教师常常强调安全操作和安全措施的必要性，大部分学生其实对此不以为然，这是由于他们自身没有体验过操作失误酿成的惨痛后果。通过感知VR物流实训系统，学生可以以分组、多人协同等模式操作虚拟载具（叉车、板车等车辆，如图9-19所示）进行装卸货的实训。在多机交互的时候，还可以进行异地的多机交互，为未来跨省多人协同物流实训打下基础。

图 9-19　VR还原的叉车

总之，虚拟现实技术打破了物流教学中时、空间的限制，让虚拟的教学内容走进课堂，提高了教学效率，节省了教学成本，缩短了培训周期，还能激发学生的创造性。

工作任务 4　TARA 3D 虚拟现实物流中心仿真实训

一、任务目的

通过使用 Tara 软件，按照实训内容，结合仓储物流的各项作业进行仿真模拟建模，学生能够利用虚拟现实软件熟悉仓储物流业务特点。同时，在仓储仿真实训过程中，学生通过建模，能够使用到物流业务中涉及的许多设备，提高学生仓储配送中心布局的管理职业能力。

二、任务引入

TaraVRbuilder 是德国 Tarakos 一家专门从事物流相关软件开发的企业研发的，这是一款针对物流领域、输送科技领域及生产计划领域简单便捷创建动态三维动画的仿真软件。TaraVRbuilder 可以简单便捷地在三维场景中配置设备及动画流程到中等复杂程度的标准软件。TARA 物流三维立体仓储仿真实训，采用 TaraVRbuilder 软件作为工具，让学生建立物流仓储仿真模型。结合物流业务特点，可以创建如下实训方案。

任务一　模拟厂房布局。

任务二　模拟库内输送。

任务三 模拟加工包装过程。

任务四 模拟出入库操作。

任务五 模拟装卸载操作。

任务六 模拟分拣过程。

三、实施步骤

任务一 模拟厂房布局

1. 目的

建造厂房环境，包括厂房墙体建筑、厂房的楼梯等。通过搭建厂房墙体和环形楼梯，模拟一个带有参观通道的简单厂房布局。

2. 步骤

（1）通过插入外部模型按钮 ⬛，添加厂房建筑4，如图9-20所示。

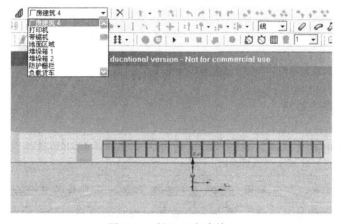

图9-20 插入厂房建筑4

（2）在厂房入口处附近，通过添加过道 ⬛ 模拟楼梯，并通过添加过道和转角过道 ⬛，在楼梯后继续添加一个围绕厂房整个区域的环形通道，模拟一条参观或监控通道，具体如图9-21所示。

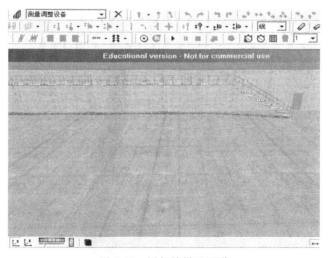

图9-21 添加楼梯及通道

(3) 到此为止，简单的厂房结构建成，整体情况如图 9-22 所示。如果想把厂房结构建得更复杂一些，还可以添加一些墙体，将厂房隔成一些办公室或者小车间。您还可以为厂房添加一些管道设施。

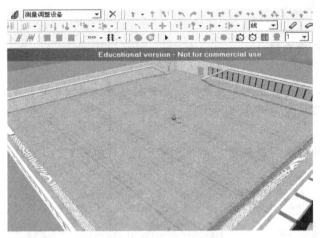

图 9-22　厂房整体结构

任务二　模拟库内输送

1. 目的

在已有的仓库中建立基本的物料流输送通道，模拟仓库货物运送情景。

2. 步骤

(1) 通过按钮 ↑▼，在仓库第一个收发站台处添加一条直线传送带。

(2) 紧接其后，通过按钮 ↗，添加一个右转向曲线传送带。

(3) 接着再添加一条直线传送带，再通过按钮 ↔，添加一个分支传送带。

(4) 在两个分支出口点分别添加直线传送带。

(5) 在一条直线传送带后方，通过按钮 ↰，添加一个左拐角传送带。

(6) 以上步骤建立出来的模型如图 9-23 所示。

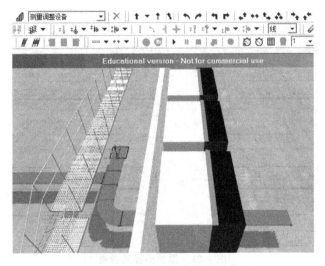

图 9-23　直线及转弯等传送带

（7）在另一条直线传送带后面，通过按钮 ✦，插入提升装置。

（8）在提升装置后面，添加一条直线传送带。

（9）在第 5 步添加的左拐角传送带后面，通过按钮 ⤴，添加一个角度旋转 720°、螺旋上升的装置。

（10）在其后添加一条直线传送带。

（11）以上 4 个步骤完成的模型如图 9-24 所示。

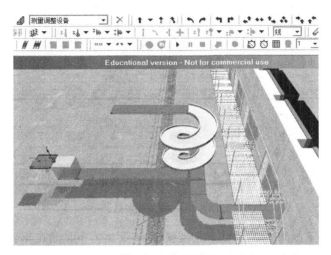

图 9-24　上升装置

（12）整个任务二所需添加的设备已添加完成，这个任务里面涉及的模块较少，您还可以多添加几个输送设备，来丰富您的模型。整体模型图如图 9-25 所示。

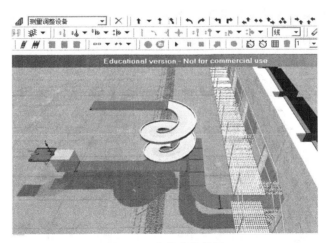

图 9-25　整体传送装置

任务三　模拟加工包装过程

1. 目的

模拟仓库中物品进行一些简单的包装或加工过程。让物品在加工台上延迟一段时间，模拟物品在加工台上进行了一些简单的加工。利用卷扬机对物品进行一些简单的包装工作，包装后的物品表面发生了一些改变。

2. 步骤

(1) 在上一个任务的其中一条传送带末端,通过按钮 添加悬挂式起重机。
(2) 为起重机添加三个节点,一个为入口点,两个为出口点。
(3) 入口点与闲置的另一条直线传送带相连,并在两个出口点处添加两条直线传送带。
(4) 以上步骤添加的模型图如图 9-26 所示。

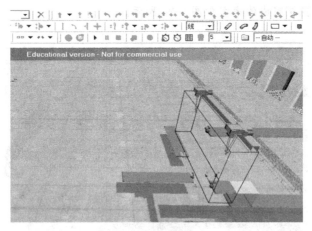

图 9-26　插入起重机

(5) 在其中一条直线传送带后面,通过按钮 添加工作台,在工作台中点添加一个手持扫描仪的工人;在工作台后面添加一条直线传送带。
(6) 在另一条直线传送带后面,通过按钮 插入工作站。
(7) 在工作站的出口点,通过按钮 ,添加一个机器人手臂。
(8) 在机器人手臂的出口点处添加一条直线传送带。
(9) 以上步骤所完成的模型如图 9-27 所示。

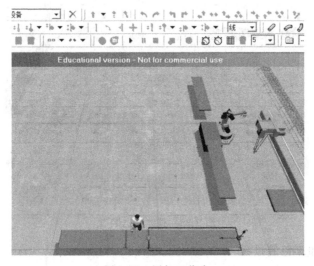

图 9-27　添加工作台

(10) 在其中一条传送带末端,通过按钮 ,添加一台卷扬机,在卷扬机后面添加一条直线传送带。
(11) 在另外一条传送带末端,同样添加一台卷扬机,仍在卷扬机后面添加一条直线传送带。

(12) 以上步骤完成的模型,如图 9-28 和图 9-29 所示。

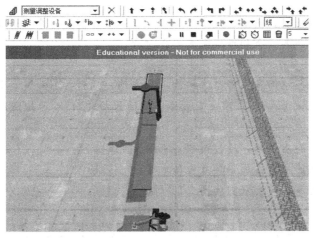

图 9-28 插入卷扬机

图 9-29 插入另一台卷扬机

(13) 任务三所添加的模型,整体情况如图 9-30 所示。

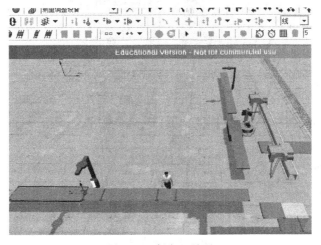

图 9-30 任务三总况

任务四 模拟出入库操作

1. 目的

添加叉车和高架货仓，模拟工人开叉车将货物存放在高架货仓或运送出库。让学生体会开叉车将货物存放在高架货仓和堆垛机的操作过程。

2. 步骤

（1）在上一个任务空闲直线传送带中的一条末端，通过按钮 ，添加叉车装载。

（2）紧跟其后，通过按钮 添加直线路径，通过按钮 添加转向路径，然后再添加一条直线路径。

（3）在直线路径的出口处，通过按钮 添加叉车卸载。

（4）在叉车卸载的末端添加一条直线传送带。

（5）以上步骤所添加的模块，如图 9-31 所示。

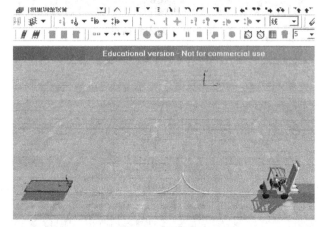

图 9-31　叉车装卸载

（6）在直线传送带的出口处，通过按钮 ，添加带存货显示的高架货仓，如图 9-32 所示。

（7）在任务三中，还有另外一条直线传送带空闲，在另外一条直线传送带的出口点处，

图 9-32　高架货仓

如步骤 1 添加另一个叉车装载。

(8) 在叉车出口点处，添加直线路径、转向路径和转弯路径。

(9) 在转弯路径的出口点处，添加与步骤 3 一样的叉车卸载。

(10) 叉车卸载出口点处添加一条直线传送带。

(11) 任务四所添加的模块，整体情况如图 9-33 所示。

图 9-33　出库示图

任务五　模拟装卸载操作

1. 目的

利用机器人手臂，模拟将托盘内空箱卸载到另一条传送带上。同样利用机器人手臂，模拟啤酒装箱的过程。

2. 步骤

(1) 在仓库另外一边的第二个收发站台处添加一条直线传送带，之后，通过按钮添加一个卸载站。

(2) 卸载站的中点添加一个机器人手臂，卸载站出口处添加一条直线传送带。

(3) 机器人手臂的出口点处添加一条直线传送带。

(4) 以上步骤所添加的模块如图 9-34 所示。

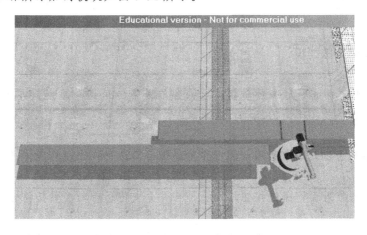

图 9-34　卸载站

(5) 在步骤 3 中添加的直线传送带后面，通过按钮 添加装载站。

(6) 在装载站的中点添加一个机器人手臂，机器人手臂入口点处，通过按钮 添加一条组线传送带，设为分拆组，其入口点处添加一条组线传送带，设为驱动组，接着，仍在入口点处添加一条组线传送带，设为创建组。

(7) 在创建组组线传送带的入口点处添加一条直线传送带。

(8) 在装载站的出口点处添加一条直线传送带。

(9) 以上步骤所添加的模块，如图 9-35 所示。

图 9-35　装载台

(10) 整体装卸载任务如图 9-36 所示。

图 9-36　装卸载

任务六　模拟分拣过程

1. 目的

模拟从四条传送带传送过来的货物通过一条传送带传送到仓库中，再通过分拣口分拣，由不同叉车将货物存放在不同的托盘货架上。

2. 步骤

(1) 在任务五的步骤 8 中所添加的直线传送带后面添加一个左转角传送带，其后添加一个直线传送带。

(2) 直线传送带后面，通过按钮添加一个合并分支传送带，在其正前方的出口点处添加一条直线传送带。

(3) 接着，在出口点处重复步骤 2 两次，建立了两个合并分支传送带。

(4) 在 3 个合并分支传送带的侧边闲置链接点分别添加直线传送带。
(5) 以上步骤所添加的模块，如图 9-37 所示。

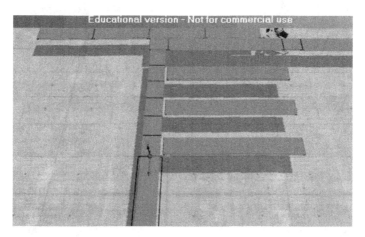

图 9-37　合并分支传送带

(6) 在步骤 3 所添加的最后一个直线传送带出口点处，通过按钮 ✦，添加右分支传送带，在其后添加一条直线传送带。
(7) 在直线传送带的出口点处，重复步骤 6，再添加 2 个右分支传送带。
(8) 在 3 个右分支传送带的侧边闲置链接点处分别添加直线传送带。
(9) 以上步骤所添加的模块，如图 9-38 所示。

图 9-38　模拟分拣线

(10) 在步骤 8 添加的三条直线传送带的出口点处都添加上叉车装载。
(11) 在其后添加转向路径和直线路径。
(12) 在直线路径的出口点处，添加叉车卸载。
(13) 其后，通过按钮 ▼ 添加托盘货架。
(14) 以上步骤所添加的模块，如图 9-39 所示。
(15) 任务六所完成的模型，如图 9-40 所示。

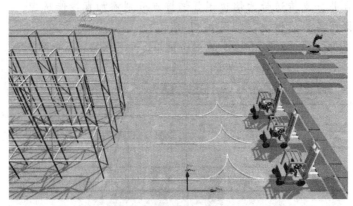

图 9-39 叉车操作存放货物

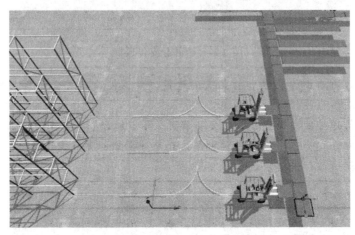

图 9-40 任务六总体模型图

四、教师对学生制作结果进行检查和点评，检查标准如表 9-5 所示

表 9-5　TARA 3D 虚拟现实物流中心仿真实训检查标准

考核项目	评分标准	分数	学生自评	教师评价	小计
任务一完成度	是否完成模拟厂房布局	20			
任务二完成度	是否完成模拟库内输送	20			
任务三完成度	是否完成模拟加工包装过程	15			
任务四完成度	是否完成模拟出入库操作	15			
任务五完成度	是否完成模拟装卸载操作	15			
任务六完成度	是否完成模拟分拣过程	15			
总分		100			
教师签名：		年　月　日		得分	

【综合案例分析】　菜鸟快递智能物流的应用

大数据在物流中的应用最容易理解。马云在创建菜鸟联盟时提出，未来要让全球每一个角落能够实现 72 小时必达，要实现这一点就离不开大数据。通过大数据可智能分仓，先将商品放到距离消费者最近的仓库中，之后再将大数据应用在仓库、物流、配送等诸多环节，用大数据调度社会化物流，这样就能大幅缩短商品在途中的时间，以及减少各种物流成本。

人工智能将促进物联网、机器人和大数据三大技术的进步，而通过这三大技术，仓库最终可实现无人化。这三大技术不只是会影响仓储环节，在包裹出库之后、进入用户手中之前，同样有很大的应用空间。无人机、无人车和机器人送货已在测试之中，物流公司也在通过这些技术优化各个环节，缩短物流时间、减少人工环节、降低出错概率和节省物流成本。

以菜鸟快递为例，该公司有个仓库位于广州菜鸟增城物流园区，专门为天猫超市提供仓储和分拣服务，与别的仓库最大的不同是其自动化程度高，从收到订单到包裹出库，除了条码复核等环节均实现了自动化。

图9-41　商品分拣

用户在天猫超市下单之后，仓库会收到订单并生成唯一条码，纸箱被机器贴上条码之后，将会被传送带运送到不同商品品类的货架，货架电子屏会显示需要装入的商品和数量，分拣员据此将商品放入纸箱，纸箱接着再进入下一站（如图9-41所示）。所有商品装好之后纸箱到达"收银台"人工复核和封装出库后，再由物流服务运送给消费者。

通过自动化技术，从收到订单到包裹出库，平均只要10分钟，时间远远短于传统仓库。

一、菜鸟广州仓库自动化

1. 自动识别包裹实现货找人

传送带上每隔一段距离就有传感器，其可识别纸箱上的条形码，再决定纸箱下一步去哪，支持路线合并和分流，一个订单对应的包裹会被传送到不同货架装入商品，传统仓库则需要分拣员拿着纸箱去不同货架前找商品。自动化方案大幅降低了分拣员劳动强度，提高了包裹生产的时效性（10分钟出库）和准确率（100%），时效性是菜鸟网络提供当日达、次日达服务的基础，准确率意味着更好的用户体验以及更低的纠错成本。

2. 自动封箱机等自动机器人

菜鸟自动化仓库通过自动封箱机器人（如图9-42所示）实现了纸箱打开、贴码、封装等步骤的自动化，节省了大量人力，缩短了商品打包时间。

图9-42　自动封箱机器人

3. 大数据智能选择适合的纸箱

一个订单对应的商品数量和种类不同，意味着它需要不同大小的纸箱，一般仓库是由人根据经验来选择，效率低且很可能会浪费大纸箱。菜鸟仓库在不同商品入库之前就知道其尺寸和特性，基于此自动为一个订单分配最适合的纸箱，节省包装成本，更环保。

4. 大数据智能调度商品存储

结合大数据，菜鸟自动化仓库可预测哪些商品即将畅销和不再畅销，进而对其存放的仓库和货架进行智能调度，最大化减少商品物流节点、缩短商品传送路径，提升仓储和物流效率。

二、无人化将是物流业的终极未来

不难发现，菜鸟自动化仓库的亮点分别对应到当前最流行的一些技术：传送带自动识别包裹路径是物联网技术；自动封箱机是工业机器人技术；智能选择纸箱和调度商品则是大数据技术。这正好代表了未来仓储以及物流的三大关键技术：物联网、机器人和大数据。

物联网让每个包裹乃至其中的商品都拥有自己的 ID，且可被互联网实时识别，基于此可实现存储、打包和物流三大环节的智能化。菜鸟智能化识别包裹现在基于条形码＋大量传感器的方案，随着材料科学和人工智能技术的进步，未来还会有廉价的标记物出现、包装盒将自带 ID，基于深度学习的图像识别技术的应用则有望降低成本。

图 9-43　Amazon 的机器人仓库

机器人可实现包裹传送、商品分拣、商品包装等过程的自动化，还有仓库商品搬运、上架等过程的自动化。贝佐斯在 2012 年耗资 7.75 亿美元收购机器人 Kiva 并将之应用于仓库，目前亚马逊的仓库中有超过 10 万台 Kiva。它们就像一群勤劳的工蚁，在仓库中不停地走来走去，搬运货物（如图 9-43 所示），帮助其运营费用下降 20%。菜鸟广州仓库只有包装等环节实现了机器人化，但菜鸟天津武清仓已在使用自主研发的仓内分拣机器人（托举机器人），不过机器人与云端智能调度算法、自动化设备磨合还需要时间，未来更多环节将使用机器人。

三、物流与电商巨头互为依托

智能物流对电商巨头至关重要，反过来，智能物流也离不开电商巨头的参与。具体来说，以阿里巴巴为代表的电商巨头在物流智能化中将提供以下核心支持。

1. 资金的支持

物流智能化前期需要大量投入，包括算法研究、信息化系统和自动化设备，乃至机器人、无人机这些更前沿的黑科技研发。这些投入，劳动力密集型的物流公司无力承担，只有阿里巴巴这样的巨头才有财力进行相关投入，菜鸟广州自动化仓库的设备投入就高达 1 亿元，包括奥地利领先智慧物流设备服务商 KNAPP 的智能传送带，除了设备还有大量的软件工程师，这些投入必须要有巨大的财力能做长期投入的巨头才能承担。

2. 数据的支持

物流智能化离不开大数据的支持，尤其是与用户息息相关的消费大数据，它们掌握着商品在世界的流动规律，以及用户的消费习惯。这些数据蕴含的价值可让商品流动效率不断提高，电商巨头掌握而不是物流公司掌握着这些数据。除了消费者数据之外，还有全行业物流数据对智能物流至关重要，如菜鸟网络整合社会化物流数据，实现工厂、仓库、物流和配送诸多环节的智能调度。总之，电商巨头的大数据是智能物流不可或缺的资源。

3. 信息的支持

电商巨头通过促销活动等手段去影响商品的大规模流通，这些信息及时共享给物流环节，可帮助物流效率提高，否则会让物流不堪重负。

4. 技术的支持

智能物流并不是简单的购买设备和开发软件，其离不开多种技术支持，人工智能是基础，其上的大数据、物联网和机器人技术是最核心的三大技术，此外还有云计算、智能设备、LBS 地图等技术的支持，Amazon、阿里巴巴等巨头在其中大部分技术领域领先，对智能物流有着决定性作用。

参 考 文 献

[1] 鲍吉龙,江锦祥. 物流信息技术 [M]. 北京:机械工业出版社,2010.
[2] 刘单中,王昌盛等. 物流信息技术 [M]. 上海:上海交通大学出版社,2007.
[3] 李向文. 实用物流信息技术专业核心课 [M]. 北京:中国物资出版社,2010.
[4] 李波,王谦. 物流信息系统 [M]. 北京:清华大学出版社,2008.
[5] 刘浩,吴祖强. 物流信息技术 [M]. 北京:中国商业出版社,2007.
[6] 赵志群. 职业教育工学结合一体化课程开发指南 [M]. 北京:清华大学出版社,2009.
[7] 王敏编. 计算机与信息技术基础 [M]. 2版. 北京:机械工业出版社,2007.
[8] 中国物流与采购网. http://www.chinawuliu.com.cn/.
[9] 数据挖掘技术在物流业中的应用研究. 中国物流与采购网. http://www.chinawuliu.cn/information/200911/18/153394.shtml,2009-05-07.
[10] 范新辉. 物流信息系统应用 [M]. 北京:机械工业出版社,2006.
[11] 刘萍. 电子商务物流 [M]. 北京:电子工业出版社,2010.
[12] 张树山. 物流信息系统 [M]. 北京:人民交通出版社,2005.
[13] 谢红燕. 电子商务物流 [M]. 北京:中国物资出版社,2010.
[14] 陆雨. 电子商务物流 [M]. 成都:西南财经大学出版社,2007.
[15] 杜文才. 电子物流技术 [M]. 北京:中国劳动社会保障出版社,2006.
[16] 祝凌曦. 电子商务物流管理 [M]. 北京:人民邮电出版社,2008.
[17] 周训武. 电子商务物流与实务 [M]. 北京:化学工业出版社,2009.
[18] Dell 的网上直销的电子商务化物流. 中国物流与采购网. http://www.chinawuliu.com.cn/information/200407/29/150409.shtml,2019-04-13.
[19] 2018—2024年中国虚拟现实(VR)行业市场分析预测及发展趋势研究报告. 产业研究. http://www.chyxx.com/research/201807/654735.html,2019-05-03.
[20] VR:运用 VR 技术让思想政治理论课活起来. 电子产品世界. http://www.eepw.com.cn/article/201701/342757.htm,2019-05-14.
[21] 手机厂商陆续参战 VR 竞争,你到底会支持谁? 搜狐网. http://www.sohu.com/a/119253395_122331,2019-05-17.
[22] 永洪科技 Yonghong Z-Suite 快速入门手册.
[23] 物联网白皮书. 中国信息通信研究院,2018.
[24] 韩东亚,余玉刚. 智慧物流 [M]. 北京:中国财富出版社,2018.
[25] 徐宏伟. 常用传感器技术及应用 [M]. 北京:电子工业出版社,2017.
[26] 赵长林. 潜伏着的物联网风险. TechTarget,2015.
[27] 陈雅茜,雷开彬. 虚拟现实技术及应用 [M]. 北京:科学出版社,2015.
[28] 物流信息化案例库. 中国物流与采购联合会. http://www.chinawuliu.com.cn/information/class_280.shtml,2019-05-10.